Alain-G. Gagnon

L'Âge des incertitudes
Essais sur le fédéralisme et la diversité nationale

アラン＝G・ガニョン
［訳］丹羽 卓

マルチナショナル連邦制

不確実性の時代のナショナル・マイノリティ

彩 流 社

目次

日本語版への序文

西洋民主主義はまさに歴史的瞬間を目にした。スコットランド独立派とイギリス連合派（ユニオニスト）が根本的争点、すなわち、民が自分のことを決する権利について正面衝突したからである。今、このように、深い多様性という文脈に置かれたネイションが、自己を主張する動きがある。本書のテーマは、その問題と格闘している民主政と直接関わるのである。

スコットランド独立派は、人々を集結させる三つの原則に基づいて、ナショナリズムの一つのモデルを提示したことにより、かなりの成功を収めた。（1）エスニシティではなく領域を強調すること。（2）よそ者へ門戸を閉ざすのではなく迎え入れること。（3）社会の必要を無視した緊縮財政ではなく、社会の中で富を再分配しようと連帯を訴えること。この三つである。スコットランド独立に関する最近の議論において、エスニック集団擁護の言を耳にすることはめったになかった。近年、東チモール（一九九九年）、モンテネグロ（二〇〇六年）、南スーダン（二〇一一年）の分離独立の際に経験したこととは逆である。今回のスコットランドの場合、特に重点が置かれたのは、スコットランドのレベルかイギリスのレベルか、スコットランドという政治共同体がうまくサービスを受けられるのはどちらの方なのかを値踏みすることだった。厳密に経済的な視点からすれば、スコットランドの抱えるジレンマは、二〇〇八年の経済危機以降カタルーニャが味わったものに酷似している。つまり、豊富な石油資源があるため、スコットランドの社会計画はロンドン発の緊縮政策と無縁なはずであるにもかかわらず、中央政府によって指図される経済的・社会的政策に同調しなければならないということである。

また、一九九五年のケベック住民投票の場合同様、独立賛成に向けて非常に強力な波を生み出せたのは、かなりの部分、スコットランド独立派が提示した社会計画のおかげである。その計画とは、社会の連帯、富の再配分、社会的流動性を可能にする高等教育への道を開くこと、そしてロンドンが提案している緊縮政策の破棄であった。

多くの識者の主張とは逆に、ナショナリズムがコスモポリタニズムやグローバリゼーションに道を譲りつつあるなどということはない。この数十年がそれを確証している。むしろナショナルな計画の強化の方が目立っている。スコットランドのケースは、ナショナリズムが極右とか反動などではなく、連帯を生むものであり、アイデンティティの多元性に対して開かれたものだということを証明した。それこそが、特に注目すべき将来への道なのである。

スコットランドで起こった興味深い点は、独立賛成の政治アクターが、他の政治共同体への反対に熱中しないで、共有できる政治・社会計画をつくりだそうとしたことである。彼らはなによりもまず、承認の政治の欠如を強く意識し、自分達に政治を委任してくれている人々（つまり住民）の間近で政策に対して責任を負いたいという意志を持った。そしてそれに基づき、イギリスの持つ富と名声に対するスコットランドの貢献に相応するエンパワーメントを得たいとの望みに突き動かされたのである。スコットランド独立運動の進展は、イングランド人の島国根性に対して、スコットランド人が世界にオープンであること――彼らはイギリス帝国の時代にしばしば重要な役割を果たした――と大いに関係があるという点も指摘しておこう。

今注目すべきは、独立賛成派の進展を食い止めるために投票直前の数日間になされた約束が、どれだけ政策によって実現されるかである。「最大限の移管」(maximum devolution)の具体的内容について質問するチャンスのなかったスコットランド人の期待に、ロンドンは応えられるのだろうか。同様に、スコットランド人の要求に応じるための憲法会議の開催が、大きな失望を生み出す危険性もある。スコットランドが求めるものを、ウェールズや北アイルランドも求めるかもしれないからである。それが開かれることがあれば、ケベック人は既視感に襲われるかもしれない。かつてその舞台では、ケベック人は応援団の役割しか務められなかったのだった。

独立に対して歴史的に好意的でなかった共同体の中に重要な穴を穿ちはしたが、多分その後は、独立賛成陣営は幻想を捨て去る日々を送り、エディンバラとロンドンの間の関係は再び緊張することになるだろう。どうであれ、権限の単純な再配置でスコットランド人を満足させるのは難しく、独立問題は懸案事項として残るからである。

デイヴィッド・キャメロン首相が発した勝利のコメントは明確ではなく、「更なる移管」(more

devolution）の結果どういう利点があるのかわからない。彼がはっきり語ったのは、投票の明白な結果と、独立棄却は一世代全体を縛ることになるという二点だけである。そして「われわれはスコットランドの声は聞いた。次は別の声を聞かなければならない」と勝利のコメントを締めくくった。つまりこの次は、憲法を議論する場の主要なアクターであるイングランド人、北アイルランド人、ウェールズ人全体から、スコットランドの要求がどれくらい好意的に受けとめられるかが問題となるのである。

本書は、この日本語訳で十六番目の翻訳となる。これにより、今の不確実性の時代における民主政国家の中にある、独立運動と改革運動の両方の要求に通底する社会的・政治的争点を、日本の読者にもはっきりわかってもらえると思う。

最後にこの場を借りて、本書の翻訳の労をとってくださった金城学院大学の丹羽卓教授に感謝したい。学識豊かな日本の読者に向けて私の考えをはっきりと示すために、多大な時間をこの翻訳のために捧げられたからである。氏は、古地順一郎氏（北海道教育大学専任講師）と柳原克行氏（大同工業大学准教授）とともに、二〇一二年に同じく彩流社から出版された私の前著『マルチナショナリズム』の翻訳にもあたってくださったことも申し添えておきたい。

アラン＝G・ガニョン

二〇一四年十月七日

序章　ナショナルな文化、民主政、正当性

「おそらくマルチナショナル性は、不確実性の原理の受容を求めることになる。だが、そもそもこの原理こそが民主的経験のまさに中心にあるのではないか?」(アラン・ディエコフ Alain Dieckhoff, *Repères en mutation. Identité et citoyenneté dans le Québec contemporain*, 2001, p. 348)

この数世紀で、大帝国は消滅し、波のうねりのように国民国家が誕生した。一一〇を超える国民国家が、第二次世界大戦の終結後に生まれたのである。新生国家の創設もそろそろ鎮まるだろうとの予測も、結局は見直しを余儀なくされた。「栄光の三十年[一]」(Trente Glorieuses)の開始時点に比べて、国家の数は三倍になったことを認めざるを得ない。

オーストリア＝ハンガリー帝国とオスマン帝国の解体があり、それに続いて、いくつもの大陸に広がっていたヨーロッパ人入植者の撤退と植民地主義勢力の大規模な後退があった。これがアジア[1]とアフリカ[2]で顕著に起こり、それを目にした新しい国々は、自分達の価値を認識するようになった。

それは、宗主国の権威――時に束縛――の下で生きている民(peuples)に希望を与えたのだった。この二十年でも、ソヴィエト帝国の崩壊以降同様なことが起こった。これが帝国の崩壊が非常に強力な波となり、新しい国家形成に繋がった最新の事例である。

過去のいくつかの帝国は、顕著な対立の動きや大きな反乱がない限り、それが支配する広大な領土に複数のネイションや文化的マイノリティが存在するのを許容していた。マイノリティの権利が保障されるかどうかは、皇帝やその代理人の権利を尊重する意思があるか否かにかかっていたし、征服者と入植者の正当性を受け入れさえすれば、マイノリティ集団のメンバーが慣例と風習に従って生きるのが許されることもあった。一七七四年にケベック法(二)(Acte de Québec)が制定された時、ロワー・カナダ(Bas-Canada)で起こったのがまさにそれで、これによって宗主国権力は、フランス系カナダ人のイギリス王権への忠誠を確保したのだった。

これらの帝国は、深刻な文化的差異が君主の権威を問題にするようなことがない限り、通常その存在を容認していた。いくつもの帝国――ルイス・スナイダー(3)(Louis Snyder)の表現を借りれば、マクロ・ナショナリズムの具現――が長期間生き延びられた理由の大部分は、こうしたやり方を取っていたことから説明できる。帝国は、多様性への寛容と引き換えに、ものによっては何世紀にもわたって自らを保持した。帝国のうちでも最大級のものが耐久力を持ち得た理由は、文化を同質化(homogénéisation)しようとしたからではなく、対峙する複数の共同体(communauté)に君主への忠誠を求めたからだとも言えよう。この点に関して言えば、植民地化という活動の枠組みの中で見る限り、イギリス人が進めた統治モデルの方が、フランス人のものよりも遥かに納得できる結果を生み出した。フランス人は原住民とあまり関わらないようにし、アパルトヘイトに近い分離政策を取った[4]。他方、イギリス人は、多人数からなる地元住民に権威を押し付けるために、体系的に現地エリートの力を借りた。イギリス人の取った戦略は、人類愛による関心とか多様性を認める特別の感受性があったというよりは、その方が利益があるという単純な計算によるものではあったのだが。

今日、国民国家は世界で最も進歩し確立された政治形態であり、さまざまな文脈で具体化されている。第二次世界大戦終結直後とそれに続く冷戦の終結直後、新生国家が力を得、民主化という重要なプロセスから利益を引き出した。また、アフリカやアジアにおける植民地帝国の後退という文脈からも、いくつもの国家が誕生した。脱植民地化(décolonisation)のこのプロセスを見た他の共同体も鼓舞され、自己をネイションであると主張するプロセスに加わろうとした。ケベック、スコットランド、カタルーニャの場合がまさにそれであるし、世界にはそれに類した地域がいくつもある。ケネス・マクロバーツ(Kenneth McRoberts)、マイケル・ヘクター(Michael Hechter)、モンセラート・ギベルナウ(Montserrat Guibernau)、そしてマイケル・キーティング(Michael Keating)の研究は、このテーマを考えるにあたって避けて通れない[5]。

ここ何十年かの間に、民主的伝統を持つ国の内にある、いわゆる「国家を持たないネイション」[6]のいくつかで重要な進展があった[7]。自己をネイションだと主張する意志を持つに至るにはいくつかの要因がある。第一の要因は歴史に関するものである。マイノリティ・ネイションのメンバーとそれを代表するエリートは、自分達がネイションでありたいという願望を具現化しようとする際、通常自分達で歴史をつくりだすことができるという考えを抱く。第二の要因は文化およびアイデンティティに関わる性格のものである。自己がネイションだと主張し、他からの承認(reconnaissance)を求める途上にあるネイションには、自分達は価値観と指標を共有しているという思いがある。そこでは社会をつくりだそう(faire société)としているのである。[8] 第三の要因が多分最も決定的なのだが、それは政治的なものである。ネイションとそれに滋養を与えている要素が、民主政をさらに進展させることでどの程度政治的情勢から利益を引き出すことができるのか、それを考えるのである。

一九九五年十月に実施された主権に関する第二回住民投票《レファレンダム》以降にケベックで起こった出来事、アレックス・サモンド(Alex Salmond)率いるスコットランド国民党(Scottish National Party: SNP)がイギリスと結ぶべき絆の本質に関する独自の住民投票を二〇一一年までに実施すると表明したその意思[三]、そしてさらに最近では、スペイン民主化開始以降カタルーニャで見られた最も強力な政治的動員[四]――これらを見ると、国民国家創設の次の波が来るのか、それは今日でも可能なのだろうか、そう問わなければならなくなる。

以上のケースで明らかなのは、マイノリティ・ネイションを内に持つマジョリティ・ネイションは前者の要求をあるべき形ではなかなか承認しないということである。一九九五年の住民投票敗北直後のケベックの場合がまさにそれにあたる。[五] カナダ政府は、ケベック州政府が幾つかの活動領域で行おうとした政治的な主導的行為《イニシアティヴ》に対して、急遽可能な限りの枠をはめようとした。[9] カタルーニャ新自治憲章を巡る憲法交渉は、スペインを八方塞がりにした。(六) 実際、カタルーニャの要求に対する憲法裁判所の返答は、スペイン／カタルーニャ間の良好な合意を矮小化し、新しい憲法秩序を押し付けることでスペイン政府の支配を強固にするものだった。この裁判所の判決は、国民党勢力を除くあらゆる政治的集団に属するカタルーニャ人に不評だった。(七) フランコ体制後の民主化の間に行われるようになった行動に倣って、カタルーニャ人はその判決に承服できないことをはっきり示すためデモを行い、通りは群衆で一杯になった。カタルーニャ新自治憲章に全き正当性を付与した人民主権の原理そのものが疑問視されたことを、諸政党や市民社会一般は受け入れなかったのである。

憲法裁判所による判決は、カタルーニャ人とそれ以外のスペイン市民との間の信頼の絆を試練にさらすという重大な過ちを犯した。(八) カタルーニャをネイションとする、あるいはネイションとしての実態を持っているとするのは法解釈上なんの効力もないと憲法裁判所は言明した。そればかりか、他にもいくつかの条項、例えば、「カタルーニャの行政と公共メディアにおいて、カタルーニャ語が優先的に使用されるようにする」が破棄された。さらに、国際法の優れた専門家であるダニエル・タープ(Daniel Turp)は次のように言う。

カタルーニャがその固有の領土で司法権を行使するという意志に対して、スペイン憲法裁判所がブレーキをかけた。カタルーニャの司法院に権限を付与するという新自治憲章のいくつかの条項を破棄したのである。同様に、経済権限に関する条項も憲法違反と宣告された。徴税権、特に「地方政府独自の税を定めたり調整したりする法律を定める権能」[10]が憲法違反だとされた。

こうした独自アイデンティティの否認に対しては、カタルーニャやケベックに限らず、多くの場合、マイノリティ・ネイションが自分達の置かれた境遇を改善するには、独立へと繋がる可能性のあるエンパワーメント・プロジェクト(projet habilitant)のために自らを動員する以外の選択はない。近年上映された二本の映画がある。マイノリティ・ネイションには、自分達の文化、アイデンティティ、経済、制度、政治に関わる渇望に合致するような承認を得たいという意志があることがその映画からわかる。一つはドロールス・ジェノヴェス(Dolors Genovès)の『さよならスペイン』(*Adéu Espanya*)で、カタルーニャ、スコットランド、グリーンランド、ケベックを扱っている。もう一つは『ナショナルな問題』(*Questions nationales*)で、ロジェ・ボワール(Roger Boire)とジャン＝ピエール・ロワ(Jean-Pierre Roy)はカタルーニャとスコットランドとケベックのケースを関連付け、それぞれが成功するチャンスがどれだけあるかを測っている。[11]マイノリティ・ネイションのメンバーとその代表者が表明する法的要求に対して、マジョリティ・ネイションがいつも無関心だったり、時に強硬だったりすると、将来どんな展開になるのか。これらの映画はその先触れとみなすことができる。[12]

社会構成的(sociétal)多様性とネイションの多様性が貫いている国家にあるこうした緊張を前にした時には、単純な力関係を捨て、現代国家にあまりに頻繁に登場する一元論的ダイナミックスを疑うことで、政治家の成熟の証を示して欲しい——政治学者ミケル・カミナル・イ・バディア(Miquel Caminal i Badia)は、そう求めている。カミナルが『多元的連邦制——ナショナルな連邦制から多元ナショナルな連邦制へ』(*El federalismo pluralista : Del federalismo nacional al federalismo plurinacional*)の中で読者に勧めているのは、アメリカ合衆国に連邦制を植え付ける時には、それを定着させるため均一化と中央集権化という基本原理がよく使われたが、それを投げ捨て、連邦制を新しい基盤に立って再解釈することである。カミナルによれば、このようにものごとを進めれば、脅迫と束縛ではなく、信頼の絆に基づいたより平等な社会を到来させられる。[13] また、そうしたアプローチを通して、真の連邦文化(culture fédérale)を生み出すこともできるだろうし、一つの国民国家を形成している複数のネイションが、契約に基づいた政治的合意へと到達するための本質的な基礎を築くことにもなるだろう。この点は第六章で見る。この見方は、ピエール＝ジョゼフ・プルードン(Pierre-Joseph Proudhon)のような人を思い出させないではおかない。彼はこう書いた。「連邦という理念は、今日までに政治学が到達した最高のレベルにあるのは確かである。……その理念は、自由と権威を一致させようとすると惹き起こされるあらゆる困難を解決する。……原理の対立は、普遍的バランスを最終的に獲得するための条件のように思われる」。しかし、このバランスに到達するのは難しい。現実の中で理想を追求することだからである。マジョリティ・ネイションは、政治状況を統率するのだという意思を持っているため、こうしたバランスの追求を無視する傾向があり、自分達だけの意志を押し付けようとする。その結果、深刻な政治的緊張が生じ、文脈と時代によって程度の差はあるが、反対運動が起きるのである。ベルリンの壁崩壊とソヴィエト連邦の解体以降、政治面で不確実性の大きな時代に入ったように思われる。[14] 東洋でも西洋でも、マジョリティ・ネイションがありとあらゆる要求を重要視することがあるとしても、ネイションの問題とアイデンティティに関わる指標という括りに入るものだけはそこから除外されている——マイノリティ・ネイションはこう感じているのである。国際競争、グローバリゼーション、深刻化している国家の負債、貧困、感染症、未曾有の人の移動、テロとの戦い、エネルギー安全保障は、地球の将来にとって最重要課題であろう。確かに、政治はこれらの問題に注意を向けなければならないし、そのために資源を大規模に動員しなければならない。だが、それを、ネイションの多元性という文脈にあるマイノリティ・ネイションの正当な要求に応えないための単なる口実としてはいけない。

複雑な民主国家に現存する政治的緊張の解消などとは、時期尚早でとても言えない。なにしろ、現在の権力はマイノリティ・ネイションの要求が持つ深い意味を公式に認められず、その深い動機を無視する傾向にあるのだから。国家はその中に共存するナショナルな共同体について、どの程度までその正当性を保持できるのか、あるいはそれを増大させたり喪失させたりできるのか。その評価には、いくつもの要因を考慮に入れなければならない。[15] それらの要因には、他との違いを示すもの（その共同体特有の特徴）、社会学的なもの（社会的多様性）、制度的なもの（国家のさまざまな伝統）、あるいはイデオロギー的なもの（例えば、平和的か好戦的かとか左翼か右翼かなど）がある。またマジョリティ・ネイションとマイノリティ・ネイションの間の隔たりが大きくなればなるほど、両者を遠ざける力が強くなる。

十年ほど前、スペインのケースはわれわれに独特の問いを投げかけた。今や民主政への移行開始から三十年以上が経ち、一九七八年には自治権国家(État des autonomies)が生まれたにもかかわらず[九]、スペインは歴史あるネイション——それらは、スペインが国際的な性質を持つのに多大な貢献をし、スペインの若い民主政を豊かにしている——を満足させるようなモデルを実現するに至っていないからである。バスク民族主義者党(PNV)[一〇]のファン・ホセ・イバレチェ(Juan Jose Ibarretxe)のリーダーシップのもと、バスク自治州政府は、この歴史ある地域が自治権を持つ可能性を問う住民投票を実施しようとしたが、スペイン政府はそれを二〇〇八年に拒絶した。次いで、二〇一〇年六月二十八日の憲法裁判所の判決を楯に、二〇〇六年六月十八日にカタルーニャの住民投票で承認された新自治憲章のいくつかの条項を無効とした[17]。これらさまざまな敗北がバスクやカタルーニャの政治的アクターや市民社会のメンバーに示したもの、それは事態を深い所から変えるには、新自治憲章を巡る交渉という道を通るよりも、単純に独立の道を試してみたほうが簡単ではないだろうかという思いだった[18]。

カタルーニャのケースでは、次の点を指摘しておきたい。住民投票に先立って、スペイン国会とカタルーニャ議会による好意的でそれを支持する投票がまずあったこと[一一]、次に、住民投票によりスペイン国民党の組織的反対は一掃されたにもかかわらず、スペイン政府とカタルーニャ政府の間の政治協定は憲法違反だとスペイン国民党が訴えてそれを中断させたということである。憲法違反訴訟の結果はまだ分からないが、確かなのは、中央政府とカタルーニャ自治州およびカタルーニャ・ネイション――その名のもとでカタルーニャの政権政党は政治の分野で伸張している――のメンバー間に、問題への対処のために、信頼の風土をつくり直すのは困難だろうということである。

こうした政治的緊張の中核には、国家に関する根本的に異なった二つの構想が対峙している。一方には、国家の中央集権化という伝統が染みついたジャコバン的構想がある。そこには、ナショナルなマイノリティへの配慮はなく、単一のナショナル・プロジェクトへと統合しようという意思がある。一七八九年のフランス革命は、ジャコバン主義によって進められたが、旧体制《アンシャン・レジーム》を葬り去るだけでは満足せず、一つの新しいイデオロギーを誕生させた。まさしくジョン・ラグリン(John Loughlin)が言っている通りである。「国民国家は十九世紀の間に一つの新しい政治哲学を生み出した。それは他の近代イデオロギーである社会主義、自由主義、そして同じく、保守主義や反動などと競うこととなった。そのイデオロギーとはナショナリズムである」[19]。このジャコバン的伝統は、差異というものに関心を払わず、より平等な社会の到来のために戦い、貴族のような名家の特権を終わらせることを望んだ。もう一方には、ジロンド的な流れをくむ伝統がある。それはエスニックな文化的マイノリティに場を与えるという意志があるという点と、国民国家の構成要素として差異を導入したいという願望がある点で独特である。もっとも、社会問題に関しては、普通選挙の導入や奴隷制の廃止に反対するなど、ジロンド派はフランス社会の最も保守的な構成員の側にいた。要するに、真のナショナリストとは、十八世紀以来のジャコバン的伝統によって突き動かされ、自分達のために一つの国家を要求する人々である。それに対して、マイノリティ・ネイションは、前の時代にアルトゥジウス(Althusius)、プルードン、モンテスキュー(Montesquieu)、ピ・イ・マルガル（一一）(Pi i Margall)などの偉大な思想家が擁護した連邦的ユートピアの主人公だと自分のことを考えている。

　ジャコバン的伝統が強力なのは、その伝統が築かれた基盤が十分なだけの動員効果を持っているからである。この単一論理的な(monologique)ものの考え方によれば、対立陣営が除去されないにしろ屈服させられれば、そして包括的ネイションが単一不可分なものとしてつくりあげられれば、それに応じて調和が現実のものになる。ジャコバン主義は、たとえそれが理にかなったものであっても不一致を容認しない。だが、民主的文脈にある複雑な現代社会が解放され、揺るぎないものとなるためには、質的に自由な空間が残される必要があるのである。

　しかし、すべてのネイションがそれぞれ自分の国家を要求すると想像するのも難しい。地球全体で言えば、今日、レベルはいろいろだが承認を求めている文化は一万を超えている。ネイションの数がこんなにもあるとすると、正しく安定的な社会を到来させるのに、それらすべてが国家を持つことが唯一の方策だとは考えにくい。しかし、サイズはどうあれ諸々のネイションが、ネイションから成る合奏団の中に自分の席を要求する権利をいまさら排除することはできない。国際社会は百にもおよぶ新しい国家が誕生したこととうまく折り合いを付けてきた。それは過去半世紀の歴史が雄弁に物語っている。ジェームズ・タリー(James Tully)が書いているように、「東チモールがインドネシアから、スコットランドがイギリスから、カタルーニャがスペインから、ケベックがカナダから、ヒスパニックがマジョリティである州がアメリカ合衆国から分離しても、国際秩序が維持できなくなるわけではないだろう[一三][20]」

アンソニー・スミス(Anthony Smith)がすでに指摘しているように、エスニック文化に基づくネイションのうち一〇パーセント以下しか自分の国家を持っていない[21]。それゆえ、複数の共同体が一緒に住めるようにする、そして共に生きるのを容易にする調整(accommodement)の手法を考案するのが重要である[22]。小さなネイションがその立場を発展させる際に根拠とする有効かつ決定的な基準が一つあるとするなら、それは人民主権であるが、以上の前提に立てば、その発展を可能にするような基本的基準を決める資格がマジョリティ・ネイションにだけあるなどというのは、受け入れられないだろう。

ケベックが分離する権利があるかどうかについてカナダ最高裁判所に意見照会(renvoi)がなされた時のことが、この問題をよく理解させてくれる。最高裁の回答の第九二項に次のようにある。

ケベックの住民側が自決の意志を明白に表明したにもかかわらず、他州や連邦政府に何の義務も発生しないなどという逆の主張もまた、全くもってあり得ないことである[一四]。現在のカナダの憲法秩序は、ケベック人の明白な多数が自分達はもはやカナダの一部に留まりたくないという望みを明白に表現した場合、それに無関心なままではいられないだろう。無関心でいるとすれば、すでに認められている憲法上の他の原理の方が、ケベック住民が民主的にかつ明白に表明した意志よりも必ず優位にあると言っているのに等しくなる。そう主張すれば、修正プロセスを導くべき根底にある憲法原理、特に民主政の原理と連邦制の原理に十分に権威を認めていないことになる。もしケベック州民の明白な多数が分離の道を選択したなら、そしてケベックが他州の権利を尊重する範囲でそれを追求するなら、ケベック州政府が分離を実現しようとする権利を奪う権利は他の諸州と連邦政府にはない。連邦政府、ケベック、他の諸州、そしてその他の関係者の利害とケベック内外のすべてのカナダ人の権利を取り扱うには、交渉が必要となろう。[23]

現代では、アジア[24]、ラテンアメリカ、スペイン[25]で、マイノリティ・ネイションが承認を求める際に、ケベックのケースが例として持ち出されるのが一番多いのは疑いがない。先進自由民主政(libérale démocratique avancée)社会の中で、共存するネイションと体験を共有しつつ生きるよう宿命づけられたナショナルな共同体に対して、ケベックが発展的影響をもたらすような視座を提供するからである。

民主政の点で最も進んだ国々で、今日、国民国家の新しい波は不可避なのかどうか――現時点でそれを問うのは妥当なことである。[26] しかし、第五章で見るように、現存する国民国家は新参のアクターを暖かく迎え入れるのをためらっているのが、カナダとスペインの例からよくわかる。

二〇一〇年のスペインは一九八〇年と一九九五年のケベック住民投票後のカナダの状況とますます似て来ている。非対称的連邦制[一五](fédéralisme asymétrique)を植え付けるのに好都合な条件は次々と消えつつあることを示す指標の数がどんどん増えているのである。この二つの国出身の二人の法学の教授の分析が、この点を確認している。エクトール・ボフィル(Hector Bofill)は『装甲化した民主政』[27](*La Democràcia Cuirassada*)で、ダニエル・タープは『猿ぐつわをかまされたネイション』[28](*La nation bâillonnée*)で、スペインとカナダにおける民主的実践の貧困化の証明を行い、カタルーニャとケベックに対するマジョリティ・ネイションの代表者達の態度硬化を明白に示した。

今日、カタルーニャ、スコットランド、ケベックに関する文献は豊富にある。[29]これらのネイションが強力な束縛にもかかわらず、程度はさまざまとはいえ、どのようにして自治を達成したのかが、それらの文献で具体的に説明されている。本書では、そこで明らかにされたネイションとしての承認を求める(nationalitaire)方程式の多様な側面を掘り下げていくことにする。

本書では次のように議論を展開していく。新国家創設の次の波は、国民国家創設の最初の波の場合とは違って、帝国とか帝国主義の後退によるのではなく、現存する国民国家がその中にあるナショナルな多様性を調整する能力があるか否かによる。カタルーニャ、スコットランド、ケベックのケースは、そうした新国家の次の一群となるかもしれない。もしそれらを支配しているマジョリティ・ネイションが、それらの求めている承認とエンパワーメント(habilitation)の要求を真剣に受け取らなければ、そうなる可能性がある。

もっとも、マイノリティ・ネイションの代表者が申し立てたさまざまな要求に対して、マジョリティ・ネイションが何も応答しなかったとわめきたてるとしたら、それはそれで不当である。スペインはもはや独裁体制ではなく、確かに、フランコ時代終焉直後、自治権国家の設立の道がある程度開かれた。ただし、先進自由民主政という文脈では、カタルーニャ人の要求を考慮に入れるためには、その仕組みを緊急に現状に合わせる必要がある。カナダでは、ケベック人の要求に道が開かれたのは一九六〇年代中葉のことだが、その後何度か道を開く兆候があった。ジョセフ・クラーク(Joseph Clark)首相(一九七九年)の下での「複数の共同体からなる共同体」(communauté de communautés)、ブライアン・マルルーニ(Brian Mulroney)首相(一九八四年~一九九三年)の下での「複数の独自の社会」(sociétés distinctes)、そして近年では、第一次スティーヴン・ハーパー(Stephen Harper)政権の初め(二〇〇六年~二〇〇八年)に「開かれた連邦制」(fédéralisme d'ouverture)について語られたことなどがそれである。[30]

新国家誕生にはますます障害が多くなっているが、それにもかかわらず、国民国家創設の新しい波の到来がすでに予見でき、この動きはますます元には戻らなくなっているように思われる。前の波がもたらした前進は、地球レベルで見て、人々の解放にとってそれだけ重要だったのである。ナショナリズムの問題に関して最も尊敬を集めているうちの一人であるクレイグ・カルフーン(Craig Calhoun)教授は、ナショナリズムを「統合構造」――それによって、社会統合と確固としたシティズンシップの構築に重要な資源が与えられ、いくつかの大きな市民の集合体が一つの連帯感を発展させることが可能になる——とみなしている。[31] 新しい国民国家の誕生は、それらが開かれておりかつ多元的な統合構造をなす限り、非常に重要であり、それが誕生することにより、平等と公正を求めて戦った集合体の経験が具体化されるであろう。それはちょうど、一九四五年以降創設された約百もの国のうちの大部分の場合と同様である。

軍事＝産業＝文化的帝国の存在感が顕著であるとは言え、短期・中期的に、かつてのような形で帝国が復活するとは思えない。また、ナショナリティの原理が永久にただ単に再生産されていくとも考えられない。そんなことでは、文化、経済、政治、社会といった面で一番弱いナショナルな共同体の生存は危険にさらされ、グローバルな複雑な事象の行動指針を現実にそぐわないものにしてしまう。歩むべき一つの道は、それが代表性(représentation)の課題すべてに応答できないにせよ、民主的な文脈でのマルチナショナル連邦制という道筋である。それは全く新しいタイプの政治プロセスである。なぜなら、このシナリオでは、ナショナルな共同体がボトム・アップで物事を進めていきながら、一つの政治空間を構築することを受け入れることになるからである。

マルチナショナルなモデルでは、国を構成する複数のネイションが共同体としての責任を放棄することもなければ、自分達固有の言語を捨てたりもしない。だが課題は大きい。政治学者マルク・シュヴリエ(Marc Chevrier)が次のように言っている通りである。「歴史的にみて、帝国の方が国民国家よりも、その内側にあるネイションやマイノリティの多様性をうまく受容する。オーストリア＝ハンガリー帝国のような過去の帝国と、本当の意味では国民国家になったことのないイギリスのことを考えてみればいい」[32]。それゆえ、マルチナショナルなタイプの連邦制を容認するかどうかは、かなりの程度、連邦的な文化があるかどうかにかかっている（第六章参照）。また、忘れてならないのは、マジョリティ・ネイションが国際舞台での地位の向上よりも、あるべき体制の政治的安定の方に関心を向けるだけの洞察力を持っているかどうかにもかかっている。

マジョリティ・ネイションが、自分達の能力と自己再生産力（人口維持）に大きな自信を持っていることが重要なのである。この点では、スイスのケースが今なお非常に適切な例となる。実際、この多文化連邦は――ウィル・キムリッカ（Will Kymlicka）を含め、それこそがマルチナショナルな連邦だと見なしている人もいる[33]――マイノリティの思いを尊重する国家、そしてさまざまな言語共同体に属するカントン間[一六]の調節ができる国家を設立し発展させることに成功した[34]。このプロジェクトの具体化にあたって、スイスは次のことを証明して見せた。すなわち、言語共同体のメンバーがそれぞれ地域的な基盤の上に独自の制度を打ち立てるよう促しつつも、共通の制度への忠誠を高度なレベルにまで高めることができるのだ、ということである[35]。

カナダとスペインのケースでは、時に驚くような事が起きる。国の指導者が苦労して憲法改正の提案をし、その国の創設に関わったマイノリティ・ネイションの期待度が高まることがある。だが、そんな時に指導者の態度が何度もくるくる変わるのを、マイノリティ・ネイションに属する市民は目の当たりにしてきた。このことからはっきりわかるのは、マイノリティ・ネイションの政治的未来に対しては、まだ脆弱で不安な政治文化しかできあがっていないということである。

本書は六つのキャンバスに描かれる。第一章では、共同体の権利に基づくモデルと個人の権利に基づくモデルを対照しながら、多元的文脈においてどうしたら言語多様性を適切に扱えるかというテーマを取り上げる。そこでは、カナダにおける言語政策の進展が考察の中心になるが、簡単に言えば、この国全体の支配的集団や権力が、個人権に基づく政策を強く推し進めているのを確認することになる。地域を基盤とした言語多様性の尊重と推奨を避けては通れない文化的経済的善とするスイスとは逆であり、カナダがスイスのケースに近づく道のりはまだまだ遠い。公用語監督官[一七](Commissaire aux langues officielles)の最近の報告書が示すように、監督官は連邦の公的機関の中における公用語政策の適用という点で、中央政府がとっている放任政策を非難しているのである[36]。

第二章では、多元ナショナルな[一八](plurinational)実体にとっての二つの問題について探る。一つはグローバリゼーション、そしてもう一つは、シティズンシップが競合するような体制の樹立である。今日、フランコフォニー[一九](francophonie)の中に顕著に見られる状況を背景として見ると、重要なナショナルな共同体が、アメリカ合衆国の、さらに広く言えば英語の文化帝国主義のローラーに、押しつぶされそうになっている様を浮かび上がらせることができる。ヨーロッパ連合(EU)の中で発展を遂げている国でさえも、この大きな波を避けられず、言語面での文化的多様性を保持するために大規模な施策を必要としていることも認めなければならない[37]。アングロ＝サクソン文配圏(anglo-sphère)は、国民国家レベルだけでなく、超国家的(supranationale)組織や国家内(infranationale)組織においても、政治面での協調行動を要求するだけの例外的に強い吸引力があることを証明している。この章の最後では、複数のネイションから成る連合体の中にあるナショナルな共同体の状況改善には、どのようなシティズンシップ体制を樹立すべきかを議論する。そして、社会的排除に抗して戦うよう鍛えあげられた社会的国家の確立を支持する論拠を示す。

第三章では、承認と自由裁量の余地を求めているネイションの、将来へと通じる二つの道筋を探求する。一つは、非公式憲法(constitution informelle)の法的認証(validation)であり、もう一つは、能動的シティズンシップ(citoyenneté active)である。マイノリティ・ネイションに課される第一の課題は、構築中のネイションの政治文化を貧困化する恐れのある鎖錠を断ち切ることである。この種の政治文化のプロジェクトを進めるのは、アイデンティティ、社会、政治の点で市民が共有できる組織法(loi organique)の総体を、その国の指導者が国中に承認させるに至ってはじめてできることなのである。第二の課題は、政治への参画(engagement)、参加(participation)、政治的相互交流(interaction politique)を期待し、それに立ってシティズンシップを深化させることである。カタルーニャとケベックのケースでは、「能動的」と言われるシティズンシップは、何年か前から間文化主義(interculturalisme)のモデル[20]の具体化のかたちで表現されてきている。このモデルは、例えば多文化主義(multiculturalisme)のように集団を並置することを拒否し、責任ある共同体の再創設というプロジェクトの中で、それぞれの集団の先祖からの遺産が交配して新しいものが生み出されるよう促す。

第四章では、政治哲学、とりわけ、アイザイア・バーリン(Isaiah Berlin)、フィリップ・ペティット(Philip Pettit)の研究業績、そしてジェームズ・タリーの研究業績を参照する。自治地区と言われている地域におけるナショナルな意志を抑止しようとする政府の政策と、同地域をエンパワーしようとする動きの間にある緊張を、それらによって評価したいからである。その考察の中核として、共同体間の対立をうまく取り扱う道筋として、内的自決(autodétermination interne)と外的自決(autodétermination externe)の問題に取り組む。[二一] そして、自治を、他者に門を閉ざすものではなく、同意に基づいて意志的になされる解放の形態として研究する。今日、承認の政治が民主政の深化にとって本質的条件である一方で、それのみでは民主政の拡大には不十分な条件でしかないようにわれわれには思われる。それがなぜかも説明しよう。

　第五章では、深い多様性[二二](diversité profonde)が貫いている国々で、「共同体」、「自治権」そして「エンパワーメント」を結び付けるいろいろな手法を評価する。そして、ナショナルな多様性をうまく管理することに向かう道を提供するものとして、マルチナショナル連邦制を提起する。だが、そうするためには、マルチナショナルだと分類される国民国家が、マルチナショナルだと承認されなければならない。複雑な民主国家内のマイノリティ・ネイションの代表者達は、さまざまな戦略を練って、当事者達にとって公正な協力の条件をつくりだそうとした。国際機関で「先住民」(indigène)集団が利を得たのを見て、しばらく前から、マイノリティ・ネイションのメンバーは、自分達のことをナショナルな共同体というよりも、その国の最初の住民だと言うようになっている。程度はいろいろだが、この戦略を選んだのが、クリミアのタタール人、チェチェン人、チベット人、ロマ人、[一三]パレスティナ人である。[38]その選択の背後には、小ネイションが行うナショナルでかつアイデンティティに関わるような集合体としての要求に対しての、複数ネイションからなる国民国家や国際機関の側の厳しい態度がある。その結果、共同体が相互に歩み寄るのが難しくなっている。こうした状況に、政治的・社会的アクターも、また社会科学の専門家もすぐに気付き、文化的、社会的、政治的実践の均一化が好ましいとする現在の力学の方向を逆転させるために、そうした大胆な戦略を練り上げることになったのだった。

構築された国家中にあるマイノリティ・ネイションがこのように後退したのを見ると、先人が行った実践からインスピレーションを得つつ、新しい基盤に基づいて、共同体間の関係を再考する必要があるように思う。社会科学の分野における連邦制とシティズンシップ体制に関する研究は、ここ数年で大きく前進し、その結果、複雑な民主国家の内部にあるネイションを結び付ける政治契約(contrat politique)の基盤の再考が可能になった。われわれはそう考えている。この進展は、規範的なものでしかないとはいうものの、共同体間の関係を理解し正当化する方法について、何らかの影響を与えずにはおかない。

最終章では、過去から継承した実践に回帰しつつ、共同体間の対立をうまく取り扱う道筋を提示し、それによって共同体の和解に向かう道を再考しようと思う。まずは、協定主義(pactisme)を引き合いにだして、現代社会にそれがもたらしたものを考える。次に、連邦文化の概念の深化を目指す。それは、複雑な社会が、互恵・相互性(réciprocité)と信頼に基礎を置く共通の未来を共有できるようになるために不可欠な柱なのである。最後に、特に「条約による連邦制」(fédéralisme par traités)に的を絞って、多様性の管理モデルとして連邦制がどのように貢献できるかを検討する。協定主義の要求と連邦文化樹立の根底にある価値観の要求への応答として、それこそが最も完成された連邦制の形態だとわれわれは考えているからである。

統治する権限は過去から受け継ぐものではなく、日々その資格があるかどうか検証されるものである。この主張はエルネスト・ルナン(Ernest Renan)の考えを思い起こさせずにはおかない。それによれば、政治的生活(vie politique)とは毎日の国民投票でなければならない。国民国家の到来が、近代到来以降の民にとっての最も先進的な民主的形態を表しているとしても、既存の国家が、ただ権力の名によってだけで、見習い中のネイションに対して長子の権利を持っているわけではない。新しい国民国家の誕生は、簡単に跳ねつけられるものではない。そもそも、マイノリティの権利尊重が保障され、民主的実践がうまく根付いており、立憲主義(constitutionnalisme)と法規範(règle de droit)が尊重され、連帯の原則(principe de solidarité)が奨励されているのなら、そして、マイノリティがその共同体の解放に必要な人的経済的資源を自由に使えるのなら、新国家の誕生を見るのは考えられないことではないのである。

結論として、われわれは、節度と尊厳と歓待という考え方に立った政治の土台を据えたいと思う。そうすれば、体面を重んじる国民国家なら無視できないような原則、現存の国民国家はその完全な実現を保障しなければならないような原則、それらから出発して、ネイションの多様性の管理という問題に取り組むことができるようになるであろう。

【訳註】

(一)フランスの経済学者ジャン・フラスティエ (Jean Fourastié) が一九七九年出版の著書 *Les Trente Glorieuses, ou la révolution invisible de 1946 à 1975* においてこの表現を使用した。第二次世界大戦終了(一九四五年)から第一次オイルショック(一九七三年)後に至る約三〇年を指す。終戦直後の荒廃から立ち直る過程で、先進国では大規模な経済発展があり、人口拡大が起こった。それは、世界各地の植民地が次々に独立した時期と重なる。

(二)フレンチ及びインディアン戦争(およびヨーロッパにおける七年戦争)終結の結果、ヌーヴェル・フランス植民地(後のケベック植民地)は一七六三年にフランスからイギリスへと委譲された。イギリスは当初フランス系カナダ人の同化を進めようとしたが、南側の植民地(後に独立してアメリカ合衆国となる一三の植民地)の不穏な動きに対抗するために同化政策を放棄し、ケベック植民地でフランス系カナダ人が自分達の文化を保持することなどを認めた。それを定めたのがケベック法である。一七九一年の立憲法によりケベック植民地がアッパー・カナダとロワー・カナダに分割されたが、ロワー・カナダではフランス系カナダ人が圧倒的多数を占め、後にこのロワー・カナダを基にしてケベック州ができた。

(三)スコットランドは「一九九八年スコットランド法」(Scotland Act 1998) により、独自の議会を持つことが認められ、首席大臣 (First Minister)、大臣 (Minister)、副大臣 (Junior Minister) で構成される行政府を持っている。二〇〇七年の選挙で、スコットランドの独立を訴えるスコットランド国民党がスコットランド議会の第一党となったが、当初は少数与党だった。だが、二〇一一年の選挙で議会の絶対多数を獲得し、党首のアレックス・サモンドは二〇一二年一月に、二〇一四年にスコットランド独立を問う住民投票を実施すると表明。実際、それは二〇一四年九月一八日に、スコットランドの独立に賛成か反対かという単純なかたちで実施され、賛成四四・七パーセント対反対五五・三パーセントという結果となった。世論調査では一時賛成が反対を上回るなどして、イギリスの通貨ポンドと株価が下落し、世界の注目を浴びた。投票直前にはキャメロン首相を含むイギリスの三つの政党の党首がスコットランド入りして反対を訴え、スコットランドの自治権拡大を約束した。結果的にイギリスの解体や経済的混乱は回避できたが、スコットランドの不満がはっきりと表明されたことで、今後それをどう解消するかという課題がイギリス政府に課されたのは間違いない。

(四)カタルーニャでは「カタルーニャの日」にあたる九月一一日、分離独立を求める数十万人規模のデモがここ三年連続で行われた。スコットランドでの投票間近の二〇一四年九月一一日のデモはバルセロナで一〇〇万人を越えた。カタルーニャ議会は二〇一四年三月主権宣言決議を可決し、同年一一月九日に住民投票の実施を目指したが、スペイン政府はこれを認めず、法的手段に訴えた。憲法裁判所がスペイン政府の申した立てを認め、住民投票の差し止めを命じたため、カタルーニャ州のアルトゥール・マス知事は一〇月十四日住民投票の中止を決めたが、州法に基づいて別の投票をすると発表した。

(五)ケベックではその主権獲得をめざすケベック党が一九七六年に州の政権を獲得。一九八〇年にルネ・レヴェック首相が「主権連合」構想を掲げ、主権獲得を求める最初の住民投票を行った。結果は賛成四〇・四パーセント対反対五九・六パーセントで主権派の敗北。第二回目の住民投票は一九九五年ケベック党のジャック・パリゾー首相のもと行われ、賛成四九・四パーセント、反対五〇・六パーセントという僅差での主権派の敗北であった。この住民投票はカナダを揺るがす危機的な状況を生み出した。

(六)二〇〇六年六月一八日、カタルーニャ新自治憲章がスペイン国会で制定された。しかし、それに反対する国民党議員が憲法違反として憲法裁判所に訴えた。ここの経緯については次を参照。若松隆「カタルーニャ新自治憲章(案)を巡るその後の展開」『比較地方自治研究会調査研究報告書』(財団法人自治体公国際化協会、比較地方自治研究会、二〇〇七年三月三〇日)一八九~一九九頁(http://www.clair.or.jp/j/forum/series/pdf/h18-6.pdf)。そして、二〇一〇年六月二八日、憲法裁判は、カタルーニャ語使用の強化を目指す条項など一四の条項を違憲とした。

(七)本書の著者(とR・イアコヴィーノとの共著)の前著『マルチナショナリズム』(丹羽卓[監訳]、古地順一郎・柳原克行[訳]、彩流社、二〇一三年)では、Québécois という語に対して、「ケベック人」ではなく「ケベコワ」という訳語を使用した。それに従えば、Catalan を「カタルーニャ人」ではなく「カタラン」と訳すべきであろう。しかし、本書ではいくつものナショナル・マイノリティが扱われるので、読者に分かりにくくなる恐れがある。そこで、地名に「人」を付けて訳すことにする。その方針により、本書では「ケベコワ」ではなく「ケベック人」を使用することとする。

(八)憲法裁判所の判決とそれへの反発については次の記事に詳しい。"Espagne / La Catalogne s'indigne du rabotage de son autonomie" *Amérique latine / Espagne*, 30 juin 2010 (http://www.latinreporters.com/espagnepol30062010u.html)

(九)一九七八年のスペイン憲法第一四三条第一項により、歴史的一体性を持つ県は自治州を構成することができることになっており、現在一七の自治州と二つの自治市が存在し、全土を覆っている。バスク自治州もカタルーニャ自治州もその中に数えられる。スペインは連邦制国家ではないが、自治州の連合体のような姿を呈しており、それは「自治権国家」と呼ばれている。

(一〇)スペイン語(カスティーリャ語)ではPartido Nacionalista Vascoである。バスク人はピレネーを挟んでスペインとフランスにまたがっているが、バスク民族主義者党はスペインのバスク自治州の民族主義政党であると同時に、フランス領バスクにも支部政党を持つ。バスク独立は要求せず、強い自治権を求める。

(一一)本章の訳註六に挙げた参考文献によれば、二〇〇五年九月三〇日にカタルーニャ州議会で承認され、二〇〇六年五月十日にスペイン国会でも承認された。カタルーニャでの住民投票は、それを踏まえて二〇〇六年六月一八日に実施され、七三・九パーセントの賛成で支持された。ただし、投票率が四九・四パーセントと低かったのは、国民党などの反対政党支持者が投票しなかったからだとされる。

(一二)ヨハンネス・アルトゥジウス(Johannes Althusius, 1557–1638)はドイツの法学者で、カルヴィニズムに立つ政治哲学者。近代政治学の先駆者とも言われ、イギリスの政治学者ハロルド・ラスキの多元的国家論にも影響を与えた。ピエール＝ジョゼフ・プルードン(1809–1865)はフランスの社会主義者・無政府主義者。その連邦制への発言については本文(一五頁)で引用されている。シャルル＝ルイ・ド・モンテスキュー(Charles-Louis de Montesquieu, 1689–1755)はフランスの啓蒙思想家で、文化多元主義の先駆者との評価がなされている。フランセスク・ピ・イ・マルガル(Francisco Pi i Margall, 1824–1901)はバルセロナ生まれの自由主義の政治家で、短命なスペイン第一共和政時に大統領を務めた。その時、政教分離、地方分権などの大胆な改革を国会に提案した。

(一三)この引用は一九九九年のものだが、現実に東チモールは二〇〇二年五月二〇日に独立した。

(一四)第九〇節で二つの極端な主張を退けると言っている。一つめの主張は、州の分離独立に対して他州と連邦政府はそれを認める法的義務があり、細部について交渉できるだけだ、というものである。第九一節にそれを退ける理由が述べられている。それに続いて、ここではもう一方の極端な主張について述べられている。

(一五)連邦を構成する州すべてを対等に扱うのではなく、各州の持つ固有の歴史などにより扱いを変える連邦制のことを言う。この問題については、本章の訳註七に挙げた書物に詳しい。
(一六)スイスは二六のカントンから構成され、カントンごとに独自の憲法や法律、議会、政府、裁判所があり、それぞれが自治権を持っている。カントンごとに一つの公用語が決められている(三つのカントンだけは複数の公用語を定めている)。
(一七)カナダで一九六九年に制定された公用語法で設置された役職。カナダの議会や政府などの連邦機関における公用語(英語とフランス語)の平等を保ち、公用語の維持発展に努め、そしてカナダ社会での両言語の平等を達成するためにあらゆる必要な手段を講じる責務を負っている。
(一八)multinational と plurinational という術語は、前者が一つの国家の中に複数のネイションが存在する状態を指すのに対して、後者は一人の中に複数のネイション性がある状態(カナダ人でかつケベック人であるなど)を指すというように、両者を区別する場合もある(マイケル・キーティング)が、本書では相互互換的に用いられている。以上の点を著者に確認の上、本翻訳においても原書に従い、前者を「マルチナショナル」後者を「多元ナショナル」と訳すが、実質的には同じと理解して欲しい。
(一九)フランコフォニーとは、一般的には、フランス語を話す人々のこと、あるいはそうした人々の住む国々の共同体のことを言う。一九六〇年代にアフリカの旧フランス領だった国々が始めた運動にケベックなどが加わって、一九七〇年にフランコフォニー国際機関(Organisation Internationale de la Francophonie; OIF)が誕生した。加盟五六カ国・地域と一九のオブザーバーから構成されている。
(二〇)間文化主義は、カナダが国家の基本政策として一九七一年に掲げた多文化主義に対抗する理念として、ケベックにおいて展開されている社会統合モデルである。その概要についてはG・ブシャール、C. テイラー『多文化社会　ケベックの挑戦』(竹中豊他[訳]、明石書店、二〇一一年)の七六〜八一頁を参照。近年それについて、次の包括的書物が出版された。Gérard Bouchard, *L'interculturalisme Un point de vue québécois*, Montréal, Boréal, 2012.
(二一)内的自決とは、ある民の境界領域内での事柄の自治に対応する。外的自決とは、内的自治を国際舞台で表現することに対応する。そこで特別な地位や承認を得たり、ひいては独立国家をつくったりすることを意味する。
(二二)チャールズ・テイラー(Charles Taylor)が«Deep Diversity and the Future of Canada», dans David M. Hayne (dir.), *Can Canada Survive? Under what Terms and Conditions?*, Royal Society of Canada, 1997, p. 29-35. で提起した概念。そ

れはエスニック文化的差異に関わる多様性で、多文化社会でのアイデンティティ形成や社会関係という深い層に存在するもののことを言う。

(二三)原書はフランス語の「ツィガーヌ」(Tsigane)を使用しているが、本書では、現在ＥＵなどで使用されている彼らの自称である「ロマ」を訳語に充てる。ただし、ロマとツィガーヌあるいはジプシー(英語)が必ずしも同義というわけではない。

[原註]

(1) Nicholas Tarling, *Historians and Southeast Asian history*, Auckland, New Zealand Asia Institute, University of Auckland, 2000; Marc Ferro (dir.), *Le livre noir du colonialisme – XV e– XXI e siècle: de l'extermination à la repentance*, Paris, Robert Laffont, 2003.

(2) M. Crawford Young, «Revisiting Nationalism and Ethnicity in Africa», James S. Coleman Memorial Lecture Series, University of California, Los Angeles, repositories.cdlib.org/cgi/viewcontent.cgi ?article=1003&context=international/asc (二〇一〇年七月十九日閲覧).

(3) Louis L. Snyder, *Macro-Nationalisms: A History of the Pan-Movements*, Westport, Connecticut, Praeger, 1984.

(4) この点に関しては、ポール・メイ(Paul May)との意見交換から得ることが多かった。

(5) Kenneth McRoberts, *Un pays à refaire: l'échec des politiques constitutionnelles canadiennes*, Montréal, Boréal, 1999; Michael Hechter, *Internal Colonialism: The Celtic Fringe in British National Development, 1535-1966*, Londres, Routledge, 1975; Montserrat Guibernau, *Catalan Nationalism: Francoism, Transition and Democracy*, Londres, Routledge, 2004. Michael Keating, *Les défis du nationalisme moderne: Québec, Catalogne, Écosse*, Montréal, Les Presses de l'Université de Montréal, 1997.

(6) この「国家を持たないネイション」という呼称がいつも適切だとはわれわれには思えない。とりわけケベックの場合のように、ネイションが政治、文化、経済、社会の領域でふさわしい制度を持っている場合には、この呼称は適切ではないだろう。

(7) Montserrat Guibernau, *Nations without States: Political Communities in a Global Age*, Cambridge, Polity Press, 1999.

(8)この概念はジョセフ・イヴォン・テリオ(Joseph Yvon Thériault)による。第三章を参照。

(9)次を参照。Alain-G. Gagnon, *Au-delà de la nation unificatrice: plaidoyer pour le fédéralisme multinational*, Barcelone, Institut d'Estudis Autonomics, 2007.

(10) Daniel Turp, «Statut d'autonomie de la Catalogne–Un ordre constitutionnel imposé, comme au Québec», *Le Devoir*, 16 juillet 2010, p. A9.

(11) Dolors Genovès, *Adéu, Espanya*, Televisio de Catalunya,Barcelone, 2010; Roger Boire et Jean-Pierre Roy, *Questions nationales*, Production L'oeil fou, Montréal, 2009.

(12)グローバリゼーションの文脈におけるマイノリティ・ネイションに関してマイケル・キーティングとジョン・マッギャリー(John McGarry)指導のもと進められた次の研究を参照。*Minority Nationalisms and the Changing International Order*, Oxford, Oxford University Press, 2001. また、それを逆側から見たものとして次を参照。Alain-G. Gagnon, André Lecours et Geneviève Nootens (dir.), *Les nationalismes majoritaires contemporains: identité, mémoire, pouvoir*, Montréal, Québec-Amérique, Coll. «Débats», 2007.

(13) Miquel Caminal i Badia, *El federalismo pluralista: Del federalismo nacional al federalismo plurinacional*, Barcelone, Paidos, 2002.

(14) Pierre-Joseph Proudhon, «Du principe fédératif», *Œuvres complètes,* tome *Du principe fédératif. La fédération et l'unité en Italie. Nouvelles observations sur l'unité italienne. France et Rhin*, Paris, Marcel Rivière, 1959, 1re partie. また次も参照。Dimitrios Karmis, «Pourquoi lire Proudhon aujourd'hui? Le fédéralisme et le défi de la solidarité dans les sociétés divisées», *Politique et Sociétés*, vol. 21, no 1, 2002, p. 43-65.

(15)このテーマに関しての確固たる研究としては次を参照。Bruce Gilley, *The Right to Rule: How States Win and Lose Legitimacy*, New York, Columbia University Press, 2009, Arend Lijphart, *Thinking About Democracy: Power Sharing and Majority Rule in Theory and Practice*, Londres, Routledge, 2008.

(16) Enric Fossas, «Autonomie et plurinationalité en Espagne: vingt-cinq ans d'expérience constitutionnelle», dans A-G. Gagnon, A. Lecours et G. Nootens (dir.), *Les nationalismes majoritaires contemporains*, *op. cit.*, p.291-306; Miquel Caminal et Josep Pich, «Federalisme i catalanisme (1868-2010)», *Activitat parlamentaria*, no 21, avril 2010, p.8-15; Ferran Requejo, «L'estat de les autonomies, 25 anys després» *Nous Horitzons*, 175, 2004, p.16-20.

(17)次のウェブサイトを参照。http://www.tribunalconstitucional.es/fr/resolucionesrecientes/Documents/SENTENCIA_RI_8045-2006.pdf 判決の要約のフランス語訳は次を参照。www.danielturpqc.org. 住民投票の賛成は七三・九パーセントにのぼった。

(18)この点は次の文献から示唆を得た。Salvador Cardus i Ros, «Ilusion y compromiso», *La Vanguardia*, 7 juillet 2010, p.22.

(19) John Loughlin, «Les nationalismes britannique et français face aux défis de l'européanisation et de la mondialisation», dans A.-G. Gagnon *et al. Les nationalismes majoritaires contemporains*, *op. cit.*, p.197.

(20) James Tully, *Une étrange multiplicité. Le constitutionnalisme à une époque de diversité*, Québec, Les Presses de l'Université Laval, 1999, p.8.

(21)Anthony D. Smith, *Nations and Nationalism in a Global Era*, Cambridge, Polity Press, 1995, p.86.「ある国家が国民国家だと言えるのは、単一のエスニック文化を持つ住民だけがその国家の領域内に住んでいて、その国境がそのエスニック文化を持つ住民の境界とが一致している時だけである」。

(22)Daniel J. Elazar, *Exploring Federalism*, Tusculoosa, Al, University of Alabama Press, 1987.

(23)http://scc.lexum.umontreal.ca/fr/1998/1998rcs2-217/1998rcs2-217.html 強調は引用文書でなされている。

(24) François Taglioni, «Les revendications séparatistes et autonomistes au sein des territoires mono- et multi-insulaires: essai de typologie», *Cahiers de géographie du Québec*, vol. 49, avril 2005, p.6-18; Stéphane Guillaume, *La question du Tibet en droit international*, Paris, L'Harmattan, 2009.

(25)次を参照。Alejandro Saiz Arnaiz, *Estado federal i estatuto particular: laposicion constitucional de la provincia de Quebec en la federacion canadiense*, Madrid, Instituto Vasco de Administracion Publica, 1997; Montserrat Guibernau, *Per un catalanisme cosmopolita,* Barcelone, Editorial Angle, 2009.

(26)「西洋民主政における新国家創設の第四の波」(*Une quatrième vague de création de nouveaux États dans les démocraties occidentales*)というテーマで二〇一〇年秋、雑誌 *Idée* に二一の大学から成るグループが発表した近年の研究を参照。

(27)Hector Bofill, *La Democràcia Cuirassada,* Barcelone, Esfera des llibres, 2005.

(28)Daniel Turp, *La nation bâillonnée*, Montréal, VLB éditeur, 2000.

(29) Michael Keating, *Nations against the State: The New Politics of Nationalism in Quebec, Catalonia, and Scotland*, Londres, Palgrave Macmillan, 2002; *The Independence of Scotland. Self-Government and the Shifting Politics of Union*, Oxford, Oxford University Press, 2009; Scott L. Greer, *Nationalism and Self- Government: The Politics of Autonomy in Scotland and Catalonia*, Albany, The State University of New York, 2008; Montserrat Guibernau, *The Identity of Nations*, Londres, Polity, 2007.

(30) Éric Montpetit, *Le fédéralisme d'ouverture: la recherche d'une légitimité canadienne au Québec*, Québec, Septentrion, 2007; Alain-G. Gagnon et Raffaele Iacovino, *De la nation à la multination: les rapports Québec-Canada*, Montréal, Boréal, 2008.

(31) Craig Calhoun, *Nations Matter. Culture, History, and the Cosmopolitan Dream*, Londres, Routledge, 2007, p.152-157.

(32) Marc Chevrier, «La démocratie, ses empires et le Dominion multiculturel canadien», *Médiane*, vol. 3, no 2, 2008, p.42.

(33) Will Kymlicka, «Le fédéralisme multinational au Canada: un partenariat à repenser», Guy Laforest et Roger Gibbins (dir.), *Sortir de l'impasse: les voies de la réconciliation*, Montréal, Institut de recherche en politiques publiques,1998, p.15-54.

(34) Paolo Dardanelli, «Multinational Switzerland?», *Swiss Political Science Review*, vol. 14, no 3, 2008, p.551-.77.

(35) このテーマは第二章で掘り下げられる。そこでは、マルチナショナルな文脈での言語多様性をうまく管理する言語政策を取り上げる。

(36) Graham Fraser, *Rapport annuel 2009-2010, Au-delà des obligations*, vol. 1, Commissariat aux langues offcielles, Ottawa, ministère des Travaux publics et des Services gouvernementaux, 2010, p.24-26.

(37) Guy Lachapelle (dir.), *Diversité culturelle, identités et mondialisation. De la ratification à la mise en oeuvre de la convention sur la diversité culturelle*, Québec, Les Presses de l'Université Laval, 2008.

(38) 次を参照。Will Kymlicka, «The Internationalization of Minority Rights», dans Sujit Choudhry (dir.), *Constitutional Design for Divided Societies*, Oxford, Oxford University Press, 2008, p.114-126.

第一章　多元的文脈における言語多様性(1)

「例えば宗教の点で国家が中立だということがあり得るとしても、国家は市民とコミュニケーションをとるのに少なくとも一つの言語を用いないわけにはいかない。一つないしはそれ以上の言語を選択することで、国家は何らかからの立場を表明することになる。たいていの場合、そこで取られる立場は、言語的マジョリティあるいは支配集団にとって望ましいものである」(セルマ・K・ソンタグ Selma K. Sonntag, *Politique et sociétés. Minorités, langue et politique*, 2010, p. 20.)

連邦制は、対立の管理メカニズムであり、複数の政治的改革を調停するものであり、かつ、マイノリティおよびその地理的空間の利益の防御壁でもあるとしてしばしば言及される。そうした連邦制には検証に値するいくつもの特質がある。連邦制の目的の一つが、主権を持ち統合された政治共同体の間に適切なバランスを生み出すことにあるのは言うまでもない。だが、それは、どの共同体も政府の政策立案時に無視されないようにすると同時に、マジョリティ・ネイションが他の共同体にその政治的意志を押し付けることができなくするためのものでもある。それだからこそ、連邦制は、ある特定の地域をとってみればそこではマジョリティとなるさまざまな集団の発展的形成を可能にし[一]、ナショナルな多様性の重要な進展に貢献するのである。

本章の目的は、カナダの言語政策がどのように実施されているかを探求することにある。それは一連の創造的緊張関係から出発したのだが、その緊張関係はカナダを一層多様な国としただけではなく、カナダ統一がどの程度強固なのかをテストする試金石となる場合も幾度かあった。ケベックがカナダから分離する権利に関する意見照会に対して、一九九八年にカナダ最高裁判所が述べているように、カナダ連邦制は次の四つの主要な柱に基づいている。すなわち、(一)民主政、(二)連邦制、(三)立憲主義と法規範、(四)マイノリティの権利擁護、である。ただし、この四つの柱は、集合体の実現と解放の要因のように思える一方で、規範レベルでは同一の価値を持っているため、政治的アクター間の緊張関係の根本的原因ともなっている。

カナダの言語政策は、ナショナルな多様性が国を貫いている他のケースにも見られる緊張関係を研究する手掛かりを与えてくれる。ケベックで「静かな革命」[二](Révolution tranquille)が最高潮を迎え、またそれに啓発された革命がニュー・ブランズウィックでも間もなく姿を現した一九六〇年代以降[2]、このマイノリティ言語共同体は、言語権の領域で徐々に要求を増加させて行き、具体的に自分達が承認されることを求めた[3]。これは特にケベックで顕著だった。それまでフランス語系(francophone)ケベック人は二次的な役割しか果たさないという傾向があり、英語系(anglophone)ケベック人、さらに広くは英語系カナダ人に支配されていた。[4] わかりやすい数字を示すと、一九六一年、先祖代々フランス語系であるケベック人の年収は、三一八五ドルであったのに対して、先祖云々を問題にしない場合の州の平均は三四六九ドルだった。フランス語系ケベック人の給与は、ケベック住民全体の給与よりも八パーセント低かったし、その差は(イギリスに先祖を持つ)英語系ケベック人とだけ比べると三五パーセントにも達した。[5] この二つの政治共同体間の摩擦が原因となって、カナダ中央政府は言語権の領域でいくつかの鍵となるような先導的《イニシアティヴ》決断を行った。すると今度は、それがケベックの政策決定者に自分達の責任を意識させ、ケベック州政府を突き動かして、文化、経済、制度、政治、社会などの面で、大規模な立て直しに向けての本物の行動計画を持つようにさせた。

これ以降、言語政策の三つの面を考えて行く。まず地域原理に基づいた二言語主義[三](bilinguisme)と個人原理に基づいた二言語主義の比較から始める。次に、この二つの選択肢に基づいてなされた要求をその時代の政治的文脈に位置付ける。そして、カナダにおける言語体制の出現に関する一つの分析を提案する。その分析によって、(ケベックとケベック外のカナダの内部における)言語マイノリティ[四]の政治的動員を特徴付ける圧力と引力に基づいた力学、そして中央政府(オタワ)とケベック州政府の間での優勢な力関係を浮かび上がらせる。最後に、ニュー・ブランズウィック州と、アイデンティティとネイションの確立を求めている二つの地理的領域(ヌナヴト準州[五]とカタルーニャ)で、他とは違う言語体制ができあがったことに、連邦の伝統がどのような影響をもたらしたかに目を向ける。

制度的二言語主義と単一言語主義において対立する地域原理と個人原理

カナダは複数の言語権体制が共存している国だと言えるだろう。そうした言語権には憲法の条項でしばしば言及されている。特に、一八六七年の「英領北アメリカ法」(Acte de l'Amérique du Nord britannique: AANB)第一三三条[六]と一九八二年の「権利及び自由に関するカナダ憲章」(Charte canadienne des droits et libertés)第一九条(これは第一三三条が連邦制度に対して有効であることを確認し、それをニュー・ブランズウィック州にも拡大した[七])、そして「マニトバ法」(Loi sur le Manitoba)第二三条[八]が重要である。

連邦体制を採用しているおかげで、カナダ各地にある言語権の要求を考慮して、全国一律ではなく差異が認められている。その要求は、各州がどの段階で連邦に加わったかによって変わった。ニュー・ブランズウィックは、憲法に言語権が明記されているので、それが最も整った形で承認されている州となっている。ただし、承認されているとはいえ、フランス語系住民と英語系住民間の平等な取り扱いが実現するまでには時間を要した。さらに、カナダ全土で中央政府管轄の裁判所[九]では、二つの公用語のどちらでも使用可能である点も付け加えておこう。

言語体制をつくるにはいくつかの選択肢があるが、それ理解するのに三つの主要なアプローチが主として使われてきた。すなわち、(一)単一言語主義、(二)個人的二言語主義、(三)地域的二言語主義である。

単一言語主義の支持者(例えば、ニュー・ブランズウィックにおける地域連盟[一〇] Confederation of

Regions: CoR)、個人的二言語主義の支持者(ケベック以外のカナダ)、地域的二言語主義の支持者(ケベック)という三つの間で、ときたま大きな緊張関係が生まれた。一九六〇年代中葉以降、制度的二言語主義[11](bilinguisme institutionnel)を支持する政策の導入に賛成する流れが広がり、それがカナダのさまざまな政党でも幅をきかせるようになった。だが、それはかなりの程度、連邦の政治家によって吹き込まれたものだった。

この問題には、比較研究をしているケネス・D・マクレイ(Kenneth D. McRae)とジャン・ラポンス(Jean Laponce)の理論的貢献が特に大きいように思える。ある人がその国のどこを居住地に選択したとしてもそこに持ち運んで行ける権利が存在するが、個人的二言語主義は、言語もそれにあたり、どの公用語で政府のサービスを受けたいかを選ぶのは個人なのだと言う。他方、地域的二言語主義は、そうした権利は個人が居住する場所によって異なる方法で行使されると主張する。言語権の地域的モデルに立つと、ある地理的領域のマジョリティ集団の言語的選好にマイノリティは従わなければならない[6]。マルチナショナルな連邦の場合、ある人物がその国の別の地域に行けば、そこでどの言語が話されているかは、社会学的論理に従って決まっているのだと覚悟しなければならない。さまざまな理由があいまって、カナダでは個人的二言語主義の十分な適用ができていない。他方、言語政策領域での中央政府の動きのせいで、地域的二言語主義も実現できていない。

どのモデルを選択するかによってその国が抱く構想が明らかになる。それらの国が連邦制を採用しているとはいえ、拠って立つモデルは違う。個人的二言語主義によれば、その人が連邦機関とのやり取りで第一言語（例えば母語）[二二]を使うことによって自分の選好を表現することになる。他方、地域的二言語主義の場合、言語境界線が固定され、その内側で、制度と同様に個人も発展することになる。後者は一般に、社会の結束（cohésion）を高めるという意図で行われている。「二言語二文化主義政府調査委員会」[二三]（Commission royale d'enquête sur le bilinguisme et le biculturalisme）の委員達は、カナダの言語多様性をうまく取り扱うために、地域的アプローチを好んでいたようであるが、それはどれ程のものかを見るのは興味深い。少なくとも一九六五年の委員会予備報告提出時には、委員会は次のように書いている。「ドラマの中心人物は、十分意識されていたか否かにかかわらず、フランス系ケベックとイギリス系カナダである。われわれの考えでは、マジョリティとマイノリティの間の伝統的対立はもはや問題ではない。むしろ、カナダのマジョリティ集団とケベックのマジョリティ集団という二つのマジョリティの間の対立が重要なのである[7]」。

カナダのケースは、個人的二言語主義と地域的二言語主義の要素を混交した言語体制にある。われわれは、本質的には、制度的二言語主義の形態を手にしているのである。カナダ中央政府は、一九六九年の「公用語法」（Loi sur les langues officielles）制定により、州の区分を横断するようなかたちでの言語権の二重体制を適用しようと努めた。そうしないと、中央政府が責任を放棄するかたちになり、その結果は州の利益になるので、それを避けようとしたのだった。そのように振舞いつつ、中央政府は国内のマイノリティ（ケベックの英語系とケベック以外でのフランス語系）の言語権を価値あらしめるための一連の先導的決断を行った。続いて一九八二年、言語権を「権利及び自由に関するカナダ憲章」に組み込むことで、この方向をはっきりと示したのである。

中央政府のこの先導的決断はまた、ケベックで重大な反響を巻き起こした。当時、フランス語系でも英語系でもない非英仏語系(allophone)は、市町村レベルでも州レベルでも英語でサービスを受けたいと絶えず要求していたが、それは、フランス語をケベックの唯一の公用語とする第一〇一号法(「フランス語憲章」Charte de la langue française)の精神に反することだった。今日でも、従業員五〇名以上を擁する英語系企業は、ケベック州政府とフランス語でコミュニケーションをとらなければならない。もっとも、三十五年程前に「フランス語憲章」が採択され、ケベック州政府によって実施されたとはいえ、多くの場合、ケベックの諸機関は、英語で政府のサービスを受けやすくしてきた。これは、ケベック州税務局[一四](Revenu Québec)、ケベック州投資公社[一五](Investissement Québec)、金融公社[一六](Autorité des marches financiers)などいくつかの政府機関や組織で見受けられ、ケベック州政府はフランス語振興のための役割を十分果たしていないことが明らかになった。市町村レベルでも、窓口では似たような状況が見受けられる。モントリオール市はアメリカ大陸でもっとも重要なフランス語系の町であるにもかかわらず、そのサービスをためらうことなくフランス語と英語で提供している。この点で、ケベックでも制度的二言語主義の状況が徐々に常態化しつつあるのである。ケベックでは、地域的二言語主義の方が望ましいとこれまで何度となく繰り返されてきた。同州の機関が市民とのやり取りに英語使用を認めるということは、それを規定している法律に反する振舞いをしていることになる[8]。広く言われているように、制度的二言語主義とは、個人的二言語主義と

［表１］各州および準州において公用語を知っている人口（2006 年）

	全体	英語のみを知っている	仏語のみを知っている	英語と仏語の両方を知っている	英語も仏語もどちらも知らない
カナダ	31,241,030	21,129,945	4,141,850	5,448,850	520,380
ケベック	7,435,905	336,785	4,010,880	3,017, 860	70,375
オンタリオ	12,028,895	10,335,705	49,210	1,377,325	266,660
大西洋諸州	2,257,555	1,803,710	74,900	375,870	3,055
マニトバ サスカチュワン アルバータ	5,343,715	4,911,020	4,615	373,855	54,230
ブリティッシュ・コロンビア	4,074,385	3,653,365	2,070	295,645	123,305
準州	100,575	89,355	175	8,275	2,760

Source：Statistique Canada, Recensement de la population 2006.

［表２］カナダにおいて英語とフランス語の両方を知っている人口比
（1951 年、1971 年、2001 年）

	1951 年	1971 年	2001 年
カナダ	12.1%	13.4%	17.7%
ケベック	25.8%	27.6%	40.8%
ケベック外カナダ	6.9%	8.0%	10.3%

Source：Louise Marmen et Jean-Pierre Corbeil, *Languages in Canada. 2001 Census*, New Canadian Perspectives Series, Ottawa, Canadian Heritage et Statistics Canada, 2004, p. 154-158.

地域的二言語主義の要素を混交した二言語主義である。非英仏語系が英語を使い易くすればする程、政府機関は制度的二言語主義を優遇していることになる。それでは地域的形態より個人的形態の方に傾いていく危険があり、ついにはカナダの言語多様性を小さくすることになる。だが、言い換えると、言語政策の法律上(de jure)の公布と事実上(de facto)の適用の間には大きな溝があるのである。

カナダの言語体制の鍵となるケベックの地位は、カナダ連邦の中にきちんと位置付けられていない。次節で見るように、このことは、対峙する政治制度の間に顕著な「圧力と引力」の力学があることで説明できる。そして、その政治制度は北米という文脈では、英語系マジョリティ集団にとってはなはだしく好都合にできている。言語集団間のこうした緊張関係が、言語それ自体の使用というレベルに影響するのは避けられない。例えば、英語が惹き起す引力は、梃の支点となって重要な働きをし、マイノリティ言語(フランス語)が承認される度合いをさらに弱くする。なぜなら、それは非英仏語系が素早くマジョリティ言語(英語)の側に付くという実際的な効果を持つからである(表1と表2を参照)。この力学は二つの公用語が公式に対等であるという政治的承認の弱体化に繋がる。多大な努力を払わないと、マジョリティ言語の一方的進展を止められないのである。

言語体制――「圧力と引力」の力学

言語集団が対等に扱われたり、社会的経済的発展の可能性を同等に持っていたりするような状況は極めて稀にしか見つからない。[9] この点では、カナダも他国と違わないが、驚くべきなのは、全国レベルでフランス語系マイノリティがこうむっている被害を是正する方策を講じるのに、オタワの政策決定者が要した時間である。一九六九年のケベック州政府による第六三号法(「ケベックにおけるフランス語振興法」Loi pour promouvoir la langue française au Québec)の公布は、一つの時代の幕開けを告げた。これ以降、言語政策に関するケベック州政府と中央政府の「圧力と引力」の力学が顕著になった。[10]

カナダの英語系とフランス語系の関係を特徴付ける言語的緊張が原因で、中央政府は「二言語二文化主義政府調査委員会」(ロランドー＝ダントン委員会)を一九六三年に設置した。そこで明らかになったのは、当時、フランス系カナダ人は、理由はさまざまだが、差別の被害者で、社会経済的に下層に位置付けられる割合が非常に高いことだった。[11] また、公務員や軍隊に占める割合が低いだけでなく、低い地位の職にしか就いていないということも分かった。[12]

調査にあたって、ロランドー＝ダントン委員会は二言語体制が根をおろしている四つの国を検証した。ベルギー、フィンランド、スイス、南アフリカ共和国である。南アフリカ共和国では、英語もアフリカーンス語も、どちらも人口に占める高い割合がなお上昇しそうな状況だったので、強い関心を持って研究された。[一七] そこでは個人性の原理(principe de personnalité)が適用されており、人はその居住地とほとんど無関係に、自分の好きな方の言語でサービスを受けることができた。ベルギーとスイスのケースは、地理的領域と言語集団の分布がより緊密に重なり合うため、そのことが地域性の原理(principe de territorialité)に反映した。そこでは、その地理的領域内のマジョリティの公用語が公共サービスでの使用言語となっている(例外的に、ブリュッセル(周辺も含む)ではフランス語とオランダ語の両言語が使用可能である)[一八]。結局のところ、特定の言語地区(あるいは地方政府の単位)を定めて、その総人口の一〇パーセント(あるいは最低五〇〇〇人の住民)という規則を持つフィンランドのモデルが、言語多様性をうまく取り扱うのに最適の方法とだとされた[一九]。

社会構成の重大な変化に直面し、一九六〇年代中葉以降、ケベックは言語体制に関する議論に着手した。当初(イギリス系カナダ人ブルジョワの確固たる統制下にあった経済よりも)文化が政治活動にとっての格好の領域とみなされた[13]。もっとも、その頃までは、カナダ、特にケベックのフランス語系の不都合な状況を改善するための主導的決断はほとんどなされていなかった。ロランドー＝ダントン委員会の業務の開始に応答するかたちで、ケベック州政府は独自の委員会――「ケベックのフランス語の状況および言語の権利調査委員会」(Commission d'enquête sur la situation de la langue française et des droits linguistiques au Québec：ジャンドロン委員会 Commission Gendron)――の立ち上げを決定した。その目的はどの程度までケベック州に選択が認められるかを見極めることだった。この委員会の設置時期は、ケベックにとって大変動期に当たっており、当時、市民はアイデンティティの面での自己肯定を求めていた。州政府は――無視されたり、時に介入し過ぎだと批判されたりした後――ケベックがネイションとして肯定的に捉えられるようになるための重要な媒介者となり、フランス語系が捉われている依存という悪循環から彼らを脱出させるためのいくつかの対応を行った[14]。

［表 3］ケベックにおける移民の言語からフランス語あるいは英語への乗換
（1971 年～2006 年）

	1971 年	1996 年	2001 年	2006 年
フランス語への乗換	29%	39%	46%	51%
英語への乗換	71%	61%	54%	49%

Source: Louise Marmen et Jean-Pierre Corbeil, *Nouvelles Perspectives canadiennes. Les langues au Canada*, Recensement de 2001, Ministère des Travaux publics et Services gouvernementaux, 2004 : Statistique Canada, Recensement 2006: 97-555-XIF au catalogue.

そうはいうものの、英語は社会経済的に遥かに通用範囲が広く、威信が高い言語であるため、移民がそちらに引き寄せられているのは明白だった。それがフランス語系ケベック人の野心的もくろみを複雑な状況に置き、以後何年にもわたり、強い緊張関係が続くことになった。当初ケベックに定着する移民の数はそれほど大きくなかったため、真の言語的脅威ではなかった[15]。しかし、徐々に国境が開かれてくると、その数が増大し始め、幾度もの移民の波の到来の結果、モントリオール市は深刻な変化を遂げた[16]。そして、移民共同体のかなりの割合が、社会や職場で使用する言語として英語を採用したため、社会的・政治的ネットワークの中に移民を組み込むのがさらに困難になった。新到来者にとって英語がどれほどの引力を持っていたか、そしてその後、フランス語を公共の言語としようとしてケベック州政府が行った政策がどれだけ効果的だったかは表3からわかる。このケベック州政府の取った行動の目的は、「フランス的事実[二〇]」(fait français)の肯定と、英語系からのフランス語系の経済的解放の支えとなることだった。その結果、社会の結束が強まり、政体を活気付けるような議論への市民参加が促され、発展的影響をもたらす間文化的なアプローチがなされるようになったのである(第三章参照)。

オタワの連邦政府側からなされた社会構造を決定付ける最大の決断は、一九六九年の二公用語政策(politique de bilinguisme officiel)である。誰の目にも明らかな潮流を方向転換させようとして、そこで次のような政策が採用された。すなわち、「カナダの公用語としてのフランス語と英語への尊重を保障し、あらゆる連邦の諸機関における両言語の地位の対等、およびそこでの両言語の使用における権利と特権の対等を保障する。特に、議会での審議、手続き、立法行為等、司法運営、公共機関とのコミュニケーション、サービスの提供、そして連邦機関の業務遂行に関わる事柄においてそのようにする」(17)。当時よりこの政策が望んでいたのは、間接的にではあるが、言語マイノリティの目に中央政府の正当性を高めること、そして対等の足場に両言語を据えることだった。だが、この企ては、力学の方向を転換する条件をつくりだすどころか、むしろフランス語を被支配の地位に留め置くという悪しき効果をもたらした。

フランス語系が中央機関において十分に代表されていないという重大な点に鑑み、ピエール・エリオット・トルドー(Pierre Elliott Trudeau)首相率いる自由党政権下で、連邦公務員におけるフランス語系の割合を高めようという努力がなされた。公用語法のおかげで一九四六年に一二・二五パーセントだったフランス語系の割合(当時のカナダ人口にフランス語系が占める割合は三〇パーセント)は、二〇〇四年には二七パーセントにまで上昇した(当時のフランス語系の人口比は二三パーセントに落ちていた)。中央政府が雇用する中で二言語併用者でなければならないポストの割合も(18)、一九七八年には、わずか一四パーセントだったが、これが二〇〇五年には三八パーセントまでになった。このポストを占めているのは大部分(七八パーセント)がフランス語系であり、ケベック外のフランス語系の割合に照らすと、代表過剰となっている。[19]
ロランドー＝ダントン委員会が行った主要な勧告のうちには、さまざまな種類の先導的決断を提言したものがある。二言語地区(districts bilingues)の創設というのもその一つで、そこでは、言語マイノリティが一定数に達すれば、[二一] 政府機関と役所においてフランス語と英語でサービスが受けられるというものだった。[20]

これに対抗してフランス語系でも英語系でもない集団が動き、新しい整備にあたっては自分達のことも考慮するよう要求した。当時の呼称を使えば「第三勢力」ということになるが、彼らは多大な影響力を駆使して、オタワの政策決定者に二文化主義という考えを放棄させ、一九七一年に多文化主義政策でそれを置き換えさせることに成功した。ただ、この政策はエスニック文化マイノリティの要求を方便として使っただけだとみなすこともできるかもしれない。その目的は多文化的多様性とマルチナショナルな多様性を対抗関係に置くことだった。[21] これにはその後、ケベック州の側からの重大な応答があり、市民社会の側からは前例のない大衆動員が巻き起こった。[22]

多文化主義政策は絶えず強力に推進され、重要な突破口を切り開き、ついには一九八二年憲法の第二七条に組み込まれた。そこにはこうある。「当憲章を解釈する場合にはいつも、カナダ人の多文化の遺産の維持と価値付与を促進するという目的と合致するものでなければならない」。つまり、憲章[二三]のさまざまな条項の解釈は、当条項と矛盾があってはならないのである。

ケベック州のジャンドロン委員会の方はと言えば、言語政策の領域でケベック州政府がより重要な役割を果たすよう勧告した[23]。当時の状況に鑑みて、ケベック州政府には、言語政策策定に明白なリーダシップを発揮しようという意志が見てとれた。学校で使用する言語、職場の言語、そしてコミュニケーションの言語として、移民に英語ではなくフランス語の選択を奨励するための言語政策である。要するに、公共空間での第一言語として、フランス語を選択させたかったのである。

ジャンドロン報告の提出に続いて、ロベール・ブラサ(Robert Bourassa)政権は第二二号法を採択してフランス語だけをケベックの公用語とする決定をした[24]。この法律の採択に皆が喜んだわけではない。状況はそれとは程遠く、フランス語系は臆病だと言い、他方、英語系は強圧的だと非難しつつそうした活動分野へのケベック州政府の介入を認めようとしなかった。その結果、一九七六年の州選挙において、自由党は英語系有権者のかなりの部分を失い、政権から追われた。皮肉なことに、英語系のこの行動が、ルネ・レヴェック(René Lévesque)に率いられた独立派勢力が政権を獲得するのを助けたのである[25]。レヴェックはカリスマ的指導者で、ケベックとそれ以外のカナダの間に対等な関係を打ち立てようと望んでいた。

一九七六年のケベック党の勝利および翌年のフランス語憲章採択の後、出自言語教育プログラム(Programme d'enseignement des langues d'origine)が導入された。それは、非英仏語系の子どもを新しいホスト社会に統合するのを支援するためのものとして着想され、子どもがその父母や祖父母の言語を容易に習得できるよう授業を提供するものだった。このプログラムによって、若者がマジョリティの言語を知るように仕向けると同時に、若者が家で話される言語を習得し、その文化的遺産を保持できるようにした[26]。

しかしながら、単一言語主義という公式政策の実施は、批判を呼ばずにはおかなかった。とりわけカナダ中央政府とケベックの英語系は、すべての住民に対する制度的二言語主義を決然として擁護した。それは第一〇一号法を失敗させよう、あるいは弱体化しようとして、司法に訴えるという一連の抵抗の形でなされた[27]。この法律は第二二号法のいくつかの要素を強化する程度のものと見なされていたが、そこよりも遥かに進んで、(学校、労働市場、看板表示などにおいて)フランス語の振興のための新しい道が何かを明らかにし、それを前進させた。こうした言語政策によって、ケベックの英語系と非英仏系の大部分が不快感を味わい、そのせいで、その内の多くの人がケベックを去ることになった[28]。

移民はよく次のような思いを抱いた。自分達がカナダへの新到来者として英語を習得しなければならないのに、カナダ内で確立されているマイノリティ(ケベック人や先住民ネイション)がカナダのマジョリティの言語を習得するのを免れられるのは不公平だ、と。英語の習得が全員に及ぶなら、カナダはもっと住みやすい場所になるだろうし、皆が一つの言語を共有することになるだろうにと移民は考えるのである。しかし、この議論はマルチナショナルな協定に基づいて形成された連邦国家には当てはまらない[29](第六章参照)。

いくつかの事例研究

カナダの経験は、今日でも他のいくつかの自由民主政にとって興味深いものとなっている。マルチナショナルな連邦国家という文脈においてみると、ケベックでの言語に関わる動員が、マジョリティの言語集団に、何らかのかたちでの言語権の制度化を容認させ、その結果、軍隊、公務員職、政治機関において、ある一定のポジションがフランス語系に割り当てられるようになったのであるから(30)。

一九八一～一九八二年のイギリスからの憲法移管(二三)に続いて、カナダ中央政府は、「裁判による異議申し立てプログラム」(Programme de contestation judiciaire)を開始することで、言語マイノリティ集団(ケベックの英語系およびケベック外のフランス語系共同体)に対して財政支援を提供した。このプログラムの目指すところは、一九八二年憲法によって保障された平等権と言語権(擁護されてはいるがその定義は不適切)を進展させるための訴訟に金銭的に支援を与えることだった(二四)。このプログラムは、一つの重要な判例の展開に貢献した(ケベックの言語マイノリティ集団である英語系がそれを利用した)(二五)。また、それは制度的二言語主義の設立を支え、ささやかではあるが、カナダに個人性の原理が導入されるのにも貢献した。

一九八二年憲法に「権利及び自由に関するカナダ憲章」が組み込まれたことは、英語とフランス語の地位に関する司法解釈にもある程度重要だったが、それ以上に、言語的整備の領域での中央政府の活動を活発にした。だが、この強化はカナダのいくつかの地域では不信の目で見られた。特にケベックでは、フランス語がマジョリティ言語であるとはいえ、移民の到来、出生率の低下、職場での言語としての英語の引力が強烈な力を持ち、社会的動員がいっそう高まった。驚くにあたらないが、「裁判による異議申し立てプログラム」の枠組みを使っての中央政府の介入に対して、フランス語系からの反対が最も強かったのはケベックだった。それに対して、ケベック外のフランス語系は概してそのプログラムに好意的だった。

ケベック人は、カナダは二つのホスト社会から成る国で、それぞれが新到来者を統合し、彼らに平等の機会を提供するという考えを捨てなかった。政党のプログラム、憲法に関わる提言、プライベート・イニシアティブといった一連の政治的な先導的行為を通して、一九七六年のケベック党の政権奪取以降、ケベックは移民の領域で重要な権限を獲得した。そして、こうした種々の主導的行為がなされたおかげで、連邦内のある種の緊張が緩和された。ケベックは移民の選択と統合に関してある程度のコントロールができたが、他方、難民とその家族呼び寄せの責任は相変わらずカナダ政府の権限下にあった。ケベック州は、その固有の社会の結束をさらに推進するために、間文化主義という明確とはいえないが組織立った政策を確立し、それによって移民に対して、フランス語を相互コミュニケーションの言語として採用し、ホスト社会に積極的に参加し、民主的価値を支持し、政治的社会的権利擁護に関わる多元的アプローチを育むように仕向けた[31]。

フランス語系ケベック人が目的のいくつかを首尾よく達成したことが、他のネイション集団にも直接的な影響を与えた。ニュー・ブランズウィックのアカディア人[一一六]やヌナヴトのイヌイットのようにカナダ内でも、ベルギーのフランデレン人の場合のように連邦国家でも、さらには自治州からなるスペインのような連邦化の途上にある国家でも、その影響が見られた。ヌナヴトとカタルーニャの例は、マイノリティの状況にある言語グループのためのエンパワーメントのプロセス確立の恰好の例である。以下で、ここで挙げたケースのうち三つ、すなわちニュー・ブランズウィック、ヌナヴト、そしてカタルーニャのケースを手短に振り返っておこう。

ニュー・ブランズウィックの場合

一九六九年、ニュー・ブランズウィックは最初の公用語法を採択した。今日、ブリティッシュ・コロンビアとニューファンドランド・ラブラドールを例外として、すべての州及び準州で、英語とフランス語の両公用語を承認する政策をとり、フランス語によるサービス提供がなされている。[32]ニュー・ブランズウィックの公用語法は、二〇〇二年に改正されたが、ニュー・ブランズウィックの住民が本人の望む方の公用語で州機関のサービスが受けられる権利を保障している。ニュー・ブランズウィック州政府は、州北部に集住しているフランス語系を支援するための是正政策(politiques de redressement)を順次採択し、一連の施策を実施し、政策を実現していった。一九八一年の「ニュー・ブランズウィックの二つの公用語共同体が対等であることの承認」(Reconnaissance de l'égalité des deux communautés linguistiques officielles du Nouveau-Brunswick)、一九九七年の「教育法」(Loi sur l'éducation)、一九八八年(二〇〇四年に改正)の「公用語政策」(Politique sur les langues officielles)がそれにあたる。

一九三一年以降、国勢調査の際に、先祖はフランス系だが英語を使用言語としていると答えるフランス語系住民の数が増加していたのだが、こうした政策のおかげで、言語的同化の動きが抑制されていると言えよう。具体的に述べれば、一九六九年以降ニュー・ブランズウィックで実施された言語政策で、少なくともこの州におけるフランス語系の割合が維持されている。一九七一年に州人口に占める割合が三三・八パーセントだったものが、二〇〇六年には三二・七パーセントとなっている。(33)フランス語系の英語への言語的乗換の割合がこの程度で済んでいることから、マイノリティ文化を保全、保護し、そして開花させるという点で言語法が妥当であることが証明されているのである。二〇〇一年と二〇〇六年の間の言語的乗換の割合は、九・七パーセントから一一・二パーセントへと推移した。(34)増加しているのは確かだが、この数字は英語の引力の増大の証である一方、他州と比べた場合のこの州の言語政策の有効性の証でもある。実際、マニトバでは二〇〇一年に五〇・一パーセントで二〇〇六年には五五・五パーセント、オンタリオでは二〇〇一年に三六・九パーセントで二〇〇六年に四一・八パーセントであった。(35)

二〇〇八年の最高裁決定(ポーラン訴訟 affaire Paulin)によって、ニュー・ブッランズウィックの言語権は、カナダの公用語法の言語権よりも包括的になったように思える。(二七)同州でのサービスは、「その地域の英語あるいはフランス語を話す人口の多寡にかかわらず、州内のどこででも英語とフランス語の両方で受けられなければならず、二つの言語で提供されるサービスの質は同じでなければばならない」[36]からである。この意味では、カナダの公用語法は「最小共通分母」(le plus petit dénominateur commun)だとみなせる。すなわち、それを基本として、各州はその市民の言語権を保障するために改善を加えることができるようにしたものである。しかしながら、ケベックの場合になされたのとは逆に、そうした権利は法令上承認されていても、自動的に現実に反映されるものではないという点に注意を払わなければならない。ニュー・ブラズウィックの場合でも、フランス語系はしばしば不利益をこうむる共同体のようで、自分達の権利を完全に享受できるよう、その保障を求め懸命に活動しなければならない。再度言うが、「圧力と引力」の力学が働いており、英語系共同体に好都合な権力関係があらわになっているのである。[37]社会的流動を可能にする言語としての英語の持つ引力のせいで、[二八]ニュー・ブランズウィックのフランス語系は州内での自分達の相対的重みを維持しようと苦労している。このことから、「同一の扱い」という政策では、マイノリティ社会に不公平さがつくりあげられることが浮き彫りになるのである。

ヌナヴトの場合

一九九九年の創設以降、ヌナヴト政府はノースウェスト準州の公用語法をその領土に単純に適用したが、[二九]この法律は、使用されている六つの先住民言語(クリーCree、スレイビーSlavey、ドグリブDogrib、グウィッチンGwich'in、チペワイアンChipweyan、イヌクティトゥットInuktitut)に公的地位を与えるために、一九九〇年に修正されたものだった。この修正は、地域言語の凋落に抗するためのものだったが、さらに積極的な影響をもたらした。ヌナヴトを起点として、重要な言語的復興が活況を呈しているのである。二〇〇七年六月、英語とフランス語とイヌイット語(イヌクティトゥットとイヌイナクトゥン inuinnaqtun)に対してヌナヴト準州全域で対等の地位を与えようという二つの立法計画が、ヌナヴト議会においてなされた。

ヌナヴト議会が二〇〇八年六月に採択し、二〇〇九年六月十一日にカナダ政府が追認した第六号法は新しい公用語法で、法廷、議会、および公共サービス部門において、イヌイット語に英語やフランス語と対等の地位を承認する。カナダの国土の一部において、英語とフランス語以外の言語が公用語として承認されるのは初めてのことで、これはファースト・ネイションズ[三〇](Premières Nations)にとって重大な前進である。

イヌイット語保護法(第七号法)(Loi sur la protection de la langue inuit)は、イヌイット語をイヌイットのアイデンティティ、文化、歴史の本質的構成要素とみなし、その使用の保護、振興、支援を目的とする。[38] 第七号法は二〇〇八年九月にヌナヴト議会で採択された。この法律は幼稚園で三年次までイヌイット語を教授言語とすることを許可する。また、「イヌイット語の使用、発展、正常化に関する問題[39]」を検証する責任機関の創設や、公職や市町村役場におけるイヌイット語の使用を認めている。さらに、あらゆる学年でイヌイット語を授業で使用できるように権利を拡大することも認めている。[40]

ノースウェスト準州の公用語体制下で二〇年以上過ごした後、四〇年以上前にケベックのフランス語系が置かれた状況と似た状況に今日のヌナヴトは直面している。[41]「我らの言語が我らを結集させる」とのテーマのもとヌナヴトの言語サミットが二〇一〇年二月に持たれた。これは、一つのネイションが、マイノリティ言語の保護と振興を巡って新しいエネルギーを集結させることで、自分達のことは自分達で責任を持ちたいと願う、その徴候である。このサミットでは、その地域でのイヌイット語の衰退が深刻なため、事態が急を要することが確認された。「二〇〇六年、ヌナヴトのイヌイットの六四パーセントしか家庭でイヌクティトゥットを話さない。七六パーセントが話していた一九七六年の国勢調査の結果に比べて一二パーセントの低下となる」[42]。英語が地域の言葉を追いやって進展し続ける。これが特に若者において止まらない[43]。アイデンティティの指標を求めているこうした共同体にとっては、英語の持つ引力が最大の課題の一つなのである。

カナダにおける憲法上の新しい力学と、第五章で深く論じるような国際的な新しい文脈から利益を得て、今日のファースト・ネイションズは以前よりも容易に自分達の声を鳴り響かせ、その要求を考慮に入れさせることができる。ケベックとカナダに対しては、多くの場合先住民が置かれている不安定な状況に、マジョリティ集団がさらに敏感になるようにさせることもできる。

カタルーニャの場合

スペインの歴史的ネイションは、フランコ死去後、その固有の言語を使用する権利を再び獲得できた。カタルーニャの民は、歴史的ネイションを承認するという政策を利用して、構造に関わる重大な手段を講ずることができた。カタルーニャ人が成功した理由の一部は、自治という独自の地位を持っていたため、歴史的ネイションだと承認させることができたこと、そして、国際市場に浸透できるほど強い経済力を利用できたこと、この二点にある。この二つの道（アイデンティティに関わる道と経済に関わる道）を通って、カタルーニャ人は固有の言語の活性化と、政府の諸活動のうちでも争点になっている分野で自分達が果たす役割の確立に成功した。

一九七八年の憲法は、カスティーリャ語がスペイン全体の公用語であり、それ以外の主要言語は、それが疑いもなく根付いている自治共同体の内部でのみ公用語の地位を持つと定めた。だがこれが原因となって緊張関係が生まれた。これではカタルーニャの全市民がカタルーニャ語を習得する義務はなく、カタルーニャ語をカタルーニャの地に住む住民全体の共通語とするのが難しくなるからである。カタルーニャ語がカタルーニャの公用語として承認されたのは一九八三年になってからだが、この承認がなされたことで、カタルーニャ語がはっきりとシティズンシップと社会的包摂のための言語となり、これにより政治制度と市民社会の諸制度に一層の一貫性が与えられた。カタルーニャ語はカタルーニャ固有のシティズンシップ体制の設立のための中心的な柱なのである（第三章参照）。

ＥＵの拡大もカタルーニャ語に有利に働いた。この超国家制度には、多数の小規模言語があることになったからである。言い換えると、連邦化の途上にある国家として自治共同体からなる新生スペインと、連邦（fédération）と連盟[二一]（confédération）の混合体であるＥＵ、その両方のおかげでカタルーニャ語は人を引き付ける有用な言語となった。カタルーニャ語は今日、ＥＵの中で八番目に使用人口の多い言語である(44)。

スペインの言語多様性を深く調べようとして、カタルーニャ人はケベックの言語政策のいくつかの面を検討した。ケベック州政府とカタルーニャ自治政府間の言語面での協力関係は、非常に結び付きが強い。それは、一九九六年に両地域政府が「ケベック州政府とカタルーニャ自治政府間の言語に関する協力合意」(Entente de coopération en matière linguistique entre le gouvernement du Québec et le gouvernement autonome de la Catalogne)を結んだことからもわかる(45)。この協約は、ケベックにとってはフランス語、カタルーニャにとってはカタルーニャ語の振興を保障するために採る方策に関する情報交換とその施策の発展の共有を想定している。

一九八三年、カタルーニャ自治政府は独自の「カタルーニャにおける言語正常化法」Loi sur la normalisation linguistique en Catalogne)を公布した。これはカタルーニャ語をカタルーニャ固有の言語(lengua propria de Catalunya)と位置付ける。続いて、一九九八年、「言語政策に関する第一号法」(Loi1 sur la politique linguistique)が公布された。どちらも、ケベックの言語政策をモデルとしている。ケベック州政府も、世界のマイノリティ言語の地位を支持する目的で、密接な関連を持つ領域――データベース管理もその一つである――において、カタルーニャの責任者との情報交換を熱心に進めた。

近年、カタルーニャ政府は言語政策上重要な歩みを一歩進めることができるところだった。カタルーニャ自治共同体内で活動する「行政機関とメディアはカタルーニャ語を優先的に使用すべき」としようとしたのだった。しかし、二〇〇六年のカタルーニャ新自治憲章が想定したこの決定は、二〇一〇年六月二十八日、憲法裁判所によって違憲であるため無効だと宣告された。この前進がなされればカタルーニャにとって好都合だったろうが、それだけにカタルーニャ語の将来は安泰とは程遠いものになってしまった。明らかに、カタルーニャ語の先行きはカナダのフランス語よりも脅かされている。もっとも、カナダの状況も理想的ではないが。

*

カナダでは、個人権と集団権に関わる言説を根拠とした要求が好意的に受け取られるのを利用して、フランス語系とファースト・ネイションズはマルチナショナルな国家――もっともカナダはそのことをあまりにしばしば忘れてしまうが――の中で、自分達の地位を少しずつ確立できるようになった。[46] このように、ネイションというものが、政治的正当性の原理へと変化を遂げたため、マルチナショナルな国家は、その原理を奪い取るようなことをすれば、自らの正当性を失う危険を冒さざるを得なくなってしまうのである。[47]

連邦的な社会の存在が認められた結果として、マイノリティ・ネイションは正当性の根拠を得た。すると今度は、そのマイノリティ・ネイションは、自分達の社会のメンバーが自己を十全に実現し、同時に、民主的実践を深化させられるよう、「選択の文脈[48]」(contexte de choix)を提供しようとした。だが、北米大陸における英語人口の圧倒的な存在感と国際的なレベルでの英語の吸引力のことを考えれば、マイノリティ・ネイションの置かれた状況が容易になったわけではない。さらに、政治学者ケネス・マクロバーツが指摘してくれたことだが、「カナダは、その表面には現れていない社会・文化的現実という点で、かつてない程マルチナショナルな国家となっている。ところが、政治の諸制度が発する支配的言説では、カナダはかつてない程国民国家であり[49]」単一ネイションからなる伝統的な国家だとされている。真にマルチナショナルであるには、カナダの連邦制度がナショナル・マイノリティの必要に応じて考えられなければならず、現状のような「単一ネイションからなる集合体の内部での権力の分割・配分の手法ではいけない[50]」。それでマルチナショナルな現実を切り捨てることはできないのである。

しかし、考えなければならないいくつかの問がある。中央政府は、連邦制の基礎となる基本的原理の尊重と擁護をどの程度支持できるのか? 連邦の構成単位は、その地理的領域内で、国全体で共有されている政治的価値観から離れることなく、市民に対して本物の(authentique)会話ができるような選択の文脈をどの程度提供できるのか? 連邦創設に携わったネイションは、連邦内で、政治的、文化的、経済的、社会的に、どの程度まで自由に振舞えるのか? 以上のような問は今なお非常に重要であり、包括的国家は、それを構成する諸ネイションの期待に応えられるような政策によって、その問いに答えるべきである。

以上のような問について考えてみると、マジョリティ言語のせいでマイノリティ言語が徐々に消滅していくというような事態を回避するために、連邦制はマイノリティ言語振興に適した制度上のメカニズムを提供しているように思われる。とはいうものの、多様性管理のためのこの手段は、決定的なものだと思える一方で、われわれには不十分である。理由は二つある。第一に、マイノリティ言語集団は、自分達それぞれの言語を振興することのできる制度を持っているにもかかわらず、マジョリティ言語の支配という文脈のなかで発展していかなければならないという場合がほとんどだからである。マジョリティ言語は、ヌナヴトとケベックの場合は英語であり、カタルーニャの場合はスペイン語である。第二の理由は、この点については次章でさらに考慮することになるが、英語が国際的レベルでのリンガ・フランカ(lingua franca)であり続けているという点である。(三)

イヌイット、ケベック人、カタルーニャ人などのマイノリティ・ネイションは、自分をエンパワーするための戦略を維持し、それを共有しようとしているが、その目的のためには、国際舞台で自分達の要求を押し進める際に、ますます英語に頼る必要が出てきている。これは皮肉なことである。

［訳註］

(一)もちろんここで念頭にあるのは、ケベックやカタルーニャである。フランス語系ケベック人もカタルーニャ語を母語とするカタルーニャ人も、それぞれカナダやスペインではマイノリティであるが、ケベック州やカタルーニャ自治州ではマジョリティである。

(二)一九六〇年のジャン・ルサージュ率いるケベック自由党政権下、州政府が強力な牽引者となって、前近代的なケベック社会を近代化したことを言う。詳しくは小畑精和・竹中豊(編著)『ケベックを知るための54章』(明石書店、二〇〇九年)の第六章を参照。

(三)bilinguisme には社会で二言語が使用されている状態(diglossia)とか個人が二言語を使用できるという事態(二言語併用)を指す場合と、社会の二言語使用を是とする態度を指すことがある。本書で扱われているのは後者であり、カナダにおいては英語とフランス語の二つの公用語について言うのが一般的なので、「二公用語主義」と訳した方が適切かもしれないが、慣用にならって「二言語主義」という訳語をあてる。

(四)ケベックの言語マイノリティとは英語系のこと、ケベック外のカナダの言語マイノリティとはフランス語系のことを指す。英語系でもフランス語系でもない人々(先住民や移民)の言語は、ここでは問題にされていないことに注意されたい。

(五)カナダのノースウェスト準州が分割されて一九九九年に誕生した準州。三万人を少し上回る人口の八割以上をイヌイットが占めるという特徴を持つ。ユーコン、(残った)ノースウェストと並ぶ準州として独自の行政、立法、司法機関を持つ。イヌイット語に加えて、英語とフランス語を公用語と定めている。

(六)イギリスの植民地として一八六七年にカナダ自治領が設立された時(連邦形成)、イギリス議会で制定された法律。現在もカナダ憲法の一部をなしている。その一三三条にはカナダ議会及びケベック議会では英語でもフランス語でも議論できること、その議会の記録は両言語でなされること、その法律で定められたカナダの裁判所とケベックの裁判所ではどちらの言語も使用できること、法律は両言語で印刷され公表されることが定められている。

(七)「権利及び自由に関するカナダ憲章」は一九八二年制定の憲法の第一章である。その第一六条〜二三条に言語権について記載されている。

(八)一八七〇年のマニトバ州設立時に制定された法律で、その第二三条には、英領北アメリカ法第一三三条と同じ表現で、マニトバ州にも同様の内容のことが適用されると定められている。なお、本法律は一九八二年憲法で、カナダ憲法の一部だと認定された。

(九)カナダには連邦政府(中央政府)が管轄する上級裁判所(第一審、州内の所在地域内の事件のみを扱う)、控訴裁判所(第二審、州内の事件のみを扱う)、連邦最高裁判所(最終審)、および連邦政府相手の訴訟や州間の訴訟など特別な事項を扱う連邦裁判所がある。それに加えて下級裁判所や家庭裁判所といった州管轄の裁判所がある。ここでは、州管轄ではない裁判所のことを言っている。

（一〇）一九八四年に結党された右翼政党で、その政治思想とは別に、カナダの二言語主義に批判的な人々も引き付けた。連邦の政党としては弱小政党だったが、最も成功を収めたのがニュー・ブランズウィック議会で、一九九一年から一九九五年まで第一野党であった。政党名の日本語訳は残念ながら見つけられなかったので、暫定的にこう訳した。

（一一）カナダ連邦の制度的二言語主義とは、国民がカナダのどこに行っても、そこの連邦政府機関では英語とフランス語という公用語のどちらでもサービスを受けられるという制度上のものである。このことは、公務員が二言語使用者であることを意味しない。なお、『マルチナショナリズム』では、先行文献にならって、これを「機関二言語主義」と訳したが、こちらの訳語の方が適切と判断して改めることにした。

（一二）第一言語とはその人の日常生活において、最も使用頻度の高い言語のことを言う。幼いころから同じ言語共同体に生活すれば、一般に母語が第一言語となるが、若い時期の移民などの場合、受け入れ社会の言語が第一言語となり母語とは異なることも多い。

（一三）一九六〇年以降のケベックにおける「静かな革命」により、フランス系カナダ人の政治的動きが活発化したことに対応するため、時のカナダ首相レスター・B・ピアソン(Lester B. Pearson)が一九六三年に設置した委員会（二名の委員長の名前をとってロランドー＝ダントン委員会 Commission Laurendeau-Dunton とも呼ばれる）。その責務は、「二言語状態と二文化状態の現状を調査し、建国の二つの民の間の平等という原理に則って、その他のエスニック集団がカナダ文化を豊かにするためになした貢献を考慮に入れつつ、カナダ連邦が発展するために取るべき方策、そして、そうした文化的貢献を保護する方策を提言すること」であった。その報告がカナダの二言語主義を定める一九六九年の公用語法制定などに繋がっていった。

（一四）ケベック州政府のうち租税を扱う省庁で、かつては Ministère du Revenu du Québec と呼ばれていたが、二〇〇五年に Revenu Québec と名称変更され、二〇一〇年には Agence du Revenu du Québec として再編された。

（一五）ケベック州政府の経済方針に則って、投資を呼び起こし、雇用を促進して、ケベック経済の発展に貢献することを使命とする公的機関。

（一六）ケベック州政府から金融市場を統率する使命を与えられ、特に保険、株、銀行以外の預金制度などをその対象領域とする公的機関。

（一七）現在の南アフリカ共和国は一一の公用語を持つ多言語国家だが、一九六三年当時はアパルトヘイトの時代で、英語とアフリカーンス語（十七世紀のオランダ系移民の言語がもとになって、英語、マレー語、近隣のアフリカの諸言語などの影響を受けて成立した言語）が、支配者である白人の言語として有力だった。しかし一九七六年のソエト蜂起前から、抑圧者の言語であるアフリカーンス語への黒人の反発が強まり、ほとんどすべての黒人が英語を学ぶことを求めた。次を参照。Lilly Marjorie, «Language Policy and Oppression in South Africa», *Cultural Survival*, February 8, 2010, http://www.culturalsurvival.org/publications/cultural-survival-quarterly/south-africa/language-policy-and-oppression-south-africa

（一八）ベルギーの言語政策は複雑である。憲法によりフランス語、オランダ語、ドイツ語が国の公用語と定められているが、北部フランデレン地域ではオランダ語だけが、南部ワロニー地域ではフランス語だけが公用語である。さらにワロニー地域東部にあるドイツ語共同体ではドイツ語も公用語である。そして、首都ブリュッセルとその周辺はフランス語とオランダ語の両方を公用語とする。詳しくは、丹羽卓「ベルギー―言語対立を乗り越えようとする国―」『金城学院大学論集（英米文学編）』第四二号、二〇〇一年、一二三～一三六頁を参照。

（一九）フィンランドは憲法で、フィンランド語とスウェーデン語を「国語」と定めており、個人性の原理に立つとの解釈が可能である一方、言語法では自治体によって単一言語か二言語併用かが決まるようになっていて地域性の原理に基づいている。要するに個人性の原理と地域性の原理が混ざっていると言える。詳しくは、渋谷謙次郎編『欧州諸国の言語法―欧州統合と多言語主義』（三元社、二〇〇五年）の第一一章、吉田欣吾「フィンランド」を参照。

（二〇）一七六三年にイギリス領になって後も、この地の圧倒的多数はフランス系であった。そして一七七四年のケベック法によりフランス語、フランス民法（といってもこの時点でナポレオン法典は成立していないので、革命以前のフランスの慣習法）、カトリック信仰、領主制などが容認された。これが一般に「フランス的事実」の内容だと言われるが、時代とともにその内容も変化を遂げた。一八五四年に領主制は廃止され、一八六五年にケベック独自の民法が制定され、一九六〇年代以降社会の世俗化が進み、カトリック信仰は弱まっていった。そうしてみると、この時代のフランス的事実とは、フランス語とフランス人による植民地開拓以降の歴史的記憶だったと言えるだろう。

(二一)委員会は、英語とフランス語の二つの公用語のうちマイノリティ言語の住民が一〇パーセント以上居住する地区ではどちらの公用語でもサービスが受けられるという制度を導入するよう勧告した。しかし、公用語法はこれを採用せず、その第二〇条で、二公用語でサービスが受けられるのは、「かなりの需要」がある場合か、または役所の性格上両方を使用するのが合理的である場合と定められ、曖昧な表現とされた。詳しくは、丹羽卓「カナダ連邦のバイリンガリズム」『金城学院大学論集(英米文学編)』第四一号、二〇〇〇年、二一九〜二三四頁を参照。

(二二)一九八二年のカナダ憲法の第一章(第一条から第三四条)は「権利及び自由に関するカナダ憲章」と呼ばれるので、憲法のその部分を憲章と呼んでいる。

(二三)一八六七年にイギリスの植民地としてカナダ自治領が成立した後、カナダは徐々にイギリスからの独立に向けて動いて行ったが、その法的完成は一九八二年の憲法制定によってである。イギリス議会は「一九八二年カナダ法」によりその立法権がカナダに及ばなくなることを定め、一九八二年憲法を制定した。こうして憲法の改廃権がカナダに移されたことを「憲法移管」(rapatriement de la Constitution)と呼ぶ。

(二四)この発端は、フランス語憲章に対して異議申し立てをするケベックの英語系の訴訟費用の支援をしようと、同憲章に反対していたカナダ連邦政府のトルドー政権が発案した時点に遡る。このプログラムはまた、マニトバのフランス語系マイノリティの支援にも用いられた。さらに一九八二年憲法制定後は、言語権のみならず、自由と人権に関する事柄にも適用されるようになった。その後一九八五年にマルルーニ政権のもとこのプログラムが正式に発足して平等に関する事柄にまで適用が拡大され、最初の五年間に九〇〇万ドルの連邦予算が付けられた。ただし、その後の財政事情によって取りやめられたり再開されたりしている。詳しくは次を参照。Frederick Lee Morton, *Law, Politics and the Judicial Process in Canada*. 3rd ed., Calgary, University of Calgary Press, 2002. また、Université de Saint-Boniface の Centre de resources en français juridique のウェブサイト http://www.crfj.ustbonifaсe.ca/resumes/documents/ を参照。

(二五)詳しくは次を参照。Ian Brodie, «Embedded State», *Canadian Journal of Political Science*, 34(2), 2001, p. 364-5.

(二六)フランスは今のカナダ東部に、ヌーヴェル・フランス植民地よりも前に、アカディア植民地を築いたが、この二つは別々の歴史を持つ。アカディア植民地はスペイン継承戦争終結時一七一三年のユトレヒト条約により、イギリスに割譲された。アカディア植民地のフランス系の末裔をアカディア人と呼び、大西洋沿岸州、特にニュー・ブランズウィック州に多い。

(二七)二〇〇一年マリ=クレール・ポーラン(Marie-Claire Paulin)とニュー・ブランズウィック・アカディア人協会(Société des Acadiens et Acadiennes du Nouveau-Brunswick)は、王立カナダ騎馬警察を告訴した。その警察官がウッドストックで、ポーラン夫人をスピート違反で停止させたが、その時フランス語で話さなかったというのが理由である。

(二八)カナダでは英語を話すなら、その人は全土のどこででも経済的・社会的に溶け込めるが、フランス語しか話さない人ではそうはいかない。そのため、フランス語しか話さない人々の社会的流動性は小さい。

(二九)ヌナヴト準州はノースウェスト準州を分割する形で創設され、人口の八〇パーセント以上がイヌイットである。ノースウェスト準州もイヌヴィアルイトやデネといった先住民から構成される。詳しくは、日本カナダ学会編『新版・史料が語るカナダ』(有斐閣、二〇〇八)を参照。

(三〇)現在のカナダの地にヨーロッパ人植民以前から住んでいる先住民の総称。一九八二年のカナダ憲法第二五条によって、彼らの固有の権利・自由が認められている。

(三一)連盟では、主権を保持したまま(つまり権限の中央政府への移管が少ない)の国家が連合しているのに対して、連邦では国家の連合体が権力の重要部分を共有している。

(三二)リンガ・フランカとは、地域に密着した言語に重なる形で、遥かに広範囲で通用する言語のことを言う。地域語を共有しない人の間のコミュニケーション手段として使用される。英語は今や世界的にそうだと言えるが、東アフリカ沿岸のスワヒリ語やイスラム圏のアラビア語など、あるいは中世西欧のラテン語などもそれにあたる。

[原註]

(1)本章の初稿は、アガ・カーン財団(Fondation Aga Khan)による多元性世界センター(Centre mondial du pluralisme)が企画したシンポジウムにおいて、多様性管理に関するカナダの経験について発表したものである。その会議は二〇〇八年五月一三日にオタワ大学で開催された。その時のテキストの原稿に適切なコメントをくださった方々、特にケイト・バンティング(Keith Banting)、グザビエ・ディオヌ(Xavier Dionne)、ジェーン・ジェンスン(Jane Jenson)、ジョスラン・マクリュール(Jocelyn Maclure)、マルタン・パピオン(Martin Papillon)の各氏に感謝したい。

(2) Joel Belliveau et Frédéric Boily, «Révolutions tranquilles: Québec et Nouveau-Brunswick », *Recherches sociographiques*, vol. 46, no 1, 2005, p. 11-34.

(3) この点についてはリンダ・カルディナル (Linda Cardinal) の影響力のある研究を参照。*Le fédéralisme asymétrique et les minorités linguistiques et nationales*, Ottawa, Éditions Prise de parole, 2008.

(4) Garth Stevenson, *Parallel Paths. The Development of Nationalism in Ireland and Quebec*, Montréal, McGill-Queen's University Press, 2006.

(5) André Raynauld, Gérald Marion et Richard Béland, «La répartition des revenus selon les groupes ethniques au Canada», *Rapport de recherche préparé pour la Commission royale d'enquête sur le bilinguisme et le biculturalisme*, 1966.

(6) Kenneth D. McRae, «The Principle of Territoriality and the Principle of Personality in Multilingual States», *International Journal of the Sociology of Language*, vol. 4, 1975, p.35-54; Jean Laponce, *Language and their Territories*, Toronto, University of Toronto Press, 1987.

(7) *Rapport préliminaire de la Commission royale d'enquête sur le bilinguisme et le biculturalisme*, Ottawa, Imprimeur de la Reine, 1965, p. 127.

(8) Robert Dutrisac, «Québec bafoue la Charte de la langue», *Le Devoir*, 17 avril 2008, p. A1, A8; Michel David, «Une sinistre farce», *Le Devoir*, 17 avril 2008, p. A3.

(9) Alain-G. Gagnon, Luc Turgeon, avec la collaboration de Olivier De Champlain, «La bureaucratie représentative dans les États multinationaux», *Revue française d'administration publique*, no 118, 2006, p.291-306.

(10) Angéline Martel, «La politique linguistique canadienne et québécoise. Entre stratégies de pouvoir et d'identités», *Globe. Revue internationale d'études québécoises*, vol.2, no 2, 1999, p.1-26.

(11) Gouvernement du Canada, *Rapport de la Commission royale d'enquête sur le bilinguisme et le biculturalisme*, Livre III, Le monde du travail, Ottawa, Imprimeur de la Reine, 1969.

(12) 一例として、一九四五年のカナダ人口に占めるケベック人の割合は二九パーセントであったのに、連邦機関で働く者の一二・五パーセントでしかなかった。一九七一年でも状況はほとんど改善されていない。連邦機関の被雇用者全体のうち二五パーセントが中間管理職だったにもかかわらず、そこで働くフランス語系のうち中間管理職の地位を占める者は一五パーセントでしかなかったのである。詳細な分析は次を参照。Alain-G. Gagnon, Luc

Turgeon, avec la collaboration de Olivier De Champlain, *op. cit.*, p.291-306. また次も参照。Léon Dion, « Towards a Self-Determined Consciousness», dans Dale C. Thomson (dir.), *Quebec: Society and Politics: A View From the Inside*, Toronto, McClelland and Stewart, 1973, p. 26-38.

(13) Jorge Niosi, *La bourgeoisie canadienne: la formation et le développement d'une classe dominante*, Montréal, Boréal Express, 1979.

(14) Maurice Saint-Germain, *Une économie à libérer: le Québec analysé dans ses structures économiques*, Montréal, Les Presses de l'Université de Montréal, 1973.

(15) Marc Levine, *La reconquête de Montréal*, Montréal, VLB éditeur, 1997.

(16) Daniel Latouche, «Le pluralisme ethnique et l'agenda public au Québec», *Revue internationale d'action communautaire*, no 21, 1989, p.11-23.

(17) *Loi sur les langues officielles*, 1968-1969, S.R.C. 1970, ch. 0-2, art. 2

(18) そこで要求される能力はそれほど高くないことが多い。Commissariat aux langues offcielles, *Rapport annuel 2004-2005*. http://epe.lac-bac.gc.ca/100/201/301/ra_commissaire_langues/html/ra04/v1/2004_05_f.htm

(19) 前掲のウェブサイト参照。

(20) Kenneth D. McRae, «Bilingual Language Districts in Finland and Canada: Adventures in the Transplanting of an Institution», *Canadian Public Policy*, vol. 4, no 3, 1978, p.331-351. 住民の社会誌学的 (sociographiques) かつ社会経済的変化を測定できる国勢調査の長い質問票に回答させるのを打ち切るという中央政府の決定がなされた。それによって大きな追加的制約が出てきたことがわかる(二〇一〇年夏)。この決定は、カナダ統計局の局長であるムニール・シェイク (Munir Sheikh) の二〇一〇年七月二十一日の辞任にも繋がった。

(21) Éric Guntermann の 修 士 論 文 *La résistance au nationalisme linguistique. Une comparaison entre le Québec et la Catalogne*, Institut d'études politiques de Paris, 2009 が興味深い。そこでは、フランス語とカタルーニャ語を振興する言語政策の実施に反対するために、ケベックでなされた英語系の政治的動員とカタルーニャでなされたスペイン語(カスティーリア語)系の動員の比較が行われている。次を参照。www.ericguntermann.com/Research_files/memoire.pdf(二〇一〇年八月二十七日閲覧)

(22) Luc Turgeon, «La grande absente. La société civile au coeur des changements de la Révolution tranquille», *Globe. Revue*

internationale d'études québécoises, vol. 2, no 1, 1999, p.35-56.

(23) Gouvernement du Québec, *Rapport de la Commission d'enquête sur la situation de la langue française et sur les droits linguistiques au Québec*, Commission Gendron, Québec, Éditeur offciel, 1972.

(24) http://www.oqlf.gouv.qc.ca/charte/reperes/Loi_22.pdf

(25) こうした出来事への評価については次を参照。Gérard Bergeron, *Notre miroir à deux faces Trudeau, Lévesque…et forcément avec bien d'autres*, Montréal, Québec Amérique, 1985.

(26) Simone Azzam et Marie McAndrew, *Évaluation des services offerts dans le cadre du PELO et de l'impact de ce programme sur les élèves et les écoles à la CECM*, rapport de recherche, Montréal, Commission des écoles catholiques de Montréal, 1987, p.105-106.

(27) こうした抵抗は第一〇一号法採択以降止むことはなかった。そのことは、二〇一〇年春に第一〇三号法の提出へと行き着いた、移行学校 (écoles passerelles) に関する近年の議論のことを思えばわかる。【移行学校とは、フランス語系学校から英語系学校に移行するために一旦籍を置くための学校。それを禁じていた二〇〇二年の第一〇四号法が最高裁によって無効とされたための対処策として第一〇三号法は提出されたが、ケベック議会を通過せず、同年それに代わって第一〇五号法が採択された。同法によって、現在ではフランス語系でも非英仏系でも移行学校を経由して公立の英語系学校へと移ることができる（訳者注）】

(28) John A. Dickinson et Brian Young, *Brève histoire socio-économique du Québec*, Québec, Septentrion, 2003, p.396.

(29) Alain-G. Gagnon, *Au-delà de la nation unificatrice: plaidoyer pour le fédéralisme multinational*, Barcelone, Institut d'Estudis Autonomics, 2007.

(30) Alain-G. Gagnon, Luc Turgeon, avec la collaboration de Olivier De Champlain, «La bureaucratie représentative dans les États multinationaux», *op. cit.*, p.291-306.

(31) 間文化主義に関する議論については第三章を参照。

(32) Marie-Ève Hudon, *Régimes linguistiques dans les provinces et les territoires*, Ottawa, Division des affaires juridiques et législatives du Parlement du Canada, texte révisé le 12 mars 2010(次で入手可能)http://www2.parl.gc.ca/content/LOP/ResearchPublications/prb0638-f.htm)

(33) フランス語系の英語への言語的乗換の割合に関するデータは入手できない。家で一番話される言語、すなわち家庭での使用言語に関するデータが初めて集められたのは、一九七一年の人口調査だったからである。

（34）Louise Marmen et Jean-Pierre Corbeil, *Nouvelles Perspectives canadiennes. Les langues au Canada Recensement de 2001*, Ministère des Travaux publics et Services gouvernementaux, 2004; Statistique Canada, Recensement 2006: 97-555-XIF au catalogue.

（35）Statistique Canada, *Le portrait linguistique en évolution*, Recensement 2006: 97-555-XIF au catalogue.

（36）Conrad Sabourin et Julie Bernier, *Government Responses to Language Issues: Canadian Examples*, Office of the Language Commissioner of Nunavut, 2001, p. 62.

（37）ケベックの英語系マイノリティの置かれた状況とニュー・ブランズウィックのフランス語系の状況の比較については次を参照。James T. Coughlin, «Lobbying for Language: Alliance Québec, the Société des Acadiens du Nouveau-Brunswick and Federal Conciliation in Minority Language Rights», essai «Honours», Département de science politique, Université McGill, 1986.

（38）二〇〇六年の国勢調査によると、母語人口は次の通り。イヌクティトゥット語が二〇一八五人（六九・五四パーセント）、英語が七七六五人（二六・七五パーセント）、フランス語が三七〇人（一・二七パーセント）、イヌイナクトゥン語が二九五人（一・〇二パーセント）。

（39）Bureau du Commissaire aux langues du Nunavut, « La loi sur la protection de la langue inuit », http ://langcom.preview.web.ca/fr/les-langues-dununavut/ilpa-fr（二〇一〇年六月十日閲覧）

（40）次を参照。*Codifcation administrative de la loi sur la protection de la langue inuit*, 2008, http://langcom.nu.ca/sites/langcom.nu.ca/files/consLNun2008c17.pdf（二〇一〇年六月十日閲覧）

（41）この進展に関する詳細な研究については次を参照。Jean-Claude Corbeil, *De l'embarras des langues: origine, conception, évolution de la politique linguistique québécoise*, Montréal, Québec Amérique, 2008.

（42）Gouvernement du Nunavut, *Document d'informations*. "La Loi sur la protection de la langue inuite" Communications 2008, http://www.gov.nu.ca/news/2008/sept/sept19af.pdf（二〇一〇年六月十日閲覧）

（43）Louis-Jacques Dorais, «Discours et identité à Iqaluit après l'avènement du Nunavut», *Études Inuit*, vol.30, no 2, 2006, p.172-175.

（44）カタルーニャ自治政府のデータによる。次を参照。«Le catalan, une langue d'Europe», http://www.ccquebec.info/

catalan/catalaneuropefr.pdf

(45) Gouvernement du Québec, *Entente de coopération en matière linguistique entre le gouvernement du Québec et le gouvernement autonome de la Catalogne*, ministère des Relations internationales, 1996.

(46)このテーマ全般については、José Maria Sauca Canoが編集した次の素晴らしい書物を参照。*Lenguas, Politica, Derechos*, Madrid, Universidad Carlos III, Instituto de derechos humanos Bartolomé de las Casas, 2000.

(47)政治的正当性の原理としてのネイションという問題については次を参照。Xavier Dionne, *La reformulation du nationalisme québécois à travers les débats sur la citoyenneté*, mémoire de maîtrise, Département de science politique, Université du Québec à Montréal, automne 2010, p.17-40.

(48)Will Kymlicka, *La citoyenneté multiculturelle: une théorie libérale du droit des minorités*, Montréal, Boréal, 1999.
【邦訳はW・キムリッカ『新版　現代政治理論』(千葉眞・岡崎晴輝他訳、日本経済評論社、二〇〇五年)三二一〜三八〇頁を参照】

(49) Kenneth McRoberts, «Cultures, Language, and Nations: Conceptions and Misconceptions», communication présentée à la 6e rencontre annuelle de l'Association britannique d'études canadiennes, Birkbeck College, University of London, Londres, 26 février (2000, p.25, http://www.mri.gouv.qc.ca/london/en/pdf/discours/McRoberts.pdf　引用は著者による意訳。

(50) Will Kymlicka, «Le fédéralisme multinational au Canada: un partenariat à repenser», Guy Laforest et Roger Gibbins (dir.), *Sortir de l'impasse: les voies de la réconciliation*, Montréal, Institut de recherche en politiques publiques,1998, p.15-54.

第二章　多元的ネイションを国家をめざす新しい賭け[1]
――グローバリゼーションとシティズンシップ体制

「人間が己の存在を構造化し、己の判断を実行し、己の行動を導くのは、自らのために価値を定め、その価値を順位付けし、それから生じる結果の合目的性を明確にすることによってである」(ジェラール・ブシャール、チャールズ・テイラー Gérard Bouchard, Charles Taylor, *Fonder l'avenir. Le temps de la conciliation*, 2008, p. 134)

本章では、現代の民主国家が格闘している課題のうち、グローバリゼーションと複合国家(États complexes)内のマルチナショナリティの二つについて扱う。グローバリゼーションの現象についてはすでに大いに書きたてられており、中央政府機関で働いている政治エリートは、連邦に集結したメンバー国家を犠牲にして、新たな権力を自分のものにするための口実をそこから得ている。その主張によれば、中央政府が可能な限り効果的に動けるようにするためには、政治的決定の場を中央集権化すべきだということになる。こうして「効果」がキーワードとなり、マルチナショナルな連邦内のメンバー国家の役割の矮小化が続いている。それゆえ、こうした課題がどのようなものかを評価すること、そしてそれに正当に対応するために革新的な民主制度をうまく使うようにすること、それが重要なのである。そうしないと、共同体の多様性が貫いているような国々には十分な対応方法が欠けているため、いくつもの国家で過去数十年間に顕著な社会的進展が成し遂げられたにもかかわらず、今度はそこで民主的前進が衰退するのを目撃し続けることになる。とりわけ、多元的政策の枠組で「差異を認めたシティズンシップ〔一〕」(citoyenneté différenciée)体制を確立した国家でそれが起こっている(2)。

ここではまず、グローバリゼーションが、確立された国家に対してどのように影響を与えるのかを見る。それには二通りの影響があって、一方では、民主政の前進を壊滅させ、他方では、いわば国家を持たないネイションから出される要求に対して比類ないほどの動員の機会を提供する。

次に、先進自由民主政において進行中の変容を検証する。対象とするのは、現代の国民国家を貫く深い多様性を考慮に入れることができ、検証・補正可能なシティズンシップ体制〔二〕を確立できる可能性があるかなどである。したがって、議論の中心は、連邦制をとっている国家体制の政治的安定ではなく、その中で決定が行われ、承認と正義が追求される際の透明性の問題になる(3)。こうしたことを尊重することからこそ、確立された国家の政治的安定が生まれるのである。そんなわけであるから、単に社会政治的・制度的支配を維持するという目的で強制的な介入をすればいいというものではない。それを正当化するよりも、幸福な関係解消の方が現代国家を深く自由な価値で豊かにす

ることもあり得るのである。(4)

グローバリゼーション

議論の入り口で、グローバリゼーションは最近の現象などではないという点を確認しておこう。むしろそれは、過去数世紀にわたって続いている重大な傾向なのである。表現はいろいろあった。帝国主義的な数多くの経済実践、大規模な資本主義の導入、特許を根拠にした知の横奪、(三)文化変容の過程、そして、多数の集合体を脅かしている言語の消滅などのことを考えてみればいい。その懸念については、言語学者クロード・アジェージュ（Claude Hagège）の研究が確証したばかりである。(5)

確かに、文明同様、言語も死ぬのである。どの言語にとっても、歴史の渦は十分大きい。とはいうものの、言語が死ぬのは、尋常なことではないが、言語は復活可能だと知ると心躍る。しかし、警戒は必要であり、そうしないとどんな言語でも危険である。フランス語とて例外ではない。

今日グローバリゼーションの進展に伴い、国家の立場と役割を再検討し、国家を他のアクター、すなわち企業とか社会的アクターと対等だとみなす考えがあり、次のように言う。国家は市場を手なずけようとして介入する必要はない、国家は集合体の富の再配分のリーダーシップを取らなくてもよい、あるいは、国家はナショナルな空間やそれを超える空間を分け合っているさまざまな共同体を維持し、それを豊かにするのに本質的に重要な条件を整えようなどとする必要もない、と。幾人もの政治的・経済的アクターが、以上のような国家の活動面は二次的なものであり、自由市場の経済の良好な働きに問題を生じさせるものだと考えている。[6] この学派の支持者によれば、大企業がその生産性を上げるには、こうした社会的利益を得ようとして生じる有害な効果を制限しなければならないことになる。

以上のような変化により、国民国家の主権行使が超国家的な大きな潮流によって脅かされているわけだが、その潮流は、経済的なもの、文化的なもの、コミュニケーションに関わるもの、そしてそれ以外のものもある。絶えず組み換えが起こる場面にあっては、経済的アクターが中心的位置を占め、国民国家は背後に押し込められ、もともとはその固有の領土に行使していたコントロールを徐々に失っている。パリ第一大学の国際法の教授であるエレーヌ・ルイズ・ファブリ(Hélène Ruiz Fabri)は、これは現存国家にとっての「領土統御の喪失」(perte de maîtrise du territoire)だと結論付けている。[7] こうした事態が決定権を持つ者達を不安にさせているのである。

重大な傾向の事例——コトヌー協定

二〇〇〇年六月二三日、ＥＵとアフリカ・カリブ海・太平洋諸国(ＡＣＰ諸国)の七七の国々によって、コトヌー協定(convention de Cotonou)が調印された。それはグローバリゼーションを背景として書かれ、文面上は、連帯の原理と他者に開かれているという原理に立っていると気前よく見せてはいるものの、その実、新自由主義のアプローチを採用している。

「グローバリゼーションに関する研究・研修・調査機関[四]」(Unité de recherche, de formation et d'information sur la globalisation)のメンバーである政治学者ラウル・マルク・ジェナール(Raoul Marc Jennar)は言う。「EUは、ACP諸国をより公正に扱うよう団結する代わりに、WTOの諸規則を押し付ける方を選択した。ACP圏の中でも最も開発の進んでいない国(七七カ国中四カ国)に対して、それらが自由貿易協定に調印しないなら、WTOの規則が与える特例をも失わせることにしたのである」[8]。起こりかねない対立の温床を除去するとの目的で、EUは地域ごとにまとめられる国々と個別の合意交渉をするという決定もした。これは「地域経済パートナーシップ協約」(APER)と呼ばれ、その業務規程はWTOのものと両立する。そして、断言はできないが、イギリス的精神から借用しているものでもある。すなわち「よりよく統治するには分割せよ」ということを実践したわけである。

地域経済パートナーシップ協約を巡る交渉は、二〇〇三年九月に開始された。その交渉は、特にヨーロッパとフランコフォニー一般に、その将来に対する不安を与えた。『ヨーロッパ、エリートの裏切り』[9](*Europe, la trahison des élites*)の著者ラウル・マルク・ジェナールは、『ル・モンド・ディプロマティーク』(Le monde diplomatique)紙に発表したテキストで、そのことを報告している。

［交渉について話し合う］最初の段階から、ＥＵを構成する国家を代表する唯一の交渉役であるヨーロッパ委員会は、ＡＣＰ［アフリカ・カリブ海・太平洋諸国］諸政府の反対にもかかわらず、そこで使用する言語、議論の内容、進行のペースを押し付けた。文書は英語で記され、議論も英語でなされるというのである。ＡＣＰの人口の九四パーセントを占めるアフリカの関係諸国は、かなりの程度、フランス語をコミュニケーション言語としている。ＥＵは、四八のアフリカ諸国のうちフランス語を公用語とする二〇を無視できる数だとみなしているのである。(10)

「第三世界ネットワーク・アフリカ」(Third World Network Africa)はじめいくつものグループが、この行為を「ＡＰＥＲ［地域経済パートナーシップ協約］は新興市場へのヨーロッパ支配の道具だ(11)」と非難した。この種の行為は、スキャンダラスであるのと同時に、ヨーロッパ機関および国際機関におけるフランス語の将来にとって憂慮すべきことである。それはフランス語を話す国々だけに関わるのではない。スペインのバスク、カタルーニャ、ガリシアなどの地域のように、マイノリティ言語を持つ州《エタ》にはさらに大きな打撃を与えるのである。

ヨーロッパの構築

アフリカ・カリブ海・太平洋諸国（ＡＣＰ諸国）の七七カ国についてここで見たようなことが起こ

ったわけだが、翻ってヨーロッパの構築という文脈では、超国家が現実に確立されることでヨーロッパ内の国家単位が脅されないかどうかを問わなければならない。ヨーロッパの構築は、本質的には次の四つの主要な時期に繰り広げられたと言える。(一)裕福でないネイションの人々にはほとんど関心を払わず、経済の市場化(marchandisation)がなされた時期、(二)ブリュッセルとストラスブールへの権限の集中がなされた時期、(三)均質な法規範が中立なものとして強制された時期、(四)英語が並ぶもののない地位に昇りつめた結果、国際機関や超国家機関の中で他のネイションの言語の使用が重大な後退をしている現在。この新しい文脈では、規模の大きなネイションの言語でさえも衰退の恐れがあり、それが国際的言語の地位を失い、地域言語となる可能性もある。経済・社会サミットやオリンピック大会時のフランス語の使用頻度の減少はその明白な事例である。

経済取引のグローバリゼーションの結果、EU内だけでなく加盟国レベルでも、懸念される行為が徐々に増えている。例えば、住民全体に提供される社会サービスのレベルを低下させる政治介入も、グローバリゼーションの名のもとに行われる。その際には、国家の競争力を可能な限り高めないと他の国家に奪われてしまう市場を確保するのが目的だ、との主張がなされるのである[12]。

かくして、政府の政策実施の尺度は、企業の競争力であって、住民の前に立ちはだかる課題に立ち向かうよう住民を連帯させる必要性ではない。本来目指すべきことは、野蛮な競争が与える苦悶の緩和、その名に値するようなあるべきシティズンシップ体制の構築、そしてそれらを勝ち取れるようにする条件の創出であるにもかかわらず、現実はそうはなっていない[13]。

要するに、新自由主義の擁護者は、国際競争力それ自体を目的としている。ある言語を使用する方が別の言語を使用するよりも直接的経済利益を生むなら、それが社会構造にどんな破壊的影響を与えるかを考慮せずに、投資家はほとんどの場合その道を選ぶだろう。また、この考えの学派の支持者は、言語というものをしばしば経済的コストだとする。カナダでは長い間そうだった。製造業者は、余分なコストがかかるという理由で、二言語表記の要求に反対していた。しかし、もし言語というものが文化的富であり、経済的財産だとすればどうだろう。また、言語が巨大な経済総体の中にある社会的不正を徐々に解消することができるとしたらどうだろう。ケベック人は過去半世紀の歩みの中で、「近接のシティズンシップ」(五)(citoyenneté de proximité)に関する豊かな研究論文を書いて、少なくともこの点を明らかにしようとした。さらに、ヨーロッパの小国家の産業政策適用の成功に関するピーター・カッツェンスタイン(Peter Katzenstein)の研究が、この議論に重要な裏付けを与えた(14)。

新規市場を制圧し、利幅を増やすために、短期的利益の増加に到達目標を限定することがしばしばなされる。そのため、国家と雇用者は、労働条件を悪化させながらも、労働者が持っている社会的利益に大鉈を振るうことを選び、これが最適な経済利益の規則だとされる。これに対して、その社会的悪影響の方はあまり顧みられていないのである。

この袋小路に入って、国家は新しい投資を引き寄せようとその負担を縮小し、大企業や富豪へ課税を減じようとする。こうして、国家が持つ介入と再配分の力が小さくなり、その結果、市民の間で国家の正当性が弱体化する。集合体の富の再配分における国家の役割が曖昧なものとなり、社会的・経済的に支援するような社会計画を前進させようとしても、その困難が指数関数的に増大する。そこを支配しているのは自己中心主義の原理なのである。文化や政治よりも経済が決定権を握るという支配のあり方にうまく対応するためには、ネイション集団が共同戦線を張るのが重要だということ、この点を強調しておかなければならない(15)。

競合するシティズンシップ体制の確立

現代国家はシティズンシップの展開に関して、いろいろな形で説明を求められているが、その際、包摂と排除という概念が状況を示す指標として用いられる(16)。それは、国家の行動に無数の条件を課すグローバリゼーションへの対応として、政府が練り上げた政策の本質そのものを浮き彫りにするからである。社会条件の低下プロセスの背後には国家の後退があるが、政治的アクターが、それをグローバリゼーションから発した問題のせいにして正当化することがますます増えている。

ジェイン・ジェンソン(Jane Jenson)とスーザン・フィリップス(Susan Phillips)の研究に従って(17)、「シティズンシップ体制」(régime de citoyenneté)という概念を取り上げ、それを今日的な観点から捉え直すことが重要である。それは、この概念によって、時代固有の歴史的条件の確立に注意を払いつつ、マルチナショナルな国家の中にある確立されたナショナルな共同体間に存在する差異を考慮に入れられるからである。この概念は、「ジェンダー」(genre)、「領域」(territoire)、「階級」(classe)

といった伝統的なカテゴリーを包括的な説明の枠内で考慮しつつ、それを補完し、超えることを目的としている。ジェンソンがはっきりと示しているように、シティズンシップ体制は、重大な政治的闘争の結果なのであり、

国家の種々の決定と歳出の方向を定め、その形を決めるような制度上の規則、協約、取り決めを記すのに役立てられる。そして、それによって、どのように国家と市民が問題を特定し、市民は自分達の要求を表現するかが定められるのである。シティズンシップ体制は、それ自体で、多次元的な政治的アイデンティティの範例的表象(représentation paradigmatique)を体系化する。例えば、単なる「在留者」であるとか、「完全な資格を持った市民」であるとか、「非市民」のような「第二類の市民」であるとかいうようなふうに。シティズンシップ体制はまた、こうしたカテゴリー間あるいはカテゴリー内にある個別の正統的な社会関係の表象をも体系化する。そして最後に、「公的」と「私的」の間に線引きをするのである。[18]

カナダの場合、マルチナショナルな国家として、[19]ここでの議論で探求すべき興味深い小宇宙を成している。なぜなら、この国家は二つのシティズンシップ体制の上に成立しており、そのそれぞれが、政治的領域内の個々人に対して、市民権、共同体の権利、政治的権利、社会的権利を承認しているからである。カナダには二つのホスト社会が共存し、社会統合、文化的アイデンティティ形成、

政治的代表の方策として、一方は多文化主義を、もう一方は間文化主義を選択しているのである。[20]この二つのシティズンシップ体制は、国家《エタティック》・州のアクターや政治的指導者によってしばしば対置されるが、どちらも仲裁が必要とされる際に、民主的な自由を行使しながら市民がそこに到達しようとする自由な空間を構成しているという点では共通している。

このケベック固有のシティズンシップ体制――カタルーニャ、スコットランド、ワロニーのシティズンシップ体制もそうかもしれない[21]――は、ナショナルなマイノリティ共同体ばかりか、EU[六]のような超国家集合体と特有な関係にある国民国家自体にも多数の有用な示唆を与えられる。

政治共同体の承認とその意志を明らかにすること

シティズンシップ体制という概念は、アイデンティティ構築に当たって三つの主要な次元に価値を認める。権利行使、帰属、そして制度へのアクセスがそれである。[22]だが、これらの構成要素は政治的主体の代表性という点では本質的だが、政体がその正当性の源泉としている社会構成的多様性を政治的アクターが承認するという点では何も言うところがない。[23]

州レベルであれ地域レベルであれ、ナショナルな共同体が承認を求めるのは、個人の利益特権を追求するためだと解釈されることがあまりに多い。それゆえ、例えばケベックのようなことになる。一九六〇年代初頭より、政権が連邦主義政党と独立志向政党で交代しても、ケベックは承認要求をし続けた。それにもかかわらず、中央政界の当局者はたいていそれには根拠がないとし、しばしば正当ではないとさえみなした。この不承認の結果、カナダ連邦の中に重大な緊張が生まれ、その領土内に確立されたナショナルな共同体全体を正当に代表する中央政府の能力が弱まる結果となった。(24)

過去四十年以上、ケベックでは、幾つかの政党や市民社会が、民主的に住民の意思を明確に聞こうという姿勢を引き継いだ。それは、西洋世界でも比肩するものがないほどの長さである。この政治的行為は、ケベックの主権問題を争点として何度も行われた選挙へと繋がり、さらにそれは、一九九〇年六月のケベックの将来に関するベランジェ゠カンポー委員会(Commission Bélanger-Campeau)設立へと繋がった。(七) そして、ケベック州政府は、一九八〇年五月と一九九五年十月の二度にわたり、市民が自分達の将来について自由に意見表明するように促す住民投票を実施したのである。(八)

そればかりか、一九九五年の住民投票実施によって、ケベックの政治勢力は、それまでになくはっきりとケベック固有のシティズンシップ体制を強調した。そして、それは国際協調の中での新国家樹立に向けて人々を集結させるだけでなく、倫理的にも擁護できるものだと言うようになった。

一九九五年の住民投票直後の実地調査では、ケベック人の政治行動を細かく観察することで、ケベック政府が提案した社会構想固有の特徴を浮かび上がらせることができた。この投票率は九四パーセントにものぼり、ケベック人が一斉に自らの考えを表明したものだったからである。集められたデータにより明らかになったのは、何よりもまず、ケベックが主権を持つことを良しとする理由の根拠は、経済的には人々を連帯させ、社会的には進歩的である多元的政治プロジェクトが具体化できる点にあった[25]。

だが、次のような要因が組み合わさって、この住民投票の方向全体が決まったのである。(一)ケベックを完全な権利を持った一つのネイションとして承認させようという政治的意思が弱かった。(二)連邦構成州が持つ排他的権限領域に中央政府が介入する傾向が徐々に強まった。中央政府はその領域への歳出権を利用し、グローバリゼーションの悪影響に対抗したいとの意志を表明することでそれを行った。(三)連邦へのケベック型の帰属モデル――それはフランス語を共通語とし、ナショナルな多様性の尊重を求める――への反対があった。

ケベックで二度目の住民投票が行われてから一五年が経ったが、中央政府の側からケベックに対して開かれた態度はほとんど見られない点は認めざるを得ない。二〇〇六年にケベックは統一カナダにおけるネイションだと承認されたが、はっきり言って、現実にはその本当の影響はまだない[26]。ケベックとオタワで舵取りを任されている政党はどちらも、権限分割とかカナダに真に連邦主義的な文化の基礎を築くなどといった問題よりは、当面は日常の政府の政策を運営することの方に関心を奪われているのである[27]。

ナショナルな共同体が共存するための革新的な方式に思いをはせるのではなく、ケベック問題は解決してしまったかのように、連邦の現場にいる政治的アクターは振舞っている。中央政府の調査では、主権を得ることが望ましいとする意見が、四〇パーセント程度を維持しており、その意見は、ケベックの地に住むエスニック文化共同体においてさえも無視できない支持を集めているにもかかわらず、そうなのである。[28]

二〇〇〇年にケベックで開催された米州サミットの時に、この会議に参加した三四人の国家元首や政府代表者との政治的熟議の場からケベックの首相が遠ざけられたことが、事態をよく表している。アメリカ大陸でケベックだけがフランス語系がマジョリティである地域＝州(État-région)なだけに、これは憂慮すべきことである。このタイプの振舞いが、ナショナルな共同体間に緊張をつくりだす。諸国の政府にマイノリティ・ネイションの代表を排除させるように誘導するような行為を問題視しなければならない。このようなやり方は、アイデンティティの否認である。そして、関係修復を求める——あるいは過激に、政治的取り決め(しばしば強者の論理に立って徐々に押し付けられたもの)を破棄することを望む——マイノリティ・ネイションの中で、デモや抵抗運動が起こる扉を開くことになる。[29]かくして、多様性は貧弱になり、マルチナショナルな文脈でそれを考えるのが不可能になる。さらに話を広げれば、こうした行動が続き、国民国家——旧大陸のものも含めて——がナショナルな多様性にあまりに簡単に背を向けるようなことをするなら、今度は国民国家がEUの諸制度に共同体の多元性原理を刻み込むよう要求すること自体が徐々に困難になっていくだろう。

それゆえ、先進的な民主政の国は、多元的ネイションを認める方式を試しながら、さらに門戸を大きく開くべきだと考える。その形態が多極共存型(consociationnel)——宗教的あるいはエスニックな分断に基づいて権力分割するもの——であれ、はっきりと多元的ネイションの形であれ、重要なのは、さまざまなナショナル・マイノリティの正当な要求に対して想像力と開かれた態度をもっていることを証明し、民主的要求に対して答える方策を見つけることである。[30] つまり、マイノリティ・ネイションの共同体や諸ネイションから成るヨーロッパ（Europe des nations）の中にあるナショナルな共同体に、それらとは本来無縁な形態をまとわせるのではなく、制度上それを承認し、その社会プロジェクトの価値を認め、それらが民主的に開花しようという意志を支援する方策を見つけることである。そうでなければ、すべてを均一化しようという社会的経済的実践の押し付け[31]、文化や伝統の同質化、そして政治の貧困によって、地球全体が貧弱になってしまうであろう。

社会的政体が鍛え上げられるために

シティズンシップ体制は国家ごとのさまざまな伝統に基盤を置いている。とは言うものの、国家があらゆる問題の万能薬というわけではない。同様に、市場がすべてに対してバランスのとれた解決を提供することもできない。しかしながら、市場の競争力が特徴を決める世界にあっては、実業界に責任を持たせ、その集合体が富むように社会貢献させるためには、国家に十分に強制力のある権限を与えることが重要である。また、ナショナルな多様性を教えるため、そして承認とエンパワーメントと正義の追求という基準によってその多様性を制度化できるような政策をつくりあげるためには、国家が主要な役割を果たし続けなければならない。この点については、次章で立ち戻る。

今の時代は、政治において増大する社会的排除と疎外の新しい形態と格闘している。[32] また、国家は、市場の力に対してそれを手なずけるのでなく、機械的な対応を取ることが多すぎる。そのため、国家の社会的使命が空疎なものとなっている。それともまた格闘しているのである。

国際的な文脈はこのように憂慮すべき状態にある。この時代は、それとともにまた格闘しているのである。国際的な文脈はこのように憂慮すべき状態にある。

国際的な文脈はこのように憂慮すべき状態にある。この時代は、それゆえ、特に、新タイプの国家——そして承認を求めているマイノリティ・ネイション共同体の必要に敏感なシティズンシップ体制——を当てにすべきだとわれわれは考えている。デイヴィッド・キャメロン(David Cameron)とジャニス・スタイン(Janice Stein)は、一歩進めて社会的投資国家(État social investisseur)の設立を提案している。[33] 彼らによれば、こうした国家は新自由主義的というより、自由主義的な国家の後を継ぐものになるはずである。

経済への国家の不介入に西洋のほぼ全域が熱狂した後、いくつもの国家が道を誤ったのではないかと問うてみなければならなくなっている。そして、現実の課題によって現在の政治体制の正当性がどの程度弱められてきているのかも測らなければならない。社会的に方向付けられた国家の使命がしばしばなおざりにされているのであるから、それもまた問いの対象となる。

仕事のある町、汚染が少ない町、犯罪が安全の脅威になっていない町、近隣の人々が協力し合う町、共同体内の繋がりが密な町、学校できちんと教育がなされている町、こういった町は生活するのに素晴らしい場所であるし、経済的利点を持つ町として関心を引く。だが、周辺に押しやられている人々を然るべく取り込むことの方が、経済的問題に勝る。……国家は社会的投資を行うのであるから、その政策は経済的視点と同等に社会的視点からもその正当性が問われる。それゆえ指導者達は必要なこととの間のバランスを取ろうとする。……経済成長がもたらす資源のうちのある種のものは、経済活動に直接参与できない人々を支えるのに役立てることができるのである。[34]

「共有されたシティズンシップ」(citoyenneté partagée)という概念がある。[九] それはナショナルな共同体と、何年かかかってその共同体に加わる移民の波、その双方に対して等しく利益を与えるものである。そのためその概念の確立に対する関心は徐々に大きくなっており、アイデンティティ問題を巡る議論は、それを無視することはできない。それは民主的実践の拡大と深化を同時に求め、また次章で見る能動的シティズンシップの導入を要求するのである。

＊

社会構造にとっての破壊的側面を覆い隠して、グローバリゼーションと経済統合の利点ばかりが誇張されてはいないだろうか。今よりも大きな正義に到達するために、国民国家は、例えば、連邦原理を蘇生させることで利益を得られないのだろうか。それはまた、今よりも適切に定められた地理的根拠に基づいたより確固とした社会的結束に到達するためでもある。

国民国家はウェストファーリアの遺産に基づく一元論的モデルによるものだが、今や脱出困難な袋小路に入っているように思われる。近代国家構築の方向を定めた均質化の論理は、反生産的になってしまった。なぜなら、それがより大きな集団にひとたび適用されると、ネイションの多様性を平準化し民主的実践を貧困にしてしまうという、いつも同じ結果を生んでしまうからである。それは共生の質と、社会が保持すべき諸関係に、重大な影響を与えずにはおかない。

一例をあげよう。諸ネイションが使用している言語がネイションの言語という地位を喪失し、フォークロアと化してしまう深刻な結果に陥る危険がある。[35] その危険は容易に想像がつく。[36] ことはそれにとどまらない。超国家空間が確固たるものになると、国民国家内でマイノリティ言語が同質化の犠牲になったのと同様に、これまではマイノリティ言語と一線を画し安泰だったマジョリティ言語も脅かされることになる。そのため、国民国家の指導者達は気を立て直して、今や擁護し振興すべき歴史的遺産として、言語多様性を重視することに大きな関心を持っている。[一〇] 制度、文化、言語、さらには民の生き残り、これらについては皆同様である。

本章の冒頭で触れたように、民主化プロセスに関する議論がある。それは、現代国家の指導者の側に、この問題に緊急に関心を持つことを要求する。自分の正当性の根拠としている政治的共同体を、深い変化へと誘わなければならないのもまた、その指導者達だからである。その変化とは、一方では、多元的ナショナリティに基づいたシティズンシップを植え付けることで、下方に向かって根を張れるようにするものである。他方では、深い多様性に貫かれた市民的実践に基礎を築くことで、上に向かって大きく広がれるようにするものである。こうした行動の変化のただ中でなら、国民国家は、現実の対立の中心部分にある文化的（またネイションの）多様性を、よりうまくより効果的に促進できるようになるだろう。ここでの対立とは、アメリカ合衆国とフランコフォニーの間、フランスとＥＵの間、そして対立のレベルは違うが、ケベックとカナダの間、カタルーニャとスペインの間のようなもののことを言っている。

【訳註】

（一）アイリス・マリオン・ヤング（Iris Marion Young）などが強力に提唱した概念。個人権を最優越させる自由主義的なシティズンシップではなく、集合的アイデンティティの差異を認めることによってしか平等には到達し得ないため、それに基づいた制度設計が必要という考え方。これについては序章の訳註（七）で挙げた『マルチナショナリズム』に詳しい。

（二）この点の著者による詳しい説明は次のようである。ここではシティズンシップ体制を統合手段とみなしており、それは市民全体がその役割を行使し、社会生活に能動的に関わることができるようにするものでなければならない。それゆえ、シティズンシップ体制がこの統合機能を十分果たしているかを検証し、修正する義務がある。

（三）著者はここで多国籍バイオ化学企業のモンサントなどを想定しているとのこと。遺伝子組み換えの特許により、今では、そうした企業が世界の農業を支配していることなどを指している。

（四）ベルギーにある非政府組織で、世界貿易機関（WTO）、国際金融機関（IFI）、ＥＵに関わる文書、交渉、決定の意味を解読する業務を行っている。ラウル・マルク・ジェナールはその創設者の一員で、研究員でもある。

（五）「近接のシティズンシップ」とはできるだけローカルなレベルで有機的に結び付く市民生活を表す概念で、本書ではネオリベラルな政治に対立するアプローチと考えられている。ネオリベラルな政治は、国家（あるいは州）

レベルで展開される社会サービスなどの連帯の方策を犠牲にして、まず国際的競争に目を向けるが、それに対置される概念だと言えよう。

（六）原著では Communauté européenne となっているが、著者への確認の結果、Union européenne のつもりということなので、そのように訳した。

（七）ケベック議会の主要政党であったケベック自由党とケベック党双方の議員とそれ以外の連邦主義者と主権主義者から構成された委員会。その責務は、ケベックの地位とケベックとカナダの他州との関係を決定する取り決めのアウトラインを定めることにあった。これはカナダ史の重大な分水嶺となったと言われている。

（八）序章の訳註（五）を参照。

（九）エスニック文化を超えて共有されるシティズンシップのことを意味する。これについては次を参照。Keith G. Banting, Thomas J. Courchene, and F. Leslie Seidle (dir.), *Belonging: Diversity, Recognition and Shared Citizenship in Canada*, Montréal, McGill-Queen's University Press, 2007.

（一〇）ＥＵ創設を定めたマーストリヒト条約の調印と同年の一九九二年、「ヨーロッパ地方言語・少数言語憲章」(Charte européenne des langues régionales ou minoritaires) がヨーロッパ評議会において採択されたのが興味深い。この憲章については、次などを参照。坂井一成「ＥＵにおける少数言語保護政策――東方拡大とその後」（坂本千代編『ヨーロッパにおける多民族共存とＥＵ――その理念、現実、表象』（二〇一〇年度研究報告書）、神戸大学大学院国際文化学研究科異文化研究交流センター、二〇一一年三月、二一一―一二三頁）(http://web.cla.kobe-u.ac.jp/group/IReC/pdf/201103sakai.pdf)

【原註】

（1）本章の第一稿は、二〇〇五年五月にブリュッセルで持たれた第二一回フランス語ビエンナーレでの討議の枠の中で提示された。このテキストは、Louise Beaudoin、Xavier Dionne、Jean-Marie Klinkenberg、Amadou Lamine Sall、Joseph YvonThériault のコメントからの恩恵を受けている。

（2）近年の傾向に関する深い研究については次を参照。Miquel Caminal et Ferran Requejo (dir.), *Federalisme i plurinacionalitat. Teoria i anàlisi de casos*, Barcelone, Institut d'Estudis Autonomics, Collection «Clàssics del Federalisme»,

2009. 特にFerran Requejo、Philip Resnick、Wilfried Swenden、Stephen Tierney、Miquel Caminalが執筆した章を参照。

(3)次の論文集を参照。Michel Seymour (dir.), *La reconnaissance dans tous ses états: repenser les politiques de pluralisme culturel*, Montréal, Québec Amérique, Coll. «Débats», 2009. 特にその中の、Michel Seymour et Jean-Philippe Royer, «Les nations comme sujets de reconnaissance», p.157-198を参照。

(4) Daniel Salée, «Enjeux et défis de l'affirmation identitaire et politique des peuples autochtones au Canada. Autour de quelques ouvrages récents», *Revue internationale d'études canadiennes*, no 26, automne 2002, p.143.

(5)Claude Hagège, *Halte à la mort des langues*, Paris, Odile Jacob, 2000.

(6)次の書物は、国民国家の役割の凋落に関する研究に大いに貢献している。Susan Strange, *The Retreat of the State. The diffusion of Power in the World Economy*, Cambridge, Cambridge University Press, 2000 [1996].

(7) Hélène Ruiz Fabri, «Maîtrise du territoire et rôle international de l'État», *Revue de l'Académie des sciences morales et politiques*, no 1, 2000, p.88.

(8) Raoul Marc Jennar, «Ces accords que Bruxelles impose à l'Afrique. Une Europe toujours à construire», *Le monde diplomatique*, février 2005, p.10.

(9)Raoul Marc Jennar, *Europe, la trahison des élites*, Paris, Fayard, 2004.

(10)*Ibid.*, p.10.

(11)*Ibid.*

(12) Alain Noël et Alain-G. Gagnon, «Le monde, les régions, la nation: vers une nouvelle définition de l'espace québécois», dans *L'espace québécois*, Montréal, Québec Amérique, 1995, p.18-19.

(13)次の論文は、社会調整に関わる新自由主義的言説を取り扱う中で、この問題をはっきりさせている。Jacques Beauchemin, Gilles Bourque et Jules Duchastel, «Du providentialisme au néolibéralisme: de Marsh à Axworthy. Un nouveau discours de légitimation de la régulation sociale», *Cahiers de recherche sociologique*, no 24, 1995, p.45-46.

(14) Peter Katzenstein, *Small States in World Markets: Industrial Policy in Europe*, Ithaca, Cornell University Press, 1985. Alberto Alesina, Edward Spolaore, *The Size of Nations*, Cambridge, MA, The MIT Press, 2003.

(15) Bruce Gilley, *The Right to Rule: How States Win and Lose Legitimacy*, New York, Cambridge University Press, 2009, 特に第11章 «Sources of Legitimacy», p.29-57.

(16)関係する研究論文を検討した重要なものとして次を参照。Benoît Lévesque, «Repenser l'économie pour contrer l'exclusion sociale: de l'utopie à la nécessité», dans Juan-Luis Klein et Benoît Lévesque (dir.), *Contre l'exclusion: repenser l'économie*, Québec, Les Presses de l'Université du Québec, 1995, p.17-44.

(17) Jane Jenson, Susan Phillips, «Regime Shift: New Citizenship Practices in Canada», *Revue internationale d'études canadiennes*, vol.14, automne 1996, p.111-136.

(18) Jane Jenson, «Reconnaître les différences: sociétés distinctes, régimes de citoyenneté, partenariats », dans Guy Laforest et Roger Gibbins (dir.), *Sortir de l'impasse: les voies de la réconciliation*, Montréal, Institut de recherche en politiques publiques, 1998, p. 238-239.

(19) Philip Resnick, «Toward a Multinational Federalism: Asymmetrical and Confederal Alternatives», dans F. Leslie Seidle (dir.), *À la recherche d'un nouveau contrat politique: options asymétriques et options confédérales*, Montréal, Institut de recherche en politiques publiques, 1994, p.71-89. また次も参照。Alain-G. Gagnon et James Tully, (dir.), *Multinational Democracies*, Cambridge, Cambridge University Press, 2001.

(20) Alain-G. Gagnon et Raffaele Iacovino, «Le projet interculturel québécois et l'élargissement des frontières de la citoyenneté», dans Alain-G. Gagnon (dir.), *Québec: État et société*, tome 2, Montréal, Québec Amérique, 2002, p. 413-436.

(21)ケベックとワロニーの場合に関する研究としては次を参照。Christophe Traisnel, *Le nationalisme de contestation. Le rôle des mouvements nationalistes dans la construction politique des identités wallonne et québécoise en Belgique et au Canada*, thèse de doctorat, Paris II–Université de Montréal, non publiée. スコットランドについては次を参照。Nicola McEwen, *Nationalism and the State. Welfare and Identity in Scotland and Quebec*, Bruxelles, Les Presses interuniversitaires européennes/Peter Lang, 2006.

(22) Jane Jenson, «Reconnaître les différences», dans Guy Laforest et Roger Gibbins (dir.), *Sortir de l'impasse, op. cit.*, p.239-249.

(23)Bruce Gilley, *The Right to Rule, op. cit.*, p.29-57.

(24)John F. Conway, *Debts to Pay. The Future of Canadian Federalism in Quebec*, 3e édition, Toronto, James Lorimer, 2004.

(25) Alain-G. Gagnon et Guy Lachapelle, «Québec Confronts Canada. Two Competing Societal Projects Searching for Legitimacy», *Publius*, vol. 26, no 3, 1996, p.177-191.

(26) Michel Seymour, «La proie pour l'ombre: les illusions d'une réforme de la fédération canadienne», Alain-G. Gagnon (dir.), *Le fédéralisme canadien contemporain. Fondements, traditions, institutions*, Montréal, Les Presses de l'Université de Montréal, 2006, p. 211-236.

(27) この点については次を参照。François Rocher, «La dynamique Québec-Canada ou le refus de l'idéal fédéral», dans Alain-G. Gagnon (dir.), *Le fédéralisme canadien contemporain. Fondements, traditions, institutions*, *op.cit.*, p.93-146.

(28) Alain-G. Gagnon et Jacques Hérivault, «The Bloc Québécois: The Dynamics of a Distinct Electorate», dans Jon H. Pammett et Christopher Dorman (dir.), *The Canadian General Election of 2004*, Toronto, Dundurn Press, 2004, p.139-169.

(29) ケベック政府もケベック市民も賛同していないにもかかわらず、ケベックに新しい憲法秩序を押し付けることについては、次のものが興味深く読める。James Tully, «Liberté et dévoilement dans les sociétés multinationales», *Globe. Revue internationale d'études québécoises*, vol.2, no 2, 1998, p.31-32. また、スコットランド、カタルーニャ、ケベックの場合を含む比較研究としては、次を参照。Stephen Tierney, *Constitutional Law and National Pluralism*, Oxford, Oxford University Press, 2005.

(30) 多元的ネイション社会研究グループ (Groupe de recherche sur les sociétés plurinationales) の研究も参照。Alain-G. Gagnon et James Tully (dir.), *Multinational Democracies*, Cambridge, Cambridge University Press, 2001; Alain-G. Gagnon, Montserrat Guibernau, François Rocher (dir.), *The Conditions of Diversity in Multinational Democracies*, Montréal, McGill-Queen's University Press, 2003.

(31) Alain-G. Gagnon, *Au-delà de la nation uniformisatrice: plaidoyer pour le fédéralisme multinational*, Barcelone, Institut d'Estudis Autonomics, 2007.

(32) このテーマについては、特に次を参照。Daniel Innerarity, *Le futur et ses ennemis: de la confiscation de l'avenir à l'espérance politique*, Paris, Fayard, 2008.

(33) David R. Cameron et Janice Gross Stein, «L'État, un lieu parmi les espaces en transformation», dans *Contestation et mondialisation: repenser la culture et la communication*, Montréal, Les Presses de l'Université de Montréal, 2003, p.169-190.

(34) *Ibid.*, p. 178-179.

(35) フィクションは必ずしも現実と遠く離れたものではない。それゆえ、次の本は大いに興味をかき立てるだろう。

Carles Casajuana, *Le dernier homme qui parlait catalan*, Paris, Robert Laffont, 2009. そこで描かれている見通しは、むしろ読者に警鐘を鳴らし、第一義的に関わりのあるものに意識を持つよう促しているように思える。

(36) 次を参照。Montserrat Guibernau, «Nations Without States: Political Communities in the Global Age», *Michigan Journal of International Law*, vol.25, no 4, 2004, p.1272-1274. 著者はこの中で、国民国家が言語的多様性の承認を拒絶する潜在意識について論じている。

第三章　ケベックのシティズンシップ体制の諸要素
——非公式憲法と能動的シティズンシップ[1]

「カナダとケベックの間のパートナーシップを研究するならば、どうするにせよ避けて通れない一つの事実がある。同じ一つの国の中に二つの相互に区別できる社会が確立されていて、それぞれが独自のシティズンシップ体制を有しているという事実である」(ジェーン・ジェンソン Jane Jenson, *Sortir de l'impasse. Les voies de la réconciliation*, 1998, p.235)

イギリスのパレック委員会[2][一](Commission Parekh)とカナダのブシャール＝テイラー委員会[3][二](Commission Bouchard-Taylor)の審議が公表された今、カナダ、スペイン、イギリスといったマルチナショナルな国家において共に生きるとはどういうことか、それを新しい視点で思い描くのがわれわれの責任である。二〇〇八年には、間文化的対話が、ヨーロッパ全体にとってのまさに結集の叫びとなった。『間文化的対話に関する白書——対等の尊厳のもとに共に生きる[4]』(*Livre blanc sur le dialogue interculturel. Vivre ensemble dans l'égale dignité*）の公表がそのことを示している。ヨーロッパは二〇〇八年を「間文化的対話ヨーロッパ年」にする選択さえした。間文化的プロジェクトは、日本でも端緒に付き、著名な研究者達がグローバリゼーションと共生の繋がりを探求しており、辻村みよ子の業績が注目に値する。彼女は成長著しいこの研究分野における真のパイオニアである（5）（三）。

今の時代、既存の制度、とりわけ共同体の権利や人権憲章を活かすために設置された制度に注意を向けなければならないのは当然だが、今日重要なのは、マルチナショナル性という文脈に置かれた共同体間の関係を特徴付ける力学探究の推進である。

また、ナショナルな共同体間にも、またその共同体内のメンバー間にも生じている創造的緊張という光に照らした政治力学の再考も必要である。今日的観点から議論し、利害を考えることを通してこそ、共生を支援するシティズンシップ体制がつくりあげられる。この点にはすでに第二章で少し触れた。また、この政治力学を未来へと投射させる一方で、歴史的持続という所に位置付けるのも同様に重要だろう。さらに、将来のために現実的なシナリオを構想するのも大切であり、そうしなければ、そこで発揮されるべきエネルギーが枯渇し、民主政が貧困化してしまう。

読み進めばわかるように、ケベック、スコットランド、カタルーニャにおける多様性の問題は、それぞれがカナダの連邦制、イギリス連合王国の国家連合、スペインの自治権国家との結び付きの問題と深く関わっている。そして、これらのどのケースでも、人民主権は自由に行使されなければならないのである。

これら各地域で議論になっている制度上の変容の背後にある大問題は、突き詰めて言えばこうなる。すなわち、マルチナショナルな集合体にあって、国家創設に関わったネイションそれぞれが、これまで以上に、自らの将来を計画し、十分に開花できるように――社会学者ジョゼフ・イヴォン・テリオー(Joseph Yvon Thériault)の表現を借りれば――「社会をつくりだす」[6]義務を負っているということである。この社会をつくりだす義務とは、ここで取り扱っているケースでは、共同体間、地域間、セクター間、世代間の和解と言い換えてもよい。

本章では、第一に、カナダ連邦の中でのケベックの立場が進化発展している点を強調したい。そのために、重要な政治的エンパワーメントの手段としての「非公式憲法」(constitution informelle)いう概念について議論する一方、マルチナショナルな国家カナダを構成するネイションのメンバーが、どのように能動的シティズンシップを追求するのが最善なのかについても考察する。

ケベックは一九八二年の憲法改革に今もなお同意していない。これが、カナダ連邦内部の十分な協力を阻害し、カナダの政治制度との信頼の絆を弱める大きな毀損原因となっているのは事実である。しかし、そうした現実があるからといって、ケベックがカナダの政治全体の中にあって、自分達の集合的経験に意味を付与できるような「国家組織の基本に関する法律」(lois structurantes)を持つことができないはずはない[四]。この考えに立って、一九九五年の住民投票以降になされた大規模な熟議と、またケベックのさまざまな調査委員会の枠組みの中で過去数十年間に展開された議論を解釈していく。そうした委員会としては、一九九九年の「学校での宗教の位置付けに関するプルー委員会」(Commission Proulx sur la place de la religion à l'école)、二〇〇一年の「ケベックにおけるフランス語の現状と将来に関するラローズ委員会」(Commission Larose sur la situation et l'avenir de la langue française au Québec)、二〇〇二年～二〇〇三年の「民主的制度の改革に関する全州民会議」(États généraux sur la réforme des institutions démocratiques)、そして、二〇〇七年の「文化的差異に関する調整の実践を巡るブシャール＝テイラー委員会」(Commission Bouchard-Taylor sur les pratiques d'accommodement reliées aux différences culturelles)が頭に浮かぶ。

本章では、方策の広範な見取り図を作成しようとしている。それは多くの点で不完全なままだが、今日のケベックにとってまず重要なのは、健全で民主的な社会における共同体間の関係がどのようなものであるべきかを決める信頼の絆を固くし、活性化することである。

ケベック脆弱化の原因は、その行動がいつも中央政府の側からの差し出口に脅かされることにある。実際、この四十年間、教育、文化、コミュニケーション、農業、保健医療、社会サービスというケベック固有の権限領域に対して、中央政府は数多くの介入をした(7)。

立ち止まって考えるべき大きな利害問題のうちの一つは、カナダ憲法が相変わらず間文化主義のモデル(8)――このモデルは「静かな革命(9)」終結以降ケベックに徐々に根付いてきている――を認めていないという事実である。その代わりに、カナダは多文化主義を憲法に定め、それと並んで、ファースト・ネイションズ固有の権利、ケベック外のカナダにおいてフランス語を第一言語とするマイノリティの権利、ケベックにおける英語を第一言語とするマイノリティの権利、これらを憲法で承認している。この手法では、ケベックのアイデンティティの主要な中心の基盤そのもの――言い換えれば、ケベック人の文化的、経済的、政治的、社会的関心の集結と合流の場としての「フランス的事実」――を掘り崩すことになってしまうだろう。

この不適切な扱いへの返答はマルチナショナルな真の連邦制[10]を到来させることにある。それが実現すれば、カナダの二つの主要なナショナルな共同体が、各々の地理的領域に、深い多様性を尊重したモデルを導入することができるだろう(第二章参照)。その際、強く留意しなければならないのは、先住民ネイションの大義を前進させること、ナショナルな共同体各々の中における個人の権利を擁護すること、集合的富の公正な分配方式を推進すること、将来性に富み自主的に管理された二つのホスト社会の発展を支援することである。

非公式憲法の深化と拡大

ケベックは、ラファエル・イアコヴィーノ(Raffaele Iacovino)やミシェル・セイムール(Michel Seymour)が提案しているような形[11]での固有の公式憲法[12]を持つことはできてはいない。だが、ケベックの政治的将来の十分な保証としては不完全かつ不十分ではあるものの、国家組織の基本に関する法律の採択に成功している。そうした組織法――「フランス語憲章」、「人間の権利と自由憲章」(Charte des droits et libertés de la personne)、「住民投票法」(Loi sur les consultations populaires)「政党資金法」(Loi sur le financement des partis politiques)、そして近年では「ケベックの民とケベック州の基本権・特権行使法」(Loi sur l'exercice des droits fondamentaux et des prérogatives du peuple québécois et de l'État du Québec)を想定している——があることにより、他の連邦制に組み入れられた国家《エタ》(州)のほとんどが現時点では持ち得ないような政治的存在感をケベックは持っている。

さらに、第三九回カナダ議会において、カナダ政府がケベック・ネイションの承認をした[五]。これは、当面のところ本質的には象徴的なものでしかないが、ともかくも一歩前進であり、それが国際社会に与えた潜在的影響を無視するわけにはいかないだろう。この意思表示の第一の利点は、多くの人が口をつぐもうとしていた社会学的・政治的現実を言葉で表現したということにある。また、これによって、ケベックは国際舞台で象徴的に強力な重みを持つことになった。ケベックの市民が理解しているそのままの姿で、国際舞台においてケベックを提示できるようになったからである[13]。

以上のような組織法(「フランス語憲章」「人間の権利と自由憲章」「住民投票法」など)の総体は、非公式憲法以外の何ものでもなく、その政治的影響は深く調べてみるだけの価値がある。なぜなら、これらの法は、出自がフランスではないケベックの人々のかなりの割合の同意も得ており、州内にそれを支持するコンセンサスがあるからである[14]。この非公式憲法は、ケベック政府とケベックの住民にいくつかの基準点を与えており、日々の関わりにおいて政治家、裁判官、社会的アクター、そして住民一般は、それを心に留めなければならない。生活の枠組みをつくるこれらの要素は、憲法化されていないとはいえ、共に生きるための指標となるからである。ジョゼフ・イヴォン・テリオーが『ケベックの多様性について議論する——ブシャール、テイラー、その他の論者達』(La diversité québécoise en débat. Bouchard, Taylor et les autres）において強調しているように、われわれはエドマンド・バーク（Edmund Burke）に近い考え方と対面しているのである。「その考え方によれば、自由は、抽象的な法規範――人権の共和主義的自由（liberté républicaine des droits de l'homme）――によってよりも、政治的伝統――イギリス人の自由（liberté des Anglais）――によっての方がうまく守られる[15]」。

この考えに立つと、多様性管理モデルとしての間文化主義の不動の基準となる社会構造上の根本要素、それら全体を集めたものが非公式憲法だということになる。間文化主義は、何年もかかって、ケベック市民間の関係を確立するにあたっての基本となった。ブシャール＝テイラー委員会はその構成要素を次のようにまとめている――本質的には、ケベックの間文化主義は（a）フランス語を文化間の関係の共通語として制度化し、（b）権利擁護に強く配慮した多元的方向性を育成し、（c）一方で多様性、他方でフランス語系を中核とする継続性および社会的絆、この間に生じる必要かつ創造的な緊張を保持し、（d）統合と参加に特に力点を置き、（e）相互交流を強く推奨する[16]。

非公式憲法を定着させるには、スコットランドの裁判官スティーヴン・ティアニー（Stephen Tierney）が言うように[17]、多面的戦略が必要である。第一に、マルチナショナルな連邦制の文脈で重要なのは、連邦を構成する国家がすでに割り当てられた責任の幅を可能な限り広げること、そしてそれぞれに固有の政府に帰属する分野に割り込もうとする試みに対しては、それを体系的に問題視することである。それゆえ、いくつかの実践事例の法的有効性を認め、それを承認させようとすることが大切なのである。そうした介入によって、対峙するさまざまな政治的アクターが「差異を認めた」解釈の枠組みを前進させることができ、ひいてはそれが政治空間の拡大に繋がるからである。第二に、裁判官が活動する文脈が、政治的危機、国際的係争、黒幕の動向、政治的配置の組み換えに応じて、変化する可能性に期待することである。カナダの場合で言うと、ケベックが分離する権利に関する一九九八年の意見照会[六]に照らして見れば、もし判断が行われたのが当時でなく今日なら、政治的アクターに十全な正当性を付与する四つの原則が尊重されているとカナダ議会が前もって証明しなければ、カナダ最高裁は一九八一年〜一九八二年の憲法移管を認可しなかったかもしれない。ここで言う四つの原則とは、民主政、連邦制、立憲主義と法規範、そしてマイノリティの権利尊重のことである[七](第一章参照)。

哲学者ジェームズ・タリーがその衝撃的な論文で主張しているように、マルチナショナルな社会で肝要な点は、それに含まれる複数のネイション各々が、自由に自己決定する民であると認めることである。そうした民が自己決定の動きに着手するのを誰かが認可するというのではいけない。慣習立憲主義(constitutionnalisme conventionnel)から着想を得て、ケベックがカナダ連邦の中にあって自由ではなかったことを、タリーは(その論文を書いている一九九八年の時点で)証明している。いくつもの理由が明確に示されており、その論証は揺るぎない。タリーは次のようにケベック/カナダ問題を提起している。

連邦の他の構成メンバーはケベックに対してその同意なしで憲法修正を押し付けることができるだけでなく、ケベックがネイションとしての地位を憲法上承認してくれるよう求めるどんな交渉でも、恣意的に阻止することもできる。実際、一九八二年に「一九八二年憲法法」(Acte constitutionnel de 1982)が、ケベックの同意なしで、また激しい反対があるのが明白だったにもかかわらず、憲法修正として導入され、ケベックに押し付けられた。このような策略は、当時の裁判所が裁定を下したように、慣習立憲主義違反であるばかりか(八)(「quod omnes tangit」)、一九八二年憲法法によって制度化された新しい修正手続にさえ違反している。後日、ケベックは「独自の社会」(société distincte)としての承認を求めて、憲法改正を開始する権利を行使したが、提案された修正案は、たった一つの州の反対によって阻止された。唯一の根拠は、一九八二年に導入された修正手続はすべての州の同意を要求しているということだった。この二つの出来事が否定しようもなく証明している点は、ケベック承認の規則について交渉しようにも、ケベックの権利に恣意的な制限がかけられているということである(18)。

ここでのタリーの確認によれば、カナダ連邦の中にあって、ケベックは一九八二年以前の方が自由だったことになる。当時は、政治的決定は厳密な意味での憲法修正というよりも、協約の問題だったからである。ユジーニー・ブルイエ(Eugénie Brouillet)は、この問題に著作まるごとを費やして、憲法移管以降、立憲主義がカナダを貧弱なものにしたことを見事に証明している(19)。スティーヴン・

ティアニーはこの見方を支持し、次のように認める。「当然ながら、一般的に次のように考えられている。すなわち、少なくとも一九八二年までは、カナダでは協約的、非公式、手続き的な性格の憲法モデルが優勢だった。そのモデルでは、ケベックの地位は憲法本文の中で十分に述べられていなかったため、その後に比べて結び付きの緩い連邦の中で、文字になっていない協約やその根拠となる実践例という手段を使って、ケベックの憲法への関わりについて調整をする余地があった」[20]。つまり、ケベックにとっては、公式憲法よりも非公式憲法の方が、政治活動の点で自由な空間を与えてくれると考えてもよい。

第三に、だからといって、憲法交渉自体への参加をないがしろにしてはいけない。なぜなら、交渉することにより、さまざまなアクターの期待と要求を知らしめることになり、政治的行動に正当性が与えられる可能性があるからである。ミーチ・レイク合意のプロジェクト(一九八七年〜一九九〇年)を取り巻く交渉時に、ケベックはこれを行った[21]。二〇〇六年六月、新自治憲章獲得のための住民投票実施時に、カタルーニャもこれをした。この二つの行動により、二つのネイションは、各々に固有の社会的結束をもたらすアイデンティティ上の指標を得たのである。

第四に、指導者は、出発点では必ずしも合法的(de jure)ではない憲法上の前進を求めることをためらうべきではない。これもケベックの場合だが、実践上の変更が、何年かのうちに、法律上の(de jure)修正によって合法化したということが起こっている[22]。移民に関わる分野がこの点での最も良い例である[23]。

イギリス人は慣習立憲主義の活性化を目的として、憲法の土台になっている「一時未決」(abeyance)という概念を使用している。[24][九] この点をしっかり記憶に留めておかなければならない。この機軸の方が、共通公共文化[25](culture publique commune)という機軸よりも恐らく遥かに発展的影響をもたらす。その理由は、「一時未決」の場合、規範について大胆に議論し、今日的視点から問題にでき、憲法上本質的な価値を持っている規範でさえも、憲法に書き込まないでおけるからである。後に見るように、それこそが間文化主義の力である。そこでは、差異をなくして均一化をめざす社会の存在は想定されてはおらず、むしろ、文化的差異を相互に関係付け、社会構築の背後にあるアイデンティティの緊張がどのようなものかを特定しようとする。また、間文化主義は、各人が集合的政治活動に参加する意思を持っているものだとみなす。だが、共通公共文化の場合には、そのようなことは想定されていない。さらに、間文化主義の場合、なんであれアイデンティティの横滑り(dérapage identitaire)回避のためには、離脱の表明が可能であり、離脱が容認されるべきだとされる。

ケベックはカナダの多文化主義のモデルとは異なるこのようなアイデンティティ・モデルを持っている。それゆえ、それに基づいた政治的解放を推し進めるのが自由主義社会の本性であり、ケベックがカナダのマルチナショナルな連邦の基礎をなす柱の一つだからこそ、そうした政治的解放は正当なのである。しかし、ケベックがこの方向に前進しようとしても、他方で中央政府がその独自の規範を押し付けようと、ケベックの先導的《イニシアティヴ》決断に枠をはめたりしては、それはできることではない。中央の政治制度の側は、一元論的な統治モデルを徐々に押し付けようと一貫して企てているが、それについても同様のことが言える。連邦政治システムの導入の結果として、カナダには差異のある政治体が存在するにもかかわらず、中央の企てはこのこととは断絶している。こうした文脈に置かれているわれわれとしては、ジュヌヴィエーヴ・ヌートン(Geneviève Nootens)が提案しているようなアプローチを支持するしかない。つまり、主権に対する一元的構想を放棄して、帰属共同体の多元性という理念を遠くにぼんやりとでも見据えること。マルチナショナルな国家という概念は、まさにこの方向に向かっているのである。[26]

しかし、一元論的なシナリオに留まっている限り、カナダというネイションとケベックというネイションの二つのナショナルなプロジェクトに向き合うことになる。その威光(rayonnement)の範囲は互いに重なり合い、しばしば対立し、互いの価値観を押し付け合う。だが、この二つのナショナルなプロジェクトが使用できる手段は対等ではない。マジョリティのナショナルな集団の方が、その見方や手法を押し付けるのが容易なのは、[27]ドナルド・フォーブス(Donald Forbes)が主張している通りである。

多文化主義と分離主義(あるいは国民統一)は、互いに何の関係もないテーマとして扱われることが多い。……しかし、多文化主義という公式政策の発端に少し目を向ければ、緊密な関係にあるこの二つのテーマの間にアカデミックな区別をするのは、不自然なことだということが理解できる。公式な多文化主義政策は、少なくともその発端では、明らかに国民統一戦略の一部だった。ケベックの分離運動を弱体化させ、あわよくば失敗に至らせるための計画の一部だったのである。[28]

マイノリティの開花を支援するという本来の意図に加えて、中央政府の側には別の意図があることに人々は気付いた。それは、何十年来のアイデンティティ問題を組み合わせて、ケベック側からのネイションとしての確認要求を失敗させようという意図である。中央政府のこうした態度が問題を生み、ケベックとそれ以外のカナダの間の信頼の絆を脆弱にしているのである。

能動的シティズンシップのために

自由民主政にあって、市民の期待、そしてより近年ではアイデンティティの承認と自己肯定、この二つの必要に同時に応えるために、多様性をうまく管理するモデルがいくつか提示されている。また、ナショナルな共同体の間の不公正を是正し、市民間の関係を再考し、さらには市民と政治制度の間の信頼の絆を再建するための方式もいくつか提案されている。複雑な自由主義社会において多様性管理モデルには、スペインの自治権国家、ヨーロッパのいくつかの小国家に向く多極共存モデル[29]があるのはもちろんだが、それと並んで、領域的な特質を持つ連邦方式(アメリカ合衆国など)と二つのネイションあるいはマルチネイションという特質を持つ連邦方式(ベルギーなど)、さらには、法令上は領域的連邦制(fédéralisme territorial)で事実上はマルチナショナル連邦制という混合型連邦制のカナダのモデルもある[30]。

ケベックはカナダ連邦の中にあって、立憲主義本来の要素を活用して、つまり、歴史的継続性、現存するナショナルな共同体の同意、相互尊重といったものに基づいて、改革を試みている。これらの要素はいわば共に生きることの基礎をなしており、それに対してカナダの政治制度は背を向けることはできない。万一それをすれば、正当性の深刻な喪失となろう。

ケベックの多様性は、社会構成的な面と制度的な面から再考しなければならない。社会誌学的に見れば、現実の社会構成が混成的だということはすでにわかっている。だが、その視点では、対峙する共同体が選択した生き方についてはほとんど何もわからない。これらの共同体が共に生きることに関して共通に持つものは何なのか、どのような価値観を共有するのか、市民の経験を共通のものとするプロジェクトはどのようなものなのか。こういった問いには答えられないのである[31]。

制度面から読み解いていけば、ケベックの地で生きられている多様性がどのような形で政治制度の中に表現されているかを深く掘り下げて理解できる。また、この多様性を調整し、さまざまなナショナル・マイノリティ集団とナショナル・マジョリティ集団の間の関係を仲裁するための規範的枠組が提案されているわけだが、その適切性と柔軟性を測定することもできる。そして、こうした制度を検討すれば、さまざまな共同体間の友好関係樹立のための枠組みも得られるのである。

これまでに示したように、カナダには、多文化主義と間文化主義という、二つの主要な基準となる枠組みが共存している。多文化主義モデルは、政治的アクター、大学人、市民社会のメンバーから、時に批判され、時に称賛された。通常ケベック外のカナダでは、多文化主義は、日常的にも制度的にも、そのアイデンティティにかなったものとして提示される。ただし、多文化主義は社会関係をエスニシティで決定するようになってしまっていると嘆く研究者も徐々に増えている。デイヴァ・スタシウリス(Daiva Stasiulis)、ヤスミーン・アブラバン(Yasmeen Abu-Laban)、ヴィンス・ウィルソン[一〇](Vince Wilson)の研究を思い起こして見ればいい[32]。彼らはまた、多文化主義は集団を並置させるだけで[33]、カナダという大家族への文化共同体[一一](communautés culturelles)統合の妨げにさえなったとも嘆いている。

カナダの戦略は、「受動的」とも言えそうなシティズンシップを構築しようというものだが、多文化主義はそれと結び付いていると強調する研究者もあり、チャールズ・テイラーもその一人である。なぜ「受動的」か。突き詰めて言うと、多文化主義は、集団、言い換えれば政治共同体それ自体の間の相互活動から生まれる具体的な実践の表れというよりは、カナダ憲法と結び付いた一つの事実の表れだからである。すなわち、カナダの多文化主義の文脈では、信頼の絆は中央(カナダ憲法)から発し、周辺(「共同体化された」、あるいは「エスニシティでまとまった」集団[一二])へと投げかけられることになるため、その集団が行う動員は、中央の権威(カナダ議会や最高裁)による承認の獲得に向けられ、自分達の要求事項を優先順位の上位に置いてもらうのを目的とする。そしてその結果、カナダ創設以来のナショナルな共同体化が発する要求が相対的に目立たなくなってしまうのである[34]。

しばらく前から、特にブシャール＝テイラー委員会（二〇〇七年〜二〇〇八年）の討議を踏襲して、多文化的アプローチと間文化的アプローチの間にある相違を小さくしようとする議論が、カナダとケベックで多数なされている[35]。間文化主義は、主要なアイデンティティの中心メンバーとさまざまな文化共同体のメンバーの間の共同体間交流を奨励することで、市民間の関係に質的な進歩を遂げさせることができる。それによって、ケベックは社会構成的に多元的で豊かな空間になるのである。多文化主義のモデルが勧めるものとは逆に、間文化主義のモデルは能動的シティズンシップの構築を提起し、その継続的進歩を願っている。具体的に言えば、間文化主義では、熟議に加わる義務がある。それは、共に生きるための共通の枠組みについて合意に達し、共に生きることに十分に参加するためである。

フランソワ・ロシェ（François Rocher）とミシュリーヌ・ラベル（Micheline Labelle）が明らかにしているように、間文化主義にはいくつもの側面があるが[36]、ここで取り上げなければならない二つの原則がある。一つ目は、政治的選択に影響を与えるため、公的な場での議論に参加すること。これはすべての市民が負う義務であり、政府委員会、政党への参加、労働組合への深い関与、市民社会の中への参加など、いろいろなチャンネルを借りてそれを行う。もう一つは、端的に言って「共に生きる」こと。この実践によって、文化的マイノリティ集団のメンバーは大きな全体の中に溶解するのではなく、自分達の持つ相違点を公の場で人々の心に刻み付け、マジョリティ集団に自らの姿を明らかにすることで、決定がいままで以上に民主的になされるようにする。アイデンティティの多元性という文脈における共同体の自己表現(autoreprésentation)と自己投影(autoprojection)の非常に完成された形を、(一三)われわれはここに目にするのである。

ケベックへの間文化主義政策導入は、深い政治的変化を起こそうという意図の表れである。その最も主要なのは、「権利及び自由に関するカナダ憲章」から受け継ぐ社会関係を、法廷で争うのではなく対話、歩み寄り、調停などの手段を通して、より明確に理解しようという意図である。それにより、政治は重大な文化的、経済的、政治的、社会的調停を行う空間と了解され、その意味が回復される。加えて、住民を政治活動に誘うという意図もあり、市民の期待にかなった公共政策を実施させるために、公共の場に市民を十分に参加させるようにする。言い換えると、ケベックの政治共同体は新しい規範の押し付けによる嫌がらせを容認するのではなく、(一四)住民の実体験と繋がる生活の枠組み設定を持続的に追及することである。文化的多元性のこのケベック・モデルは議会の伝統にしっかり刻み込まれたもので、民主的熟議と政治的代表性に力点を置いているのである。

間文化主義のケベック・モデルの主たる長所は、生きている文化のありのままの承認と、マルチナショナルな国家のただ中でのケベック・ネイション構築の推進、この二つの間でなんらかのバランスに到達しようという理念にある。事柄の決定においてエスニック文化集団を排除したり周辺化したりするというのは国際社会でよく目にすることだが、ケベックはそうした集団が共通公共文化や労働市場に完全に参加するよう強く主張する。「閉じ込め」とか「ゲットー化」とかいった表現は使わない。そうすることで、ケベックはその地を現実に歓迎の場とし、連帯を生み出す支援プロジェクトを具体化するのである[37]。

多文化主義に立つ解釈の根本構想は、薄い信頼の絆の上に建てられているが、市民の相互対立の原因は、信頼の欠如だけでなく、現在の制度では、政治家達が立法者としての役割を、裁判官の肥大した権力に委ねるようになってしまっていることにもあるという仮説を立てるのも可能だろう。

それに対して、間文化主義の側では、公の場での議論を優先させ、公正な熟議に委ねることで、社会関係を法廷の争いに持ちだすのを避けるよう促している。ここにこそ参加型シティズンシップ(citoyenneté participative)がある。そこでは、信頼の絆は、共同体間の交流を通して、そして同時に、その交流が誘発する創造的緊張によってつくりだされるのである。熟議への参加が市民に受け入れられるにつれ、絆はより緊密で持続的になる。それゆえ、ダニエル・イネラリティ(Daniel Innerarity)は次のように書く。「イデオロギーやアイデンティティの対立は民主政にとって必ずしも危険ではない。議論の欠如、全員一致の圧力、「政治的正しさ」の強制、あるいは個別のことをむりやり普遍的な見方に昇格させ、皆がそれを取り入れなければならないとすること、むしろこうしたことの方が怖い[38]」。また、間文化主義のモデルをより具体的に打ち立てるためには、民主的実践をさらに深化させ、市民社会の個人あるいは集団が重大な社会的議論に十分に参加するよう仕向けなければならない[39]。われわれはジョン・ロールズ(John Rawls)の「重なり合うコンセンサス」(overlapping consensus)に関する提案とは非常に遠い位置にいる。彼は、われわれが想定している多元的性格ではなく、社会の単一性を既定のこととしているからである[40]。

要するに次のようになる。間文化主義のモデルの導入により、マイノリティ集団とマジョリティ集団の間には信頼関係が発展することが期待され、それによって共同体が互いに接近できるようになる。このモデルには、そういう豊かな潜在能力が秘められているのである。この相互信頼があれば、公開討論を通して間文化的な出会いの場をつくりだすことで、社会の絆を深化させ、強固にすることができる。もちろんその信頼関係は無条件などということはあり得ないし、個人的利害に繋がるものでもない。だが、その信頼は得るに値するものであり、そうすることでマジョリティ集団のメンバーは、市民全体および相互に関係する共同体からの尊敬を得るように努めなければならないのである。

*

今日、ケベックとカナダは、質的飛躍を遂げなければならない。そのためには、近代後期(modernité avancée)の理論[41]における信頼の概念を取り扱う研究と、ラディカルな多元主義を取り扱う分析[42]、この両方から着想を得た政治的枠組みの活用が必要である。そのアプローチをとれば、多文化主義のカナダ・モデル——特にそれを一九八二年に「権利及び自由に関するカナダ憲章」に埋め込んだこと[一五]——が、シティズンシップ(言い換えるとカナダ人として共に生きること)の伝統的な静的な見方のどの点を聖域化しているのか、それが明らかになるだろう。そして、今日では、それに直接目を向けてゆがみを正す必要があることもわかる。他方、ケベックの側では、この質的成長によって、間文化主義に立つ理想を前面に押し出しつつ、政治制度の中におけるケベック・ネイションへの信頼を回復させることができるだろう。

恐らく、ケベックにおいては、連邦の理想を表す「権利及び自由に関するカナダ憲章」よりも「人間の権利と自由ケベック憲章」[一六](*Charte québécoise des droits et libertés de la personne*)の方を優先させる道を追求すべきであろうが、チャールズ・テイラーが考えているように、そうした憲章を頼みにするのは、政治に対する意味の喪失を表すのかもしれない。ギー・ラフォレ(Guy Laforest)は、彼が編纂したテイラーの論文集『孤立している者を結び付ける』(*Rapprocher les solitudes*)の前書きで、彼の見解をうまく要約して、次のように書いている。「権利憲章とそれが提供する権利擁護を偶像視する人々をテイラーは警戒している。憲章の人気とはまた、政治生活の衰弱、つまり市民が現代社会にある公共制度から遠ざかることを意味するかもしれないのだと彼は警告を発している[43]」。要するに、憲章というものは、公式憲法同様、万能薬というわけではなく、政治の貧困さえ招く可能性がある。そのことを意識しておかなければならない。

それと別の道は、非公式憲法という概念の価値を認め、それを深化させることである。それにより、自治権と権力の非従属という連邦原理の持つ潜在的可能性を徹底的に追求できるようになるからである[44]。この原理がカナダの政治アクターの関心を呼ぶことはこれまでほとんどなかったが、今日、それを深化させれば、立憲主義を尊重する民主的実践に特別な注意が必ず向けられるはずである。

「ケベックが分離する権利に関する意見照会」に対して、「われわれの政治慣習および憲法慣習は、連邦制の背後にある原理を尊重してきた。そして、この原理に合うような憲法の条文解釈を支持してきた。例えば、一八六七年憲法には連邦政府の否認権が含まれていたのだが、[一七]連邦制の背後にある原理の方が速やかに勝利を収めたのである」（第五三項）との結論をカナダ最高裁は出した。

カナダでは連邦原理が一貫して適用されていたというこの最高裁の解釈について長々と議論することもできようが、記憶に留めるべき重要な点は、連邦原理が存在するという考えではなく、国の最高法廷がそれを認めたということである。ここにこそ民主的な確認の場があるのであって、それをカナダ連邦の構成州は無視すべきではなく、むしろ強調すべきなのである。カナダ諸州は、共同体としての自分達の要求を前進させるために、それを主張できるはずで、[45]そのことは、間接的には、本章の前半で探求した非公式憲法の考えを展開するのにも、また対峙するナショナルな共同体間の関係を改善するにも役立つのである。

要するに、民主政というものは、条件付きかつ可逆的な信頼関係を土台に建て上げられなければならない。[46]その条件のもとでこそ、裏表なく注意深いやり方で、ケベック／カナダ関係を考えることができよう。ケベックとカナダにおける民主政が健全であるかどうかは、熟議に対する関わり方の質にかかっている。この意味で、多文化主義よりも、間文化主義の方が、共同体間の緊張を明らかにし、それを適切に考慮に入れられる。ここではそれを証明したつもりである。

具体的に述べれば、間文化主義は一つの政治生活の枠組みを提供するのであって、それは最先端の政治的実践と歩みを合わせる形で能動的シティズンシップ導入を支援するものである。政治的アクターや社会的アクターが、間文化主義が提示しているものを手本としてシティズンシップの能動的概念をどの程度樹立できるのか、信頼の絆の質はその能力にかなりの程度依存する。重要なのは、盲目的で方向の定まらない信頼ではなく、きちんとした根拠に基づき、オープンな形で検証に付される信頼である。この解明のプロジェクトが現実のものになり深化されるならば、それに応じて、政治的アクターや社会的アクターが上で述べたような理想を促進し、具現化するのが可能になるだろう。

［訳註］

（一）「マルチエスニックなイギリスの将来に関する委員会」(Commission on the Future of Multi-Ethnic Britain) のことで、インド生まれの政治学者ビクー・チョタラル・パレック (Bhikhu Chotalal Parekh) が委員長を務めた。一九九八年にイギリスにおいて人種的正義を推進することを目的とした独立のシンクタンクであるラニーミード・トラストによって設置された。その目的は次の三つ。（1）エスニックに多様な国としてのイギリスの現状分析をすること、（2）人種的差別と不利益を阻止するための方策を提案すること、（3）どうしたらイギリスが、豊かな多様性の中でうまくやっていく自信と活気にあふれた多文化社会になれるか、それを提案すること。委員にはさまざまなバックグラウンドを持つ人が選ばれた。この委員会は二〇〇〇年十月十一日に報告書を提出し、それが二一世紀初頭のイギリスの多文化主義の議論の土台となった。

(二)「文化的差異に関する調整の実践を巡る諮問委員会」(Commission de consultation sur les pratiques d'accommodement reliées aux différences culturelles)。歴史学者・社会学者のジェラール・ブシャール(Gérard Bouchard)と哲学者・政治思想家チャールズ・テイラー(Charles Taylor)が委員長を務め、その課題が「妥当なる調整」(Accommodement raisonnable)の検討にあったため、「妥当なる調整委員会」とも呼ばれる。二〇〇七年にケベック首相ジャン・シャレ(Jean Charest)によって諮問委員会として設置され、二〇〇八年に最終報告書が提出された。報告書の要約版の翻訳『多文化社会ケベックの挑戦』(竹中豊、飯笹佐代子、矢頭典枝[訳]、明石書店、二〇一一年)があるので、詳しくはそれを参照されたい。

(三)著者が原註(5)で挙げているのは、二〇〇九年八月に持たれた「多文化社会のジェンダー平等」のうちの欧文報告をまとめたもの。その研究プロジェクトの共同研究の成果は次の形で出版されている。辻村みよ子・大沢真里[編]『ジェンダー平等と多文化共生—複合差別を超えて—』(東北大学出版会、二〇一〇年)

(四)著者によると「国家組織の基本に関する法律」は「組織法」と同義で使用されている。

(五)二〇〇六年、カナダ議会下院が「ケベック人は統一カナダ内で一つのネイションを構成している」とのハーパー首相提出の動議を圧倒的多数(全政党賛成)で可決した。そこに至った経緯の詳細は、丹羽卓「Québécois Nation Motion を巡る言説とその意味」、『金城学院大学論集人文科学編』、第五巻第一号、二〇〇八年、五一—六六頁を参照。

(六)一九九五年十月、ケベックでは「主権」構想を巡って住民投票が行われた。その結果を踏まえて、カナダ政府のジャン・クレティエン政権は、ケベックの一方的独立宣言が有効かどうか、最高裁判所に意見照会をした。詳しくは本書の序章を参照。

(七)第一章では「マイノリティの権利擁護」となっているが、著者によれば同義で用いられている。

(八)ラテン語「すべての人に関わることは」の意味で、この後に ab omnibus approbari(「すべての人によって承認されねばならない」)というラテン語が続く(類似の別の表現の場合もある)。古代ローマから続く法格言である。次を参照。吉原達也、西山敏夫、松嶋隆弘『リーガル・マキシム:現代に生きる法の名言・格言』(三修社、二〇一三年)

(九)著者によれば、憲法にあって一時未決はいわば望まれている曖昧さである。原註(24)で参照されているデイヴィッド・トマスの著書は、ケベックとカナダの憲法上に関する立場を例に挙げて述べている。カナダ憲法には文言上不確定なレベルがあるが、それは容認され、そうしたレベルがあるにもかかわらず、カナダにおけるケベックの立場に関しては規範があって、なんとかそれが実行されている、と。

(一〇)ここではVince Wilsonと書かれているが、原註(32)にある参考文献ではSeymour Wilsonとなっている。その理由は、正式な氏名がVince Seymour Wilsonだからである。

(一一)文化共同体とはケベックで一九七〇年代から公式に使用されている言葉で、主として二〇世紀以降にカナダに到来した移民とその子孫が形成する集団のことを指す。

(一二)「共同体化された」(communautarisé)も「エスニシティでまとまった」(ethnicisé)も多文化主義を語る際に使用される特殊な用語。多文化主義において、ある集団がマイノリティ集団と承認されるためには、その集団は「共同体化された」、あるいは「エスニシティでまとまった」集団として自らを提示し、活動する必要がある。それが承認されると、その集団は「共同体集団」(groupes «communautaires») あるいは「エスニック集団」(groupes «ethniques») と認められる。以上が著者の説明である。

(一三)著者によれば、「自己表現」はある集団が外に対して自己イメージを伝えること、「自己投影」は集団内部にそれを伝えることとして理解できる。

(一四)「権利及び自由に関するカナダ憲章」は、ケベックの伝統的な理解に反して、個人権を最優先させ、集団権を否定する。その憲章を含む一九八二年憲法はケベックの承認がないまま、ケベックにも有効とされているので、そのことを「新しい規範の押し付けによる嫌がらせ」といっている。

(一五)「権利及び自由に関するカナダ憲章」は一九八二年カナダ憲法の第一章にあたるが、その第二七条に、カナダの多文化主義の維持・発展に資するようにこの憲章は解釈されなければならないと書かれている。

(一六)本章の一〇五ページでは「人間の権利と自由憲章」と書かれているが、同じものである。

(一七)一八六七年憲法(英領北アメリカ法)の五六条は、連邦あるいは州で制定された法律を否認する権利を女王(実質的には連邦首相)に与えている。一八六七年の連邦形成後の初期にはこの権利がよく行使されたが、すぐに空文化し、現在では効力なしとみなされている。

[原註]

(1)本章の第一稿はケベックの「多様性に関する学際研究センター」(Centre de recherche interdisciplinaire sur la diversité au Québec: CRIDAQ) が企画した研究大会において発表された。この大会は、「ケベックにおける文化的差異に関する調整の実践を巡るブシャール＝テイラー委員会」(Commission Bouchard-Taylor) の審議の後、多様性をテーマとして持たれた。大会後になされたMarc Chevrier、Bernard Gagnon、Raffaele Iacovino、Guy Laforest、François Rocher、Michel Seymourによるコメントに大いに感謝する。委員会の報告については次を参照。*Fonder l'avenir. Le temps de la réconciliation* (http://www.accommodements.qc.ca/documentation/rapports/rapport-"nal-integral-fr.pdf)

(2) Bhikhu C. Parekh, *The Future of Multi-Ethnic Britain: Report of the Commission of the Future of Multi-Ethnic Britain* (Rapport Parekh), Londres, 2000.

(3) Commission Bouchard-Taylor, La Commission de consultation sur les pratiques d'accommodement reliées aux différences culturelles (CCPARDC), *Fonder l'avenir. Le temps de la conciliation*, Québec, Bibliothèque et Archives nationales du Québec, 2008.

(4) Conseil de l'Europe, *Livre blanc sur le dialogue interculturel. Vivre ensemble dans l'égale dignité*, Strasbourg, Conseil de l'Europe, 2008. (http://www.coe.int/t/dg4/intercultural/Source/Pub_White_Paper/White %20Paper_final_revised_FR.pdf)、二〇一〇年八月十一日閲覧。

(5) 一例として大沢真理との共編である次の著作を挙げておく。*Gender Equality in Multicultural Societies: Gender, Diversity, and Conviviality in the Age of Globalization*, Sendai, Tohoku University Press, 2010.

(6) Joseph Yvon Thériault, *Faire société: société civile et espaces francophones*, Sudbury, Prise de parole, 2007.

(7) Éric Montpetit, «Les réseaux néo-corporatistes québécois à l'épreuve du fédéralisme canadien et de l'internationalisation», dans Alain-G. Gagnon (dir.), Québec. *État et société*, tome 2, Montréal, Québec Amérique, Collection «Débats», 2003, p.191-208.

(8) ケベックで間文化主義を扱った刊行物を総合したものとしては、次がある。François Rocher, Micheline Labelle, Ann-Marie Field, Jean-Claude Icart, «Le concept d'interculturalisme en contexte québécois: généalogie d'un néologisme», rapport présenté à la Commission de consultation sur les pratiques d'accommodement reliées aux différences culturelles, Université du Québec à Montréal, Montréal, 21 janvier 2007.

(9)「静かな革命」に関する総合的研究については次を参照。Kenneth McRoberts, *Développement et modernisation du Québec*, Montréal, Boréal, 1982; Alain-G. Gagnon et Mary Beth Montcalm, *Québec. Au-delà de la révolution tranquille*, Montréal, VLB éditeur, 1992.

(10)次の重要な研究を読めばこの問題について大きな関心を抱くことになるだろう。Christophe Parent, *Le concept d'État fédéral multinational. Essai sur l'union des peuples*, Bruxelles, Les Presses interuniversitaires européennes/Peter Lang, Coll. «Diversitas», 2010.

(11) Raffaele Iacovino, «En matière de reconnaissance du pluralisme ethnoculturel, le Québec a-t-il les moyens de ses ambitions?» および Michel Seymour, «Une constitution interne comme remède au malaise identitaire québécois», dans Bernard Gagnon (dir.), *Penser la diversité québécois. Bouchard, Taylor et les autres*, Montréal, Québec Amérique, Coll. «Débats», p.223-244, 204-222.

(12)二〇〇七年四月十七日に Mercier 選出の DanielTurp 議員が、第三八立法期第一会期において提案した一九六号法ケベック憲法草案(Québec, Projet de loi no 196, Constitution québécoise, présenté par M. Daniel Turp, député de Mercier, 1e session, 38e législature, Québec, Éditeur offciel du Québec, 2007)は、この種の文書が持つ内容を繰り返した最新のものである。

(13)このことはある意味でケベックの内部権限を国際的なレベルにまで拡大しようというジェラン＝ラジョワ方針(formule Gérin-Lajoie)に深みを与えることになった。次を参照。Stéphane Paquin (dir.), *Les relations internationales du Québec depuis la Doctrine Gérin-Lajoie* (1965-2005), Québec, Les Presses de l'Université Laval, 2006.

(14)公表されたデータによれば、ケベック人の六三パーセントが、ケベックが(カナダの内部に留まって)固有の内的憲法を備えるのに賛成している。支持率は、フランス語系では六九パーセントに上るが、非フランス語系では三七パーセントに下がる。その際、この内的憲法は、フランス語の優越、歴史的遺産、ケベック文化、両性の平等、そして脱宗教(laïcité)を強調する内容のものとして提示された。次を参照。Sondage Léger Marketing, «L'opinion des Québécois à l'égard d'une Constitution du Québec», www.cyberpresse.ca, 10 décembre 2007.

(15) Joseph Yvon Thériault, « Entre républicanisme et multiculturalisme. La commission Bouchard-Taylor, une synthèse ratée», dans Bernard Gagnon (dir.), *La diversité québécoise en débat. Bouchard, Taylor et les autres*, Montréal, Québec Amérique, Coll. «Débats», 2010, p.149.

(16) Commission Bouchard-Taylor, *Fonder l'avenir. Le temps de la conciliation, op. cit.*, p.121.

(17) Stephen Tierney, «Crystallizing Dominance: Majority Nationalism, Constitutionalism and the Courts», dans Andre Lecours et Genevieve Nootens (dir.), *Dominant Nationalism, Dominant Ethnicity: Identity, Federalism and Democracy,* Bruxelles, Les Presses interuniversitaires européennes/Peter Lang, 2009, p.87-107, «Giving with one hand. Scottish Devolution within a Unitary State», *International Journal of Constitutional Law*, 28 septembre 2007.

(18) James Tully, «Liberté et dévoilement dans les sociétés plurinationales», *Globe: Revue internationale d'études québécoises*, vol. 2, no 2, 1998, p. 31. 近年カタルーニャの新自治憲章のいくつかの本質的な条項が棄却されたが、それは、カナダの経験を思い起こさせずにはおかない。カタルーニャの場合、バレアレス、アラゴン、ヴァレンシアといった自治地域および右派政党の国民党が行った憲法裁判所への提訴がもとになって、スペイン議会とカタルーニャ議会の間で交わされ、住民投票のかたちでカタルーニャの民が承認した協約の有効性が問題にされた。

(19) Eugénie Brouillet, L*a négation de la nation. L'identité culturelle québécoise et le fédéralisme canadien*, Québec, Septentrion, 2005. 次も参照。Marc Chevrier, «Federalism in Canada: A World of Competing Definitions and Views», dans Stephen Tierney (dir.), *Multiculturalism and the Canadian Constitution*, Vancouver, The University of British Columbia Press, 2007, p.108-126.

(20) Stephen Tierney, «Crystallizing Dominance: Majority Nationalism, Constitutionalism and the Courts», *op. cit.*, p.95. 同じ考えが次の興味深い論文にも見られる。Jan Erk et Alain-G. Gagnon, «Constitutional Ambiguity and Federal Trust. The Codification of Federalism in Belgium, Canada and Spain», *Regional and Federal Studies*, vol.10, no1, 2000, p.92-111.
【本文は引用者によりフランス語に訳されているが、原註に原文の英語が示されているので、本翻訳ではそこから直接日本語に訳した】

(21) ミーチ・レイク合意は失敗に終わったが、それでも、憲法論議によって、移民に関わることと、ケベックを独自の社会として承認させるという点で、前進が見られた。

(22) Alain-G. Gagnon et Joseph Garcea, «Quebec and the Pursuit of Special Status», dans R.D. Olling et M.W. Westmacott (dir.), *Perspectives on Canadian Federalism*, Scarborough, Prentice-Hall, 1988, p.314-325.

(23) 次を参照。François Rocher et Micheline Labelle, «De la politica quebecesa d'immigracio al debat sobre la ciutadania: mirades critiques sobre una gestio competitiva de la diversitat», dans Ricard Zapata-Barrero (dir.), *Immigracio i autogovern*,

Barcelone, Proa, 2009, p.51-90.

（24）次を参照。Michael Foley, *The Silence of Constitutions*, Londres, New York, Routledge, 1989. カナダの文脈を描くのにこの概念を使用したものとして、次の素晴らしい著書があるので、それを参照。David Thomas, *Whistling Past the Graveyard: Constitutional Abeyances, Quebec and the Future of Canada*, Toronto, Oxford University Press, 1997.

（25）内容豊かな議論として次のものがある。Stéphan Gervais, Dimitrios Karmis, Diane Lamoureux (dir.), *Du tricoté serré au métissé serré? La culture publique commune au Québec en débats*, Québec, Les Presses de l'Université Laval, 2008.

（26）Geneviève Nootens, «Penser la diversité: entre monisme et pluralisme», dans Bernard Gagnon (dir.), *Penser la diversité québécoise*, *op. cit.*, p.56-73.

（27）次の二つの論文を参照。Àngel Castiñeira, «Nations imaginées : identité personnelle, identité nationale et lieux de mémoire» および John Coakley, «Les majorités nationales dans les nouveaux États: relever le défi de la diversité », dans Alain-G. Gagnon, André Lecours, Geneviève Nootens (dir.), *Les nationalismes majoritaires contemporains: identité, mémoire, pouvoir*, Montréal, Québec Amérique, coll. «Débats», 2007, p. 81-125 et p.152-189.

（28）Donald Forbes, «Immigration and Multiculturalism vs. Quebec Separatism : An Interpretation of Canadian Constitutional Politics since 1968», texte présenté lors de la rencontre annuelle de l'American Political Science Association, Chicago, 30 août 2007.【引用者によるフランス語への翻訳から日本語に訳した】

（29）多極共存型モデルは、ある一つの地理的領域に分断が存在する場合に関係がある。その場合、その分断は、市民の名のもとに合意交渉をもくろむ政党、利益集団、団体などが煽りたてている。多極共存主義の最も偉大な専門家は多分アーレンド・レイプハルトであろう。次を参照。Arend Lijphart, *Democracy and Plural Societies. A Comparative Exploration*, New Haven, Yale University Press, 1977. 及び Arend Lijphart, *Democracies. Patterns of Majoritarian and Consensus Government in Twenty-one Countries*, New Haven, Yale University Press, 1984.

（30）こうした問題についてのより詳しい説明については次を参照。A.-G. Gagnon, *Au-delà de la nation unificatrice : plaidoyer pour le fédéralisme multinational*, Barcelone, Institut d'Estudis Autonomics, 2007; Ferran Requejo (dir.), *Democracy and National Pluralism*, Londres, Routledge, 2001.

（31）この点でも次を参照。Stéphan Gervais, Dimitios Karmis, Diane Lamoureux (dir.), *Du tricoté serré au métissé serré? La culture publique commune au Québec en débats*, *op. cit.*

(32) Yasmeen Abu-Laban et Daiva Stasiulis, «Ethnic Pluralism Under Siege: Popular and Partisan Opposition to Multiculturalism», *Analyse de politiques*, vol.18, no4, 1992, p.365-386; Seymour Wilson, «The Tapestry Vision of Canadian Multiculturalism», *Revue canadienne de science politique*, vol.26, no 4, 1993, p.645-669.

(33) Neil Bissoondath, *Le marché des illusions: un essai sur le multiculturalisme*, Montréal, Boréal, 1995.

(34) このテーマについては、次を参照。Leslie Pal, *Interests of State. The Politics of Language, Multiculturalism, and Feminism in Canada*, Montréal, McGill-Queen's University Press, 1995.

(35) 近年なされたシンポジウムにおける哲学者ダニエル・ワインストック (Daniel Weinstock) の考察を参照。http://www.islamlaicite.org/IMG/mp3/weinstock.mp3

(36) François Rocher et Micheline Labelle, «L'interculturalisme comme modèle d'aménagement de la diversité: compréhension et incompréhension dans l'espace public québécois», dans Bernard Gagnon (dir.), *Penser la diversité au Québec, op. cit.*, p. 179-203.

(37) このテーマをさらに展開したものとしては次を参照。Alain-G. Gagnon, «Immigracio en context multinacional: del laissez faire al marc institucional del Quebec», dans Ricard Zapata-Barrero (dir.), *Immigracio i autogovern*, Barcelone, Proa, 2009, p.25-49.

(38) Daniel Innerarity, *La démocratie sans l'État. Essai sur le gouvernement des sociétés complexes*, Paris, Flammarion, 2006, p.128.

(39) ケベックでは二〇〇二年〜二〇〇三年の、民主制度の改革に関するベラン委員会 (Commission Béland sur la réforme des institutions démocratiques) が行った住民からの意見聴取は、良い方向への一歩であった。報告書は次で読める。http://www.institutions-democratiques.gouv.qc.ca/publications/rapport_comite_directeur.pdf

(40) John Rawls, *Théorie de la justice*, Paris, Seuil, 1987. (Catherine Audard による英語からの翻訳) チャールズ・テイラーやジョセフ・ラズ (Joseph Raz) など、ロールズ以外の研究者の方が、現代社会の現実に遙かにきちんと根を下ろした分析をしているとわれわれは考える。次を参照。Charles Taylor, *Rapprocher les solitudes. Écrits sur le fédéralisme et le nationalisme au Canada*, Québec, Les Presses de l'Université Laval, 1992; Joseph Raz, «Facing Diversity. The Case of Epistemic Abstinence», *Philosophy and Public Affairs*, vol.19, no 1, 1990, p.3-46.

(41) Anthony Giddens, *Les conséquences de la modernité*, Paris, L'Harmattan, 1994.

(42)次の論文集を参照。Chantal Mouffe (dir.), *Dimensions of Radical Democracy: Pluralism, Citizenship, Community*, Londres, Verso, 1992. この傾向を深く探求したものとしては、次も参照。Geneviève Nootens, «Penser la diversité; Entre monisme et dualisme», dans Bernard Gagnon (dir.), *La diversité québécoise en débats*, p.56-73.

(43)この文は次に引用されている。Joseph Yvon Thériault, «Entre républicanisme et multiculturalisme. La commission Bouchard-Taylor, une synthèse ratée», *op.cit.*, p. 149.

(44)この点については、二〇〇九年九月十一日に、「連邦原理に関するケベックの見方」(Perspectives québécoises sur le principe fédératif)というタイトルでモントリオール大学で持たれたケベック憲法学会(Association québécoise de droit constitutionnel)第四回大会での近年の研究成果を参照のこと。

(45)このテーマに関する次の研究は非常に明快である。Stephen Tierney, «Crystallizing Dominance. Majority Nationalism, Constitutionalism and the Courts», dans André Lecours et Geneviève Nootens (dir.), *Dominant Nationalism, Dominant Ethnicity: Identity, Federalism and Democracy*, Bruxelles, Peter Lang, 2009, p.87-109.

(46)次を参照。Peter H. Russell, «Trust and Distrust in Canada’s Multinational Constitutional Politics» これは二〇一〇年六月四日にケベック大学モントリオール校で、複数ネイション社会研究グループ(Groupe de recherche sur les sociétés plurinationales)が行った「多元主義社会における信頼と不信に関するセミナー」において発表された。

第四章　自治の時

――抑制からエンパワーメントへ(1)

「民というものは、自分が大胆に恐怖に打ち勝って獲得した程度以上の自由は持ち得ないのだ」
（スタンダール、一七八三～一八四二）

脱植民地化の議論が流行っていた頃、哲学者らはアイザイア・バーリン（Isaiah Berlin）の研究業績、特に消極的自由と積極的自由の区別を引き合いに出し、この区別について数多くの意見交換をしたが、比較研究者の側では、そのやり取りはたいてい無視された。だが、この消極的自由と積極的自由の区別に立つと、カナダ、スペイン、ひいてはマルチナショナルな連邦の政治的自治の具体化という点に新たな光をあてることができる。

アイザイア・バーリンの消極的自由（「……からの自由」で表されるもの）とは、拘束、不当な干渉（ingérence）、支配がないことを意味する。それに対して、積極的自由（「……への自由」）は、承認やエンパワーメントの政策にまで至ってはいないが、それに向けて将来が開かれていると政治的アクターに思わせるものである。

続いてバーリンは、消極的自由を「行動の可能性」とみなし、積極的自由を「行動そのもの[2]」とみなしたうえで、次のように主張した。「積極的であれ消極的であれ、自由という概念の本質は、何物かが、あるいは誰か——他者——が自分の領域を侵害するのを妨げるということにある[3]」。

どちらのタイプの自由も通常個人レベルに適用されるが、われわれは積極的自由を集合的基盤に立って考えることで、考察を前進させたい。集合的主体とは、制度的アイデンティティという点から理解された民のことである。つまり、ナショナルな社会構成的文化を持ち、諸々の文化の総体の中にあって特定の「選択の文脈[4]」を提供するもののことである。すると、いくつかの前提を認めたうえでのことではあるが、「集合的性格の積極的自由」という概念を最もうまく表現するのは、民の内的および外的自決の権利ということになろう。そして、文脈や条件は種々あるとしても、民に自治権を承認する多数の国際的文書がすでに存在しているのであるから(第五章参照)、われわれは集合的な積極的自由の先進的な形をまさに目の当たりにしていると言える。

フィリップ・ペティット(Philip Pettit)は、「不干渉としての自由」と「非支配としての自由」を区別した[一]。その区別の導入は有用であると同時に発展的影響をもたらすものでさえあり、本章全体の背景ともなる[5]。ペティットの言葉を引用しよう。

自由というものを非支配と考えることができる。それは国家が追求すべき目標であることもあれば、国家が尊重すべき制約であることもある。前者の場合こうなるだろう。すなわち、国家とは、そのシステムの枠内で生きる人々にとって、期待される非支配が最大であるようなものであるべきである、と。後者の場合、国家は次のようなものであるはずだとわれわれは考える。非支配が最大化されているか否か知るという問題とは独立に、国家のシステムは、非支配——協調的であろうという理想を持つ世界にはそれがあると見込まれる——の価値を、はっきりと肯定する義務がある。とりわけ、国家の憲法条項には支配のいかなる痕跡も残さないような形で、それをしなければならない(6)。

政治関係を位置付けるためにペティットが試みているこの手法は、重要な前進である。この共和主義的自由主義者の見解をさらに先に進めるには、確立された国民国家内にあるナショナルな共同体のエンパワーメントが必要だが、肝心なのは、諸々のネイションが、そのメンバーにとっての意味追求に前向きになれるかどうかなのである。

バーリンもペティットも、自由——それによって、政治的アクターが決定的活動に真に関与できるようになるようなもの——をしっかりとエンパワーする次元を概念化するまでには至っていない。この点において、カナダ政治の力学の探求は、自治に関する現在の論争に何らかの貢献ができるかもしれないが、その際、次のような考えが頭をもたげてくる。すなわち、ケベック政府は十分に前向きに活動しておらず、自分の姿勢が法廷で却下されるのを見たり、中央政府や連邦の構成州との緊張をつくりだしたりするのを恐れて、行動に移すことを怠っているのではないかというものである(第三章参照)。この場合重要なのは、外部から課された現実の制約ではなく、ケベック政府が意図的に自らに課している限界と制約なのである。要するにこうなる。バーリンやペティットを読むことから得られた積極的自治という着想に立って、自治という理想の追求に関する研究をさらに先に進めることができるが、それは自治という理想が人々を解放しエンパワーできるようにするためである。

本章は三つの局面を扱う。第一部では、ケベックがカナダ連邦の中で妥協せざるを得なかった困難と、今でも妥協しなければならない困難について考察する。第二部では、中央政府と、またしばしば連邦の構成州とも張り合ってケベックの要求を前進させるには、ケベック政府はどのように振舞えば良いのかを考える。そして最後の第三部では、カナダという政治空間においてケベックにさらに多くの自由を与えるためには、どのような道を探るべきかを見極める。同時に、国際舞台でのケベックの真のエンパワーメントについても考察する。本分析は、承認とエンパワーメントを求めている他のネイションが学ぶことのできるものを含んでいるだけではない。それには、公共生活に参画している知識人が進めているマルチナショナル連邦制とナショナルな多様性に関する研究に資するものがある。(7)

力関係

カナダは、制約なしの交渉でできた国(un pays négocié)だとされたことがある。[8] だが、それとは対照的に、ゲームのルールが強いられ押し付けられた国もある。例えば、アメリカ合衆国の場合は市民戦争に続いてそれがなされた。そして、第二次世界大戦の場合は勝利をおさめた勢力が戦争直後に行った恣意的な決定によって、またフランコ後のスペインでは政治体制の変更の中でそうされた。しかし、交渉でできた国だとされるものの、一八六七年の連邦形成にケベックが加わった時以降、中央政府の機能にあまり影響がない場合を除いて、この地の政治勢力はケベックの自治要求には概して冷淡だった。

『現代カナダ連邦制』(*Le fédéralisme canadien contemporain*)において、法学者であるアンドレ・ラジョワ(Andrée Lajoie)は次の点を指摘している。中央政府は自分の都合の良いようにバランスを変えられる重大な権力を思うがままに使えること。また、そうした権力の中には、連邦の優越性(prépondérance fédérale)があり、それは、同等に根拠のある権限が衝突するある場合には、構成州の立場よりも中央政府の立場を優先させるものであること。この二点である。[9]

アンドレ・ラジョワが同様に考慮に入れているのは、(連邦構成州の排他的権限 compétences exclusives に言及している)憲法法九一条第二九項によれば、残余権限(compétences résiduaires)は中央政府に属するという点である。[10] この権限に、汎カナダ的な性格の権限が付け加えられ、それによって、中央政府は州を超えて影響力を持つことのできる領域を手に入れることができるのである

（例えば十九世紀末、公共空間で酒類を飲むことを良俗に反するとみなしたこと。現代では海洋汚染が思い付く）[10]。それに加えて、政治的・経済的な危機的状況、暴動や戦争、民衆蜂起やその他の社会的騒乱のような事態に応えるために、特別な手段をとることができる。こうした手段は例外的なもののはずだが、二十世紀を通じてしばしば使われた[11]。

法律家であるフランソワ・シュヴレット（François Chevrette）とエベール・マルクス（Herbert Marx）によれば、「第一次世界大戦勃発後の期間の約四〇パーセントは、カナダは何らかの形の緊急事態法のもとにあった[12]」。ということはつまり、中央政府は先に述べた解釈の枠組みを頻繁に援用でき、長期にわたって憲法に定められた政治的リーダーシップをとれたことになる。中央政府はその他いくつもの手段を行使して、中央政府固有の運用規則を州に押し付けてきた。例えば、州法の否認と留保の特権（pouvoir de désaveu et de réserve des lois）、中央政府が公有財産を獲得する、あるいはその可能性があると宣言する宣言特権（pouvoir déclaratoire）、歳出権などを挙げればここでは十分であろう。最初の二つの特権はすでに空文化しているが、連邦構成メンバー全体を中央の政治的秩序[三]（ordre politique）が支配するのが自然だという印象をつくりだすのに貢献した[13]。

宣言特権とは、住民一般の福利の名のもとに行動すると宣言することによって、中央政府は連邦構成州の同意なしで、その責任範囲を拡張できることを言う。この特権は、州権の侵害という性格を持つため、四七〇回行使された後、一九六一年以降空文化している。この特権は、多様な領域に関わるもので、州境を超える移動手段、バスの路線網、林業、水路、そして公園などの多数の部門に行使された[14]。ここでもまた、連邦政府による特権行使が人々の心に刻み付けたのは、連邦という文脈で期待される実践とは反対の振舞いで、政府秩序間の権限尊重を保障するはずの実践とも逆向きのものだったのである。

とりわけ第二次世界大戦直後、今よりも介入主義的だった連邦政府は公有財産の広汎な獲得に突き進むことができた。中央政府には公有財産に関わる責任が憲法で認められているため、この件に介入する権限を十分に持っており、その結果、都市開発と地域開発において、中心的アクターとなった。他方、この開発という領域は、全体としては連邦構成州に属しているため、これがケベック政府との間に重大な緊張を惹き起した。「栄光の三十年[四]」に先立つ期間、中央優先で連邦構成州は弱体化していただけに、中央政府は介入するのに優位な立場にいたのである[15]。

これに加えて、中央政府は、歳出権を頻繁に行使することで、憲法が公式に定める枠を超えて介入する決定をした。この特権は憲法に書かれていないが、計略をめぐらせる重大な余地があり、中央政府は尊重すべき条件を連邦構成州に押し付けることができた。従わなければ、連邦構成州はその市民が中央政府の金庫に注ぎ込んだ財政原資を使えなくなるのである[五]。州の排他的権限領域において、中央政府はこの特権を躊躇なく行使した。つまり、保健医療、地域開発、教育、そして近年では中央政府が地方自治体と結ぼうとした依存関係などにおいてである[16]。

以上のような特権すべてにより、意思決定がオタワに集中されることになった。連邦構成州は、自分達固有の権限が弱まるのを食い止めようとするにせよ、自分達の根本的な責任の再確認のためにもっと深く関与したいと申し出るにせよ、何らかの態度を取るよう追い込まれた。要するに、カナダ連邦は、一般に世界で最も非中央集権的なものの一つと描写されるのだが、実は権力分割は明らかに中央政府に有利となっているのである。

次節では、抑制(endiguement)と満足(contentement)いうテーマを考察の中心とする。これらの概念で、カナダ連邦全体の主要人物の思想を要覧できるからである。

満足と抑制

一九九五年一二月、ベルギーとカナダの連邦制度を巡る論争と連邦の将来とに関する重要なシンポジウムがブリュッセルで開催された。そこで、ケベック政府が行った住民投票の失敗の直後、政治学者ステファン・ディオン[六](Stéphane Dion)は、ベルギーとカナダで「結び付き」(union)が生き残るための二つの戦略について述べた。第一は、結束力があり統一をもたらす可能性がある目的の周りに人々を結集させ、当該地域にある「不和の」源泉をマジョリティのナショナリズムによって抑制するという戦略。第二は、まったく素直に、競合者が表明するあらゆる要求に好意的かつ実直に答えるという戦略。後者の「承諾」(acquiescement)——ディオンの言葉を使えば「満足の政策」(politique de contentement)——を採用すれば、強情な人々の要求を満足させられる。だが、中央の譲歩を引き出すためには、より多く要求すればいいというメッセージを送ることにもなる[17]。

ステファン・ディオンが主張する立場に立てば、満足の論理は恐喝の一形態であり、それは終わらせなければならない。なぜなら、その中心にいる人々の真の目的は、最終的に現存の体制を離脱することで、獲得した利得では決して満足しないからだと言うのである。一九九六年冬に政界に足を踏み入れた時に、ディオンは抑制――「プランB」と呼びならわされている戦略――の擁護者を次のように描いた。

> 逆に、抑制を支持する者からすれば、アイデンティティにこだわるナショナリストを満足させることはできない。彼らには自分達の国が必要なのである。彼らは与えられれば与えられる程、要求をさらにエスカレートさせ、究極的には分離にまで至る。新しい譲歩を一つ獲得するたびに、彼らは自分達の領分にますます立てこもることができ、自分達のことをさらに排他的な「われわれ」として定義し、もう一方の集団をますます離れて見るようになる。そして、カナダとは無縁の社会集団である自分達のネイションへの脅威とだとして、共通の制度を放棄する。譲歩はそうしたことを許すことになるのである。[18]

ステファン・ディオンは、ピエール・エリオット・トルドーを抑制の戦略の父とみなし、このかつてのカナダ首相について言う。彼は「カナダの偉大なる象徴とカナダ・アイデンティティを広めようとした。また、ケベックの特別な地位の承認にはいかなる形であれ反対し、反中央集権化の動きにブレーキをかけようとした[19]」と。

過去四十年間で、抑制の戦略はカナダにさまざまな形で導入され、一九八〇年と一九九五年の住民投票の失敗の直後には、その戦略がより顕著な形で展開された。次の事例を考えればわかりやすい。

●中央政府の歳出権を繰り返し行使し、連邦構成州にカナダの基準を押し付けた。それに従わなければ、本来は州のものである財源を奪われることになった。
●一九八二年のケベックの歴史的拒否権を否定する一方、修正方式を押し付けた(20)。
●ケベック政府の同意なしに「カナダ社会政策統合」(Union sociale canadienne)をまとめあげた(21)(七)。
●ケベック政府を外して、国際関係に関わる政策を練り上げた(22)。

カナダの中央政府の諸制度では、ケベックの要求に対しては、満足の戦略よりも抑制の戦略の方が優勢だった。この点を証明するのはたやすい。中央政府のそうした先導的行為《イニシアティヴ》は数限りないのである。例えば、有価証券に関するカナダ委員会創設のプロジェクトを進めようとしたことや(23)(八)、カナダ統一の利点をケベック人に納得させ、ケベックでの中央政府の活動を強調するために、公的基金を利用したことなどがある(24)(九)。

しかし、こうしたものごとの進め方についても、程度の差があった。一九六〇年代初頭、レスター・B・ピアソン(Lester B. Pearson)がカナダ自由党の党首だった頃に遡ると、一九六三年から一九六八年まで少数与党政権の首相として、ピアソンはより協調的であろうとした。ケベックの要求にも好意的に応え、カナダに非対称的連邦制の理念さえ導入することを支持した[25]。そのことは、ケベックに特別な年金制度の創設を認め、ケベックが固有の能力をうまく発揮できるように、税に関するいくつかの事項を移管したことからわかる[26]。

一九八四年から一九九〇年の期間についても考えてみよう。当時カナダ保守党党首だったブライアン・マルルーニのリーダーシップのもと、名誉と熱意のうちに[一〇](dans l'honneur et l'enthousiasme)ケベックをカナダ連邦制の中に再統合するため、保守党員達は激しい憲法論議を展開した。そして、保守党の勝利が長い自由党政権体制(一九六三年〜一九八四年)を終わらせた(もっとも、一九七九年、ジョセフ・クラークの頼りないリーダーシップのもとではあったが、非常に短命な保守党政権時代があって、州や地方の要求に開かれた態度をとった)。マルルーニのもとで、ケベック政府はフランコフォニー・サミット[一一]に、完全な資格を持って参加することができたのである[27]。

近年ではスティーヴン・ハーパーの第一期について述べなければならない。彼もまた同じく保守政治団体[28]の指導者として二〇〇六年一月連邦政府の政権の座に就き、開かれた連邦制を推進するとした[29]。連邦制へのこの新しい見方に立って、州の権限領域への中央政府の介入を終わらせ、州の自治を脅かす財政赤字の問題を解決し、ユネスコへの参加を始めとして、ケベックが国際機関で重要な役割を果たすのを許すという提案がなされたのである。

そもそも、これら保守的政治家の大半は、ケベックの要求に甘いとして、政敵からしばしば誹謗中傷された。ピエール・エリオット・トルドーとジャン・クレティエン[一一](Jean Chrétien)は、ケベック政府の要求に対して最も非妥協的な指導者だった。そして、国内の諸地域やケベックの主張を調整して連邦内に適合させようという考えが提起されるとすぐに、他の政治団体の指導者がその先導的行動をとることを最も厳しく批判した。一九六八年以後、自由党党首は、カナダ全体に同一適用されるような均一的政策を一貫して採択してきた。[30] そうした政策の実施は、ケベックに対して固有の地位、最近の言い方をすれば「独自の社会」という地位を承認することと対立する。ジャン・クレティエンがカナダ首相を務めていた時(一九九三年～二〇〇三年)にその首席政治顧問だったエディ・ゴールデンバーグ(Eddie Goldenberg)が二〇〇七年に出版した書物から引用しよう。それは、国家運営において中央政府が果たすべき役割に関する連邦自由党員の見方、そしてそれに対して連邦保守党員が一般に持ち続けている見方をうまく要約している。

> ……連邦政府の明確な役割が何かという問題は、今後も議論の中心となるだろう。新保守主義者は、憲法上の権能を狭く解釈して、課税の行き過ぎた削減、さらには州への財源の行き過ぎた移管によって、連邦政府の権限の制約を推進し続けるだろう。他方、私も含めて別の立場の者は、次のような考えを擁護し続ける。すなわち、連邦は国全体のより良い姿を確固たるものとすべきであること、それゆえ、その責務を果たすには大きな原資を必要とすること、また貧困と闘い、医療を改善し、学習や高等教育を支え、公共の基盤整備を進めるなど、カナダ人の

どんな必要にでも答えるのが重要だと考えるのである。[31]

この引用からわかるのは、州の排他的権限分野に介入したいという断固とした哲学である。これは、中央政府はそれ固有の責任範囲内に活動を制限するなどという考えではない。むしろ、中央の政治権力が、政治的・社会的関係についての中央集権的構想を前進させるためには介入すべきだと感じる領域があれば、そこに自分達の哲学とペースを押し付けようというものである。

自由民主的な枠組みの中でそうする戦略としては、中央政府の力学の中に最大限求心力を持たせられるよう国家の介入主義に訴えかけ、その一方で、それ以外のいかなるナショナリズムの表れもいかなる形態の地域主義も抑圧するというものである。その際の政治力は明らかに対等ではなく、疑問の余地なく中央に有利なのであるから、結果として、中央国家(État central)が持つ手段は恐るべき力を持ち、マジョリティのナショナリズムは確固たるものとなる。[32] このような状況にあるのだから、自由民主主義を今以上に民主化するにはどうしたら良いのか、それを見出すのが重要なのである。[33]

しかし、ケベックとそれ以外のカナダの間の信頼の絆の問題を、抑制の戦略か満足の戦略かという形で提起すること自体、先進自由民主政、いわんやマルチナショナル連邦制の文脈では、まったく不適当で、問題の矮小化でさえあると思われる。政治力学のそうした見方は、中央政府が連邦構成州を犠牲にして舞台裏で展開する仕業をヴェールで覆い隠すことになるからである。

力関係を抑制か満足かで捉える目的は、中央政府に完全な行動の自由を提供し、国民国家内の地域的均等を維持するにあたって、その思うがままに活動できるようにすることにある。しかし、そもそも連邦の名に値する所においては、主権は中央政府にだけ属するものではなく、むしろ中央政府と州政府という二つの政府秩序間で分配されるものなのである。(34)

カナダという枠組みの中で、中央政府には抑制したり満足させたりさせる自由があると認める人々は、主権とは分配できるものでなく、その分割不可能性は個人間の平等を増大させ、政治を一層安定させるという理念を押し付けたいと願っている。それゆえ、中央政府が権限を奪取しようとする時には、連邦構成州から出される正当な要求に対して、時には耳を傾けもするが、時に抵抗し、時に断固として反対さえするのである。

以上のことの根底には、カナダは単一の民(demos)から成る国民国家だという見方と、カナダは実際上複数の民から形成されるマルチナショナル連邦だという見方の対立がある。「ケベックが分離する権利に関する最高裁への意見照会」は、カナダには二つのナショナルなマジョリティが存在することを明白に確定した。(一三) その一方の威光の範囲はケベックであり、もう一方の威光の範囲はカナダ全体に広がる。「ケベックが分離する権利に関する最高裁への意見照会」の第九三項は次のように述べる。

……ケベックが自らの権利を他の権利を尊重しつつ行使する限り、分離を提案し、交渉を通してそれを実現しようとすることができる。明白な問いへの応答としてケベックの住民の明白な多数が分離に賛成する決定をすることに端を発する交渉が開始されれば、正当な二つのマジョリティ――すなわちケベックの住民の明白なマジョリティと、どのような形であれカナダ全体の明白なマジョリティ――の代表者には、さまざまな権利と義務の妥協が要求されることになろう。この二つのマジョリティのどちらかが他方よりも優位にあることを認めることはできない。われわれが持つ憲法の基本にある原理と合致しない形で活動する政治的マジョリティは、自らの権利行使の正当性を危機に陥れることになる。(35)

ここからは「強者と弱者」とか、さらには「制約と放任」といった呼称の下にすべてを帰着させるのではなく、対峙する市民とネイションの正当な期待を活用する別のやり方もあるということが読み取れる。単なる力関係ではなく、むしろ集合的行為主体の正当性に敏感なシナリオを考案する必要があるのではないだろうか。次節ではそこに向かって進もうと思う。

緊張関係にある二つのパラダイム――統合とエンパワーメント

共治(shared–rule)と自治(self-rule)という概念に関する文献が徐々に豊かになってきている。(一四)この二つの大きな関心を関連付ける連邦制の研究も数を増しており、社会科学の専門家と政策決定者もそれを真剣に取り上げている。さらに、世界各地で起こっている紛争の平和的解決を見つけようとしている国際機関も、この概念に目立った関心を寄せている。このテーマについて考察を進めている学者の中でも、ダニエル・エラザール(Daniel Elazar)が際立った地位にあり、[一五]連邦制研究への彼の貢献のおかげで、複合的政治全体の管理運営に関する研究が進展した。[36]

中央政府が展開する多様性管理の戦略とケベック政府が進めるそれへの対抗戦略の分析に入る前に、過去何年かのケベック/カナダ関係での目立った出来事の説明が必要だろう。[37]

文脈に位置付ける

ケベック外のカナダでも、ミーチ・レイク協定の失敗後の流れの中で、また一九九五年のケベック住民投票時に、共治という理念に関心が向けられたことがある。しかし、中央権力がしばしば展開するような民主的実践の形は、主権というものを単一不可分とみなす傾向がある。だが、そもそもカナダに連邦制の体系が存在するということ自体が、共治の存在を確証しているし、その実効性は何よりも、ケベックの二度の住民投票実施、そして一九九二年のシャーロットタウン合意の一環として原則的合意を問う国民投票が実施されたことで裏付けられた。[一六]そして、この共治は、「ケベックが分離する権利に関する最高裁への意見照会」の際に、憲法上の柱だと宣言されたのである。

州の排他的権限分野への中央政府の度重なる介入を綿密に分析してみれば、中央政府固有の責任領域外の権力を奪取したいという願いがあることがわかる。「カナダ社会政策統合[一七]」に関する合意を巡る妥協交渉や、「新たなる生殖技術に関する委員会[一八]」(Commission sur les nouvelles technologies de reproduction)による公聴会の開催の一環としてなされた勧告を考えてみればいい[38]。これらの例から、この国にそうした単一の連邦文化(culture fédérale)を植え付けようと執着する人々の、中央集権化の明確な意志が見て取れるのである[39]。

明らかに、保健医療の領域はカナダ連邦の構成州に直接属する。それにもかかわらず中央政府が唯一正当なアクターとして名乗り出る。権限分有がそれを正しいと認めないとしてもそうなのである。一九六〇年代初頭からケベック政府が擁護する立場は、権限分有はより厳密に守られねばならないというものであり、それゆえ、中央政府は管轄外の領域に介入するのをやめるよう繰り返し要求するという固い意志を持っている。権限分割を保障する一つのやり方は、中央政府が課税権の一部を譲って、オタワの介入なしで、連邦構成州が憲法に定められた義務を遂行できるようにすることである。市民の身近な所でサービスを提供するにあたっての帰責性(imputabilité)と透明性の原則もこの点にかかっている。

大西洋諸州と西部諸州からの要求は、前者の場合、中央政府の再配分政策(税の適正化)からより多くの利益を引き出したいということ、後者の場合、中央の制度(下院、上院)でより代表性を高めたいということとの関連でなされている。また、アルバータの場合は、納税者の税率を下げるよう見直すのを目論んでいる。一般に、それほど裕福でない州(大西洋諸州やマニトバ、そしてつい最近までのサスカチュワン)の方が、市民の福利に気を配って、中央政府の介入を望む傾向がある。それに対して、裕福な州は中央政府の介入を警戒している。

ケベックでは、一八六七年以降いくつか稀な例外はあるが、政治団体は政治的自治、すなわち内的自決の行使の方が望ましいとする立場を取って来た。ケベック党は概ね自己決定の計画を、自らが政権に就いている時には内向きに(つまり良い政府をつくる)、政権を取りたいと願う時には外向きに(つまりケベックの独立を目指す)推進する道を選んだ。それはともかく、内部自治の追求は、ケベック統治を望む政治団体を結集させる共通点となったのである。過去半世紀、ユニオン・ナショナール(Union nationale)、ケベック党、ケベック自由党、ケベック民主行動党(Action démocratique du Québec)は、少なくともこの点は共有してきた。ケベック党について言えば、政権を担っている時、二度の住民投票を実施することで、自己決定の検証を行った。

もっとも、ケベックの要求を前進させるために、政治指導者達が連邦主義陣営と意図的に共闘したこともあった。ケベック独特の年金体制を承認させる戦いで、(一九)一九六五年、レスター・B・ピアソン率いる連邦自由党員とジャン・ルサージュ(Jean Lesage)率いるケベック自由党員の間で見解の収斂がなされた。(40)

一九八四年に——一九八二年のケベックの意向を無視した独断的な憲法移管の後を受けて——連邦総選挙で自由党が敗れると、ルネ・レヴェックのリーダーシップのもとでケベック党は、連邦政治の舞台でブライアン・マルルーニの保守主義達を信頼するという道を選び、「果敢にリスクをとる」(beau risque)と呼ばれる大転換をすることを提案した。(二〇)これによって、先に述べたように、何よりもまずフランコフォニーの中での代表権をケベックが獲得した。続いて、米国との自由貿易協定、さらには北米全体を覆う新協定の署名が実現したのである。

ケベックの見方からすると、自由貿易協定は、ケベックの経済市場の多様化とカナダ市場への依存度軽減に貢献した。だからといって、社会的アクターと政治的アクター皆が、その協定がケベックにとって好ましい結果をもたらしたと考えていると結論付けるわけにはいかない。実際、とりわけ労働運動の側からはっきりとした反対運動があった。また協定から利益を得られないケベックのいくつもの地域でもそうだった。そこでしばしば耳にした批判の一つは、外部から押し付けられる規則に膝を屈しなければならないことが多くなり、ケベックの内的自治が弱体化するというものであった(41)。

そればかりか、この広大な市場への開放が、連邦の中でのケベックの承認要求を認めようとしていた英語系カナダ人左派の熱意をくじいてしまった。この市場開放が、一九八〇年代終わりのミーチ・レイク合意を取り巻く憲法交渉においてケベックを放擲し、さらには、一九九二年のシャーロットタウン合意交渉の際に「独自の社会」否認の正当化の口実を彼らに与えたのである。カナダ左派の何人もの中心人物が、市場自由化へのケベックの支持はカナダとの連帯感の欠如だと考え、ケベックに疑念を抱いた(二一)。その結果、ケベックの進歩的ナショナリスト勢力とケベック外のカナダの進歩的ナショナリスト勢力との間に離反が生まれたのである(42)。

ケベック自由党党首(在任一九七〇年〜一九七六年、一九八五年〜一九九四年)ロベール・ブラサのリーダーシップの下では、いくつもの分野で中央政府との交渉で合意に到達しようという意志が示された。彼が参加した憲法交渉の中には、一九七一年のヴィクトリア合意、[三二] 一九八七年～一九九〇年のミーチ・レイク合意、そして、一九九二年のシャーロットタウン合意がある。ミーチ・レイク会談を導いた動機からすれば、それがうまくいけば次の諸点が実現したはずだった。すなわち、ケベックに「独自の社会」の地位を認め、移民募集におけるケベックの役割を確認すること。また、カナダの最高法廷に大陸法の伝統(tradition civiliste)を持った三人の判事を任命することで、ケベックの価値観の果たす意義を認めること。[三三] そして、州の権限領域への中央政府の歳出権に枠をはめること。最後に、ケベックに歴史に根拠を置いた拒否権を回復すること。そして、一九八七年六月にオタワで持たれた首相会談時には、中央政府の承諾とすべての州首相の厳かな支持を得た。それにもかかわらず、ミーチ・レイク合意ではその支持がもろくも崩れ去ったのである。各州の議会がその計画への応答を明言するよう求められた時、反ケベックの政治勢力は、その合意はケベックの果てしない要求の表れだと念入りに非難し、それを終わらせないとカナダ・ネイションは必ずだめになると主張した。われわれはケベックの要求の抑制のあからさまな局面をそこに見るのである(抑制については本章の冒頭を参照)。

一九九〇年のミーチ・レイク合意計画の失敗を受けて、中央政府は再度憲法交渉を主導しようと試みたが、結局それもまた失敗に終わった。シャーロットタウン合意のことである。[43] この度重なる失敗が、ケベックの政治運動の動員を誘発し、ケベックとカナダの間の信頼関係を損なったことは記憶に留めておこう。それが一九九〇年八月のカナダ議会へのケベック連合(Bloc québécois)の登

場、一九九四年のケベックでのケベック党の政権獲得、そして一九九五年十月の住民投票の実施に繋がったのである。(44)

一九九五年十月の住民投票失敗後の数年は、カナダ連邦でのケベックにとって特に困難な年月だった。中央政府は、連邦構成州の排他的権限分野に対して、以前よりも強硬に自分のやり方と政治的リーダーシップを押し付けようとしたからである。

ジャン・クレティエンとポール・マーチン(Paul Martin)のカナダ自由党政権下の傾向として、州がプロクラムを実行する資金獲得の道を締め付けることで、中央集権化の力学の中に連邦構成州を無理やり引き入れようとしたことがある。州に属する領域(保健医療、高等教育と職業訓練、交通や基盤整備、研究・技術革新のみならず、文化、レジャー、都市計画といった分野さえも)に歳出権を行使して、オタワが実施方式を押し付けるのが問題だった。実際、ケベックという地理的領域にカナダという存在を際立させるために、膨大な資金が投じられた。(45) こうした連邦政府による先導的行動は、公的基金の甚大な浪費となった。(二四) カナダ自由党と結び付きのある何人もの政治アクターがゴメリー委員会(Commission Gomery)――このプロジェクトに関与したカナダの緒機関(カナダ自由党、VIA鉄道、王立カナダ騎馬警察など)に正当性を取り戻させる助けをするために設置された――の証人席に呼ばれ、自分達の行動の釈明をしなければならなかったのである。

連邦構成州の排他的権限領域で連邦政府が主導権を握ることに対して、ケベックだけが本気で異議申し立てをするのに対して、それ以外のカナダでは、連邦政府の介入を、いずれにせよいつか着手しなければならない重要なプロジェクト実施に必要な資金獲得手段だとみなしているのである。一九九九年「カナダ社会政策統合に関する枠組み協定」に署名する際、連邦構成州は上機嫌でその時を迎えた。なぜなら、長期にわたる交渉の末、中央政府から基金を獲得するのに成功したからである。しかし、連邦と州の交渉に参加していたケベックは一度ならずも孤立し、その主要な要求に対して満足な結果を得られなかった。

連邦構成州の側にはケベックとの連帯を避ける必要があったようで、当時の住民投票後の文脈においては、もし連帯すればケベック党政府に政治的武器を提供するのではないかと恐れていた。カナダという家族は統一戦線を張るべきとされ、ほんのちょっとした不和でも国家への忠誠心の欠如とみなされたのである。[46] だが、こうした行動の束縛がいつまでも続くわけがない。いくつもの地域が徐々に不和を表明するようになった。アルバータは国家の介入に激しく反対した。ブリティッシュ・コロンビアがオタワ発の中央集権的政策に良い眼差しを向けることはめったになかった。こうして新しい勢力の協働が姿を現し、「開かれた連邦制」という旗印のもとで、スティーヴン・ハーパーの保守党を二〇〇六年一月に政権に就けたのである。[47]

序章でも触れたこの「開かれた連邦制」は次の事柄に基づいていた。すなわち、州の権限尊重、中央政府の歳出権に枠をはめること、政府秩序間の財政バランスを取り戻すこと、国際機関――ユネスコがその第一のもの――にケベック政府の代表を認めること、である。だが残念なことに、二〇〇五年十二月の最初の提起時からすると、この構想はかなり霧散してしまった。

保守党はケベックなどいくつもの地域からの要求に対して門を閉ざすというそれまでの力学を逆転させようとした。オタワでの政権奪取を望む保守党員の意見では、連邦構成州と中央政府の間の諍いに終止符を打つことと、ケベックが国際舞台でより能動的役割を果たせるようにすることが必要だった。実際、保守党は、カナダ代表団の枠の中ではあるが、ユネスコでのケベックの関与を認めるとしたのだった。

オタワに保守党政権が誕生することで、ケベックにとって重大な利得が期待でそうだったが、ジャン・シャレ(Jean Charest)ののケベック自由党政権は、ケベックの要求を前進させるのにあまり熱心ではなかったため失望をかっていた(後述)。政府間関係大臣であるブノワ・ペルティエ(Benoît Pelletier)——彼は、二〇〇八年に政治の表舞台から引退した——の側からは真摯な働きかけが多数なされたが、シャレ首相の賛同が得られなかったようで、それはたいていの場合頓挫した。

その理由の一つは、ケベックの有権者が過大な期待を抱くのが怖くて、シャレ政権はケベックの要求を強く推せないでいるという点にある。期待が大きくなると、次の大規模な政治的動員に着火するのではないかと考えているのである。ケベック政府は内向きの姿勢を取り、内的自決権と外的自決権に触れる論争に加わらないようにしている。それが、ロベール・ブラサのかつての政治アドヴァイザーであり現在はオタワで上院議員を務めるジャン＝クロード・リヴェ(Jean-Claude Rivest)をして、次のように言わせたのである。「ケベック自由党とケベック民主行動党は、オタワに向けてのはっきりとした要求を持っておらず、変化の歯車を回そうとしない。これは近年のケベックの歴史では例外的だ」[48]二〇〇八年春、日刊紙ル・ドゥヴォワール（*Le Devoir*）の記者ミシェル・ダヴィド（Michel David）は、オタワに対するシャレ首相の成果を次のように要約している。「テーマは重要ではない。だから、シャレ氏は泡ぶくをつくるので満足している」[49]。

こんなことでは、次のように信じさせることになる。すなわち、抑制という戦略をとれば、それはケベックの政治アクターの士気をくじく方向に作用し、彼らは中央政府と連邦の他の構成州の手荒い拒絶を受けるのを恐れて活動しないことに逃げ込むことになる、と。

抑制の戦略とエンパワーメントの戦略

連邦制の研究分野でのカナダの英語系研究者の業績は、中央集権的制度に基づいてカナダ連邦をどう構築するかに主として向けられてきた。それゆえ、例えば、インターステイト連邦制とイントラステイト連邦制という概念を巡っての重要な研究がなされたのである[50]（二五）。

そうした研究は、地域レベルでのネイション承認を求める主張に対抗するのに効果的な方法だと考える研究者が何人もいた。それは、カナダに真に連邦主義的な実践を定着させるよう注視する（すなわち多様性）よりも、中央に価値を置く（すなわちカナダ統一）方が重要だとする。その研究で用いられた用語が示唆的である。そこでは、連邦制とは「一緒に集まること」（coming together）――われわれを結び付ける絆――を価値あるものとするプロジェクトを進める手法とされ、「バラバラに集まること」（coming apart）と対置させられている。これが示しているのは、国民国家の政治的安定を確かなものとする唯一の方法は、全体を支配する中央の能力にかかっているという見方である。その達成のため、こうした研究者は(ナショナルあるいは文化的)マイノリティの統合に重きを置き、中央政府が全面的にリーダーシップを取るよう提言した。全市民の保護を確かなものとする権利は中央政府だけのものだからだというのである。

中央によるこうした構築手法は、いろいろな形で具体化されている。例えば、カナダ議会(上院・下院)が果たす中心的役割、最高裁の持つ吸引力と影響力、「ネイション」構築の要素として「権利及び自由に関するカナダ憲章」を利用すること、汎カナダ的システムが徐々に打ち立てられていること、首相会談の開催、いくつもの全国調査委員会が設置されていること、連邦公務員と軍人採用での支配的な政策などを考えてみればいい。

ここに見られる理念を要約すると、特に中央こそが重大な政治的働きが展開される場であり、州政府はそれに従属し、二次的で、分裂を惹き起し、利己的でさえあり、全体を見る力に欠けるというものである。「バラバラに集まる」という概念が言おうとしているのは少なくともこうした州政府の姿であり、地域発で政治の働きに関わるのは、連邦国家における平常の政治的関与の正当なやり方でもなければ、発展的影響をもたらすやり方でもないかのようである。

しかし、そもそも自由主義思想家は、考え得る最善の政策を政府が確立し、それによって真に民主的文化を到来させるためには、対立の存在が必要なのを明らかにしている。この点は全員が一致している。連邦民主政が最善の政策が何かを定めるには、創造的な対立と緊張こそが必要なのである。この点では、ロバート・ダール(Robert Dahl)とチャールズ・E・リンドブロム(Charles E. Lindblom)が、民主政の機能における思想的多元主義(利益の多元性に対するものとして)の重要性をすでに指摘している。[51] 後になってダールは、自由民主政安定の要因として、文化的多元主義の価値を認めてそれを尊重するよう付言した。[52] われわれもそれに賛同する。マルチナショナルな文脈では、政治参加とネイションのレベルでの民主的実践に重きを置かなければならない。遙かに広大な全体の中でぼかされてしまうのでなく、市民の影響力を強く感じさせられる場所にこそ、市民が仕組みを形づくる役割をさまざまなレベルで果たすよう促すことによって、政治的疎外に抗して戦う有効な手段があることを疑わないこと、それが重要なのである。

中央政府は、自らを中心に据えるだけでなく、連邦構成州に影響力を振るい、その影響を感じさせることで、いろいろな地域の中に入り込んで行くという補完的手法も推し進めた。連邦政府の内閣に地域担当大臣を置こうという考えは、この事象――カナダ自由党はこれを巧妙に利用した――の一つの表れである。[53]

先に指摘したもう一つの手法は、中央政府の歳出権を州の排他的権限分野にふんだんに行使することである。そうすることで、中央政府はその権限に全く属さない領域での監督権を不当に手に入れ、中央集権化しようという野心をあからさまに示すことができた。

この図式(中央の活動への統合――「一緒に集まること」――、あるいは、中心ではない空間を国内植民地とみなすことができるようにすること)の二つの場合のどちらにおいても、中央政府にとって重要なのは、その力を誇示しようという州の戦略を制限することで、連邦構成州との絆をきつく締め付けることなのである。しかし、中央政府が望むこの統合方法では、ナショナルな共同体のエンパワーメントに道を開くのではなく、その自己主張の意志に逆らうことになり、結果的に、求められるべき統合を実現できないということになる。逆の言い方をすれば、自由主義の擁護者間の議論で望まれているように、政治共同体をエンパワーすれば、最終的に政治的に収斂するような対話が促進されるだろう[54]。

中央政府の手法では、例えば、州と州との近接は推奨されない。連邦評議会(Conseil de la fédération)のことを考えてみればわかる[二六]。ケベック州政府の閣僚であったブノワ・ペルティエの主導権のもと始められたのだが、彼は二〇〇三年の創設以来、それを実際に離陸させるのに苦労した。この評議会の役割は、中央政府がそこに入れないだけに連邦構成州にとっては重要なのである。

連邦評議会は市民の加入を奪い合う政治的構造だとする者(経済学者のトマス・コーチン Thomas Courchene など)もいれば、政府秩序間の不均衡を是正し、中央集権に向かうカナダの力学を覆す口火を切る鍵となる絆だとする者(アラン・ノエル Alain Noël など)もいる。また、州が中央の決めた政策の単なる実施者であることに満足するのではなく、創造的政策を選択をするための最善の方策をそこに見る者(法学者で前閣僚であるブノワ・ペルティエ)もいる[55]。連邦評議会を基にしてそれに重きをおけば、長くはかかるだろうが、国内の政治的非植民地化の一つの姿となるかもしれない[56]が、創設以来、この評議会はとりわけ州間協議の場となるはずだったにもかかわらず、連邦構成州がどのテーマについてもコンセンサスに到達しないため、時間稼ぎと無為の道具だということをさらけ出してしまった。意見不一致の最後は、二〇一〇年夏に明らかになった。州首相の年次会議が持たれ、そこでは、十年ごと実施の調査の必ず答えるべき長々とした質問項目を廃止するという中央政府の決定について話し合いがなされた[57]。その調査で得られる情報は、連邦の良い統治と資源の責任ある割り当てにとって本質的に重要であるにもかかわらず、連邦構成州は合意の上で行動する必要があるとは考えなかったのである。

連邦構成州は別の形の国内植民地化の犠牲者でもある。問題は、国際舞台で自分達固有の権限領域に介入しようとする場合、中央政府を通す義務があることにある[58]。ただし、一九六〇年代中葉以降ケベック政府は、ジャン・ルサージュのリーダーシップの下、国際舞台での役割を十分果たすことができるように、二つの政府秩序の権限を尊重しながらではあるが、主要な政治表明を自らするようになっていた。もっともこの姿勢は、政権党が国際舞台で活動しようという意思を持つか否かによって異なる。近年でも、二〇〇三年のジャン・シャレ率いる自由党政権誕生後、ケベックは波風立てない外交で際立っており、文化的でアイデンティティに関わる課題ではなく、経済的利益が動因となっている。だが、ケベック政府が自らの責任を十分全うするには、遥かに断固とした国際政治をしてしかるべきなのである[59]。

国内植民地化という現象が存在することで、ケベック政府と中央政府の間に緊張感が絶えず、相互不信のゆえに、ケベック人とケベック外のカナダ人を繋ぐ絆が壊れている。

権限分有と主権に関して、ケベック人とケベック外のカナダ人の理解がうまく一致しないことがよくある。ケベック外のカナダ人にとっての最も確固とした立場は、中央政府だけがカナダの主権保持者であることを望む。他方、ケベック人にとっては、カナダの主権は中央政府と連邦構成州によって同時に担われているのである。中央政府によって行使される主権は、連邦構成州そのものに直接由来するという考えを支持する人も多数いる。言い換えると、中央政府の正当性は、連邦構成州が一八六七年に放棄した権限から引き出されたというのである。つまりその年、カナダを創設する州と中央政府が、連邦制の理想に立って相互を結び付ける協約に合意したとの考えに立つ。このように連邦を定義すれば摩擦を生む領域となる。だが、だからといって、それは中央政府が奪取できたらと望んでいる強制権(pouvoir de coercition)の名のもとに絨毯の下に掃き入れて隠しおおせるものではない。

なぜケベック人は中央政府が提示する統合の道を支持するのをためらうのか？　なぜエンパワーメントの道の方を望むのか？　少なくとも三つの理由がある。

まず、ケベック人は、ネイションとしての会話が真の実効性を持ってなされる共同体内でその会話を行い、それを継続することの重要性を認めている。たとえマジョリティ集団の陣地での議論に参加する方が有用であるとしても、そこに自分達の議論を組み入れれば良いとは考えない(60)。その点においてこそ、ネイションとして、ホスト社会として、「選択の文脈」として、間文化的な住みかとしてのケベックという概念が、その意味を十全に持つからである。

第二に、国家はその時点での権力関係に応じて好都合な原理を擁護するものなのだから、本当の意味で中立ではあり得ない。たいていいつも、国家構造はマジョリティ集団にとって好ましい要素を持っている。それを認めるのが重要である。[61] 国家構造は、通常これまで、「一緒に集まる」ことを監視する目的で確立されてきたのであって、マイノリティ共同体をエンパワーしようというものではなかった。かくして、統合政策はマジョリティ集団のヘゲモニーを維持するために策定されたのである。ジョン・A・マクドナルド(John A. Macdonald)のネイション政策、ローウェル＝シロワ委員会(Commission Rowell-Sirois)(一九三七年〜一九四〇年)の流れを汲むカナダの介入主義政策、[二七] 保健医療についての国家政策(一九八二年)、「権利及び自由に関するカナダ憲章」(一九八二年)あるいは「カナダ社会政策統合」(一九九九年)——これらがどのようなものであれ、その先導的決定はすべて単一の目的を持っていた。それはカナダ市民全体に同一の目標を与えることだった。

こうしたアプローチは、マイノリティ諸集団のメンバーが望む統合方法だとして、マジョリティ・ネイションのメンバーは提示してきた。それゆえ、マルチナショナルな国があるとすれば、カナダはまさにそれにあたるのだが、そのカナダで、中央政府のスポークスパーソンは、「カナダ政府」、「単一かつ不可分のカナダ・ネイション」、そして「すべての国民に同様に適用される権利の憲章」について語る。二〇〇六年のカナダ総選挙キャンペーン時のポール・マーチンのような政治家は、連邦構成州が適用除外条項(clause dérogatoire)を使用して人権を制限するのではないかと思い、その存在自体を問題視するに至った。[二八] だがそもそも、適用除外条項は、カナダの諸制度の機能における議会主権の重要性を確証することで、連邦構成州が民主的に活動する余地を提供するためにつくりだされたのではなかったか。[62]

カナダ憲法に適用除外条項が組み込まれたのはまさに、中央の制度での多数決がそれ以外の制度に及ぼす影響、あるいはまた、英語系諸州の多数による決定がケベックに及ぼす影響を阻止するためだった。それを思い起こすのは重要である。それにもかかわらず、連邦構成州レベルでの主権保持者に対してこうした攻撃がなされるのは、いったいなぜだろうか。

第三に、ケベック人は多極間主義に立つ政策を信用していない。通常の場合、少数派の立場に置かれる危険あるからである。ケベック人のこの見方を裏付ける事例がいくつもある。連邦と州の交渉の場でケベック人はしばしば孤立した。過去三〇年だけを取り上げても、一九八二年の憲法移管の時、ミーチ・レイク合意に関する交渉過程(一九八七年～一九九〇年)で、シャーロットタウンの折衝(一九九二年)でも、そして、カナダに向けて人々を結集させることができたかもしれない社会政策統合のプロジェクト(一九九九年)の合意到達時にも、ケベック人は孤立したのである。

カナダ諸制度におけるこの孤立の有害な影響に対抗しようと、近年ケベックは二つの道を通ってその戦略を展開しながら、住民をエンパワーしようとした。一つは、ケベック政府が連邦評議会で積極的な役割を演じようとしたことである。ただ、パートナーである他州はそこまでの熱意は示さなかった。[63] それでも、政治的カードの分配方法を修正しようとしてカナダ連邦を再活性化したのは興味深い。しかし、今日、中央政府はその歳出権を行使して諸州を分断するよう盛んに活動したり、いろいろな州と個別に取り決めを行ったり、税の適正化に関する諸州の分裂に付け込んだりすることで、連邦評議会が行った先導的決断の大部分を失敗させるのに成功した。[64] この点でケベックとオンタリオに対する中央政府の緊張関係は明白である。

もう一つの道として、ケベックは中央政府との二極間交渉を企てようとした。だが、その行為は連邦評議会のパートナー達にはしばしば不評だった。他州の側では、なぜケベックが特別の扱いを受けるべきなのかだんだん理解できなくなっていたからである。ケベックの要求に対する反対を前にして、二〇〇三年以降ケベックの態度はむしろ控え目になっている。それだけに、こうした討議への発言の場が、政治家全体の中で十分に正当であると承認されるまでには、なすべきことが多々あるのである。

＊

自由についてと全く同様、内的自決と外的自決はバーリンの業績を出発点として研究が進んだ。市民間の関係を理解するためには、何はともあれこの思想家の並外れて優れた貢献に遡ればよかった。だが、今重要なのは、個人ではなくナショナルな共同体の分析を進めることで、考察をさらに前進させることである。[65] そこには比較政治学と政治理論の幸福な結び付きがある。

消極的自治と積極的自治に関してわれわれが提案している概念的区別は、いくつかの興味深い要素を含んでおり、それによってマイノリティ・ネイションとマジョリティ・ネイションの間の政治的関係のより進んだ理解が可能となる。

また、バーリンが提案した図式を使えば、中央集権主義の思想家（あるいは今日のスコットランドのユニオニスト）[二九]が想起させるどちらかといえば家父長主義的議論に対抗することができる。それは、抑制するにしても満足させるにしても、中央のみがその権限を有すると主張する。しかし、権限関係のそのような理解は時代遅れであるばかりか、それは共同体――中央の正当性はまさにそこから引き出されている――にほとんど敬意を払わないという傾向がある。

同化やアイデンティティの平準化（arasement）に対抗した統合モデルを前進させている研究者達は、「社会における生」の自由主義的概念を前進させるのに貢献している。だが、われわれはさらに前進しなければならない。まだ承認を受けることができずに苦しんで[66]、エンパワーメントを求めている世界があり、そこにあるナショナルな共同体に肩入れをするにはそれが必要なのである[67]。

重要なのは、政治的権威という問題を今とは違う形で――例えば、諸々の力関係、特に現状のアクター達の正当性を同時に承認できるような形で――提起することである。この意味で、政治的アクターは、マイノリティ・ネイションのメンバーに先進自由主義と十分両立するような選択の場を提供するために、消極的自治（freedom from）や積極的自治[三〇]（freedom to）への攻撃に非難を加えなければならない。

自治とは他者に門を閉ざすことではない。上で指摘した満足という概念とは逆に、それは解放の一形態とみなされ、そのようなものとして実践されるべきものである。自治というものを、制止力という角度から研究するのではなく、その中に、ナショナルな共同体を支援し、エンパワーする道を見なければならない。

こうした新しい基盤に立って政治を再考するには、社会科学の専門家がなすべきことは多いが、その土台の据え直しは立憲主義に関する研究成果を利用しながらなされるべきだろう[68]。その際重要なのは次の事柄である。歴史的継続性に根拠を置く要求に正当な地位を与えること、相互尊重に立ってなされる要望に特別な注意を向けること、そして、ネイションが長期にわたって備えている諸制度の中で相互に理解できるよう、ネイション内部の会話に参画すること。多元的ネイションの文脈にあって支配的ネイションが強要する帝国主義的実践には終わりを告げなければならない。ジェームズ・タリーならそう言うだろう[69]。

ケベックにしろカタルーニャにしろ、マジョリティ中心のナショナリズムという文脈に置かれているため、マイノリティ共同体として抱える課題は大きい。その課題とは次のようなものである。まず、長期にわたって参画するということ。そこのメンバーはその責任から逃れることはできない。次に、ネイション構築に関して競合するプロジェクトを持つ共同体――それは不均等な力関係にある――を緊張関係に置くような対話的アプローチを、二律背反に陥ることなく進めること[70]。そして、ホスト社会に加わりそれに適合するよう招かれた他の共同体のメンバーを排除しないよう、そのプロジェクトは多元的なものであること。

いずれにせよ避けがたい責務がある。現状では不均衡な政治の力関係を意識しながら、民主的会話を追求することがそれである。

[訳註]

(一)「不干渉としての自由」(freedom as non-intereference)とは、他者から干渉されない自由であるが、それと、他者による支配関係がない「非支配としての自由」(freedom as non-domination)を区別し、後者が本質的に重要だと考えている。非支配の自由は現実に干渉を受けているか否かではなく、受ける可能性がないことを意味する。支配とは、干渉する能力のある他者が、恣意的な根拠で、何らかの選択に影響を及ぼす可能性のことである。(詳しくは次を参照。中村隆志「フィリップ・ペティットの共和主義論—政治的自律と異議申し立て—」『関西大学法学論集』第六一巻二号、二〇一一年、五九~九〇頁)

(二)ここでの憲法法とは、連邦形成時の英領北アメリカ法(現在では一八六七年憲法)のことを指す。憲法法九一条は、カナダ上院および下院の助言と承認に基づき女王が「本法によって各州立法府の専属的権限に属するとされた事項を除くすべての事項に関して、法律を制定することは適法である」として一号から二八号までカナダ議会の排他的立法権限が及ぶ事項を列強した後、最後に二九項で次のように定めている。「本法において各州立法府の専属的権限に属するものとして列挙された事項から明白に除外される事項」(『新版　史料が語るカナダ』(有斐閣、二〇〇八年、五九~六〇頁)なお、各州の立法府の排他的権限は第九二条に列挙されている(引用文献で「専属的権限」と訳されているものを本書では「排他的権限」と訳している)。

(三)カナダには三つの政治的秩序あるいは政府秩序(ordre de gouvernement)があるとされる。連邦、州、地方自治体というのがそれだが、カナダの連邦制においては連邦(中央政府)が州政府の上位にあると考えられているわけではない。憲法九一条及び九二条はそれぞれの排他的権限について定めている。その前提に立って、著者はここで中央政府の州権への侵犯を問題にしている。

(四)「栄光の三〇年」については、序章の訳註(一)を参照。

(五)州民が連邦に収めた税金を、連邦の条件をのまなければ補助金の形で受け取れないという意味である。この背後には、この財源は本来、州のものだという考えが見てとれる。

(六)一九九六年以降モントリオール選出の連邦議員であり、二〇〇六年~二〇〇八年はカナダ自由党党首を務めた。一九九五年のケベック住民投票後のクレティエン政権で政府間関係大臣を務め、主権獲得を目指すケベック州のケベック党政権と厳しく対立した。

(七)「社会政策の統合に関する枠組み協定」(Social Union Framework Agreement: SUFA)のこと。この協定に関する詳しい解説として、A・ガニオン&R・イアコヴィーノ『マルチナショナリズム』(彩流社)における古地順一郎氏による訳註を次に再録しておく。

「この協定は、社会政策における連邦政府と州政府の役割、両者の関係を明確にしつつ、市民がカナダ全土において適切な社会プログラムを平等に享受できるよう確保することを目的としたもの。カナダの憲法では、社会政策は州の管轄権に属するとされ、福祉国家の発展に伴い、各州はさまざまな社会プログラムを創設した。連邦政府は、一九四〇年代に失業保険と年金に関する権限を州政府から譲り受け、自らもカナダ全土を対象とした福祉国家の建設に乗り出した。その後、更なる権限の譲歩を州政府から得られなくなった連邦政府は、歳出権を使用して社会政策に関与するようになった。具体的には、社会プログラムにかかる費用を州政府と分担する「費用分担プログラム」を創設することで、州ごとにばらつきのあった社会プログラムの均質化を図った。しかし、連邦政府による一方的な歳出権の使用に対し、州政府の不満が高まるとともに、社会政策分野における連邦政府と州政府の役割が不明確になっていった。このような状況を一度整理するとともに、歳出権の使用に関して、州政府との協働関係に基づく新たなルールを作り、カナダ市民の社会プログラムへの平等なアクセスを確保しようとすることがSUFAの目標であった。ケベックは、社会政策の権限は州政府にあるとして、連邦政府の歳出権に対してオプティング・アウト(離脱)の権利と、それに伴う財政的補償権を要求した。ケベックの要求は連邦政府に受け入れられず、この協定への署名を拒否することとなった」

(八)アルバータとケベックの控訴審でこのプロジェクトが憲法違反であるとの判決を受けて、この問題は最高裁に意見照会がなされた。その結果、二〇一一年一二月二二日最高裁は、ハーパー政権のプロジェクトが違憲であるとの判決を下した。詳しくは、Collection Lexum のウェブサイトを参照。(http://scc.lexum.org/decisia-scc-csc/scc-csc/fr/nav.do)

(九)一九九五年にケベックで行われた住民投票の僅差の勝利という結果を受けて、クレティエン自由党政権は、主権獲得運動に対抗するために、一九九六年にスポンサーシップ・プログラムを開始した。しかし、二〇〇四年そこに投じられた公金の不正使用が発覚し、スキャンダルとなった。いわゆる「スポンサーシップ事件」である。その調査のために、マーティン政権下でジョン・ゴメリー(John Gomery)判事を委員長とし、「スポンサーシップ・プログラムおよび広告活動調査委員会」(Commission d'enquête sur le programme de commandites et les activités publicitaires)が設置された。このスキャンダルが二〇〇六年カナダ総選挙での自由党敗北に繋がったと言われる。なお、本書の原註(24)には「不正行為調査のためのゴメリー委員会」(Commission Gomery pour enquêter sur les pratiques illégales)とあるが、同じものである。

(一〇)当時の正確な政党名は進歩保守党。ブライアン・マルルーニは、一九八四年八月七日、カナダ総選挙の演説でこの表現を用い、政権に就いた後、その公約実現のために積極的に活動した。この表現はミーチ・レイクでの憲法交渉の間にしばしば繰り返されたと言われる。次を参照。Charles Côté, «Avenir du Québec L'improbable, le modeste et l'impraticable», *La Presse*, 13 juin 2002. Charles Taylor, *Reconciling the Solitudes: Essays on Canadian Federalism and Nationalism*, Montréal, McGill-Queen's Press, 1993, p.169.

(一一)フランコフォニー国際機関(OIF: Organisation Internationale de la Francophonie)の構成国・地域の首脳が集まって開催される。第一回は一九八六年にパリで、第二回はケベック市で開催された。以後二年に一度開催されている。カナダでは、カナダ(連邦政府)、ケベック、ニュー・ブランズウィックがＯＩＦの構成メンバーである。カナダの場合、通常、国際機関と関係を結ぶのは連邦政府であって、州が直接関係を結ぶことは容易ではない。

(一二)ジャン・クレティエン(一九三四年〜)は、ケベック出身の自由党の政治家で、第二六代カナダ首相を務め、ケベック州のケベック党政権と厳しく対立した。

(一三)この意見照会については序章を参照。

(一四)著者はshared-ruleという術語に対してsouveraineté partagéeというフランス語をあてている。また、self-ruleに対してはautonomieをあてている。

(一五)Elazarは「イレイザー」と表記されることもあるようである。

(一六)シャーロットタウン合意は、ミーチ・レイク合意の失敗を受けて、マルルーニ首相主導のもと再度一九九二年に行われた。その合意案は連邦政府と一〇州・二準州そして先住民団体代表の全員一致で提案されたが、国民投票の結果反対多数で否決された。
(一七)本章の訳註七を参照。
(一八)一九八九年に連邦のマルルーニ政権が設置した委員会で、その目的は、「現在そして今後起こり得る新しい生殖技術に関する医学的・科学的展開を調査し、それが持つ社会、倫理、健康、研究、法律、経済に関わる意味を考察する」ことだった。一九九三年に最終報告書が出された。
(一九)ケベックは連邦政府の年金プログラムから離脱して、その代わりに不参加補償金を得た。それによりケベックは独自の年金制度を持つことができ、そこに払い込まれた保険料を原資として、ケベック貯蓄投資公庫(Caisse de dépôt et de placement du Québec)がそれを運用した。その結果、ケベック政府は英語系金融機関に依存せず経済政策を進められるようになり、それが「静かな革命」期のケベックの経済発展に繋がった。
(二〇)一九八三年進歩保守党党首となったマルルーニは、一九八二年憲法を拒否したケベックにカナダの憲法体制に入ることを提案し、レヴェックはそれを受け入れ、一九八三年総選挙で進歩保守党を支持した。この決断をbeau risqueと表現してレヴェックはケベック州民に賛同を求めた。それが進歩保守党の政権獲得に繋がり、マルルーニはカナダ首相に就任した。レヴェックとマルルーニは合意のために何度も会見し、レヴェックはカナダ憲法でケベックの独自性が認められれば、その体制に加わるのと引き換えに主権構想を棚上げするとした。これに対して主権強硬派――後のケベック首相のジャック・パリゾーやフランス語憲章の起草者であるカミーユ・ロラン――はこの合意に反対し、多数の閣僚が辞任し、レヴェック政権は崩壊。深く傷ついたレヴェックは党首を辞任した。一九八五年一二月のケベック州選挙でケベック自由党が政権を獲得し、連邦主義者ロベール・ブラサがケベック首相に就任。マルルーニとの二人三脚でミーチ・レイク協定へと進むこととなった。
(二一)米国とのFTAおよびメキシコも加えたNAFTAに関して、カナダでは賛否両論が激しくぶつかった。詳しくは次を参照。吉田健正『カナダ　20世紀の歩み』(彩流社、一九九八年)第六章。
(二二)イギリスからの憲法移管の歩みの中で、連邦首相トルドーと州首相が集まり「ヴィクトリア憲章」が議論されたが、ケベック首相ブラサの反対で合意に至らなかった。
(二三)カナダはケベックを除いて英米法(コモン・ロー)なのに対して、ケベックは大陸法の伝統も持っていることが背景にある。

(二四)スポンサーシップ・スキャンダルのことを言っている。スポンサーシップ・プログラムはケベック独立を目指すケベック党の活動に対抗して、ケベックへのカナダ政府の貢献にケベック州民の目を向けさせることを目的とする。ケベック住民投票の翌年一九九六年にクレティエン政権下で実施されたが、二〇〇四年に巨額の公金不正使用が発覚し、打ち切られた。本章の訳註九も参照。

(二五)イントラステイト連邦制については、序章の訳註七に挙げた文献の第三章を参照。

(二六)本章訳註七で挙げた著作では、連邦評議会について次の記述がある。「これは、ケベック自由党政権のジャン・シャレ首相を長とし、中央政府からは存在しないものとして無視されてきた垂直的財政不均衡の問題に取り組むことを目的とし、二〇〇三年十二月に正式に発足した。連邦評議会の短期的政策課題は、保健医療制度の改善と経済的結合の強化だった。しかし、フランソワ・ロシェによると、これは、パートナーシップに基づく新しいアプローチを示すものではなく、諸州間の既存の慣行を制度化したものに過ぎない。だが、ロシェは、この路線は、ケベックが過去四十年間に示してきた伝統的態度と対立するものだと主張している。というのも、ケベックは、承認と自律性という二つの目的を重視してきたからである。この意味で短期的目標は達成されるかもしれないが、ケベックが常に問題の根源だと認識している点、すなわち連邦政府主導の中央集権型政策課題設定という問題は解決されていない」(三四三頁—三四四頁)

(二七)ローウェル=シロワ委員会については次を参照。池上岳彦「現代カナダ財政連邦主義の原点：ローウェル=シロワ報告をめぐって」『立教経済学研究』六三、二〇〇九年、一頁—三三頁。

(二八)一九八二年憲法の第一章「権利及び自由に関するカナダ憲章」の第三三条のこと。カナダ議会あるいは州議会が定めた法律は、二条(基本的自由)、七条(司法上の権利)、一五条(平等権)にもかかわらず適用されることを定めていて、カナダ憲法を特徴付けるものである。

(二九)イギリス連合派。イギリスからの独立を主張する人々に対して、そこに留まることを支持する人々のことを言う。

(三〇)原書では autonomie négative (freedom from)、autonomie positive (freedom to) となっていて、カッコ内の英語を「消極的自治」「積極的自治」と訳したのではない点に留意して欲しい。ここではバーリンの「消極的自由」と「積極的自由」を個人ではなく共同体に適用しているため、「自由」が「自治」と言い換えられているのである。

[原註]

(1) 本章は二回の発表を聴いた方々からのコメントのおかげで現在の形になった。一回目は、二〇〇九年五月にケベック大学モントリオール校で「ラモン・リュイ研究所」(Institut Ramon Llull)と「ケベック・カナダ研究カナダ講座」(Chaire de recherche du Canada en études québécoises et canadiennes)の交流の一環として行った発表。二回目は、二〇一〇年五月にマドリッドのカルロス三世大学で「多元ナショナル社会研究グループ」(Groupe de recherche sur les sociétés plurinationales)が「法と正義研究グループ」(Grupo de Investigación sobre el Derecho y la Justicia)との共同で組織したシンポジウムでのもの。次の人々のコメントに感謝したい。Hugo Cyr、Marc Duenas、Michael Keating、Guy Laforest、André Lecours、Geneviève Nootens、Ferran Requejo、François Rocher、Jean-Philippe Royer、Jose Maria Sauca Cano、Carles Torner、Carles Viver、José Woehrling。

(2) Isaiah Berlin, «Two Concepts of Liberty», dans Henry Hardy (dir.), *Liberty*, Oxford, Oxford University Press, 2002.

(3) *Ibid.*, p. 169-170. これは、次に再録されている。Quentin Skinner, *Un troisième concept de liberté au-delà d'Isaiah Berlin et du libéralisme anglais* (Luc Benoit 訳) p. 35. この二つの概念の総合については次を参照。Elena Garcia Guitián, «Pluralismo versus Monismo: Isaiah Berlin», dans Ramon Maiz (dir.), *Teorias Politicas Contemporaneas*, 2e édition, Valence, Tirant lo Blanch, 2009, p.27-43.

(4)「選択の文脈」という概念についてはウィル・キムリッカの研究を参照。Will Kymlicka, *Multicultural Citizenship*, Oxford, Clarendon Press, p.82-84.

(5) Philip Pettit, *Républicanisme. Une théorie de la liberté et du gouvernement*, Paris, Gallimard, 2004, p. 132-144.

(6) *Ibid.*, p. 134-135.

(7) よりわかりやすい説明のためには、次の研究を参照。Ferran Requejo, *Fédéralisme multinational et pluralisme de valeurs: le cas espagnol*, Bruxelles, Les Presses interuniversitaires européennes/Peter Lang, Coll. «Diversitas», 2007. および、Guy Laforest, *Pour la liberté d'une société distincte; Parcours d'un intellectuel engagé*, Québec, Les Presses de l'Université Laval, 2004.

(8) Alain-G. Gagnon et Richard Simeon, «Unity and Diversity in Canada: A Preliminary Assessment », dans Luis Moreno et

César Colino Cámara (dir.), *Unity and Diversity in Federal Systems,* Montréal, McGill-Queen's University Press, International Project : A Global Dialogue on Federalism, Forum of Federations, 2010, p. 109-138.

(9) Andrée Lajoie, «Le fédéralisme au Canada: provinces et minorités, même combat» dans Alain-G. Gagnon (dir.), *Le fédéralisme canadien contemporain. Fondements, traditions, institutions*, Montréal, Les Presses de l'Université de Montréal, 2006, p. 183-209.

(10) Jean Leclair, «The Supreme Court of Canada's Understanding of Federalism. Efficiency at the Expense of Diversity», *Queen's Law Journal*, vol.28, 2003, p.411-453.

(11) André Lajoie, *op.cit.*

(12) François Chevrette et Herbert Marx, *Droit constitutionnel*, Montréal, Les Presses de l'Université de Montréal, 1982, p.389.

(13) 否認特権(州政府が法律を採択する際に総督がそれを破棄すること)は一一二回行使されたが、一九四三年に廃止された。留保特権(二年間その法律を適用しない)は、七〇回行使され、一九六一年に廃止された。

(14) 次の先駆的研究を参照。Andrée Lajoie, *Le pouvoir déclaratoire du Parlement: augmentation discrétionnaire de la compétence fédérale au Canada*, Montréal, Les Presses de l'Université de Montréal, 1969.

(15) Edmond Orban, *La dynamique de centralisation dans l'État fédéral. Un processus irréversible?*, Montréal, Québec Amérique, 1984.

(16) 他の何よりも次がもたらした貢献を参照。Alain Noël, «Entente générale sur l'entente», dans Alain-G. Gagnon (dir.), *L'union sociale canadienne sans le Québec*, Montréal, Éditions Saint-Martin, 2000, p.48. Claude Ryan, «L'entente sur l'union sociale canadienne vue par un fédéraliste québécois», *op.cit.*, p.245-262; André Tremblay, «Pouvoir fédéral de dépenser», *op.cit.*, p.185-221.

(17) この戦略はステファン・ディオンの父であるレオン・ディオン (Léon Dion) が提起した戦略と共通点が多い。それは、この数年前に「カナダ連邦におけるケベックの将来に関するベランジェ=カンポー委員会」(Commission Bélanger-Campeau portant sur l'avenir du Québec dans la fédération canadienne) の研究の一環としてなされた。そこで彼は、中央政府の譲歩を引き出すために「喉の上のナイフ」という隠喩を使用した。次を参照。Alain-G. Gagnon et Daniel Latouche, *Allaire, Bélanger, Campeau et les autres. Les Québécois face à leur avenir*, Montréal, Québec Amérique, 1991.

(18) Stéphane Dion, «Belgique et Canada: une comparaison de leurs chances de survie», dans Serge Jaumain (dir.), *La réforme de l'État…et après? L'impact des débats institutionnels en Belgique et au Canada*, Bruxelles, Éditions de l'Université de Bruxelles, 1997, p. 152.

(19) *Ibid*, p. 154.

(20) ギ・ラフォレは次のように述べている。「ケベックの拒否権事件で、連邦政府は故意に法廷を怖気付かせた。一九八二年冬、バッキンガム宮は女王がカナダに赴き、憲法批准の儀式に出席すると公式に発表した。［・・・］一九八二年五月七日にケベック高裁が慣例による拒否権問題について判決を下す以前に、こうした準備はすべてなされていたのである」二つの裁判所(カナダ最高裁とケベック高裁)の裁判官は、カナダ首相の最終責任の下、一方的に任命される。また一九八二年の改革により、裁判官は「権利及び自由に関するカナダ憲章」の主要な解釈者となるため、その権限が非常に大きくなる。この二点がわかれば、このこと全体について疑問を抱くとしても、それは大げさではない。(Guy Laforest, *Pour la liberté d'une société distincte. Parcours d'un intellectuel engagé*, Québec, Les Presses de l'Université Laval, 2004, p.130.)

(21) Alain-G. Gagnon (dir.), *L'union sociale canadienne sans le Québec.* とりわけ次の著者による章を参照。Alain Noël、André Tremblay、Claude Ryan。

(22) Daniel Turp, *La nation bâillonnée: le plan B ou l'offensive d'Ottawa contre le Québec*, Montréal, VLB éditeur, 2000.

(23) このプロジェクトへのアルバータ政府とケベック政府の反対については、次を参照。*La Presse canadienne*, «Valeurs mobilières: d'autres provinces s'opposeraient au plan Flaherty», *Le Devoir*, 15 juin 2010.

(24) こうしたことが巨額の公金不正使用を惹き起し、「不正行為調査のためのゴメリー委員会」(Commission Gomery pour enquêter sur les pratiques illégales) が設置された。つぎのウェブサイトを参照。http:// www.gomery.ca/

(25) Jeremy Webber, *Reimagining Canada: Language, Culture, Community and the Canadian Constitution*, Montreal, McGill-Queen's University Press, 1994, p. 229-259.

(26) Claude Morin, *Le pouvoir québécois en négociation*, Montréal, Les Éditions du Boréal Express, 1972.

(27) Frédéric Bastien, *Le poids de la coopération*, Montréal, Québec Amérique, Coll. «Débats», 2006.

(28) この政党は、一九八四年から一九九三年の間ブライアン・マルルーニが率いたものと同じ政党とはもちろん言えない。過去数十年の間に右翼勢力を取り込んできたものだからである。

(29) Éric Montpetit, *Le fédéralisme d'ouverture. La recherche d'une légitimité canadienne au Québec*, Québec, Septentrion, 2007.

(30) Dimitrios Karmis et Alain-G. Gagnon, «Fédéralisme et identités collectives au Canada et en Belgique: des itinéraires différents, une fragmentation similaire», *Revue canadienne de science politique*, vol.29, no 3, 1996, p.435-468.

(31) 次からの抜粋。Eddie Goldenberg, *Comment ça marche à Ottawa*, Montréal, Fides, 2007, p.391-392. これは次に引用されている。なお、強調は本書の著者が行った。Réjean Pelletier, *Le Québec et le fédéralisme canadien. Un regard critique*, *Québec*, Les Presses de l'Université Laval, 2008, p.230.

(32) 次も興味深い。James Bickerton, «La question du nationalisme majoritaire au Canada», dans Alain-G. Gagnon, André Lecours et Geneviève Nootens (dir.), *Les nationalismes majoritaires contemporains: identité, mémoire, pouvoir.* Montréal, Québec Amérique, collection «Débats», 2007, p.217-270.

(33) 次の著書がわれわれには興味深い。Ilan Peleg, *Democratizing the Hegemonic State. Political Transformation in the Age of Identity*, Cambridge, Cambridge University Press, 2007.

(34) 次を参照。Michael Burgess et Alain-G. Gagnon, «Introduction: Federalism and Democracy», dans *Federal Democracies*, Londres, Routledge, 2010, p.1-25. Xabier Ezeizabarrena, *La ciaboga infinita: una vision politica y juridica del conflicto vasco*, Irun, Alga, 2005.

(35) *Renvoi relatif à la sécession du Québec*, [1998] 2 R.C.S. 217.

(36) Daniel Elazar, *Exploring Federalism*, Tuscaloosa,The University of Alabama Press, 1987; Jan Erk, *Explaining Federalism: State, Society and Congruence in Austria, Belgium, Canada, Germany and Switzerland*, Londres Routledge, 2008.

(37) さらに入念な分析は次を参照。Alain-G. Gagnon et Raffaele Iacovino, *De la nation à la multination: les rapports Québec-Canada*, Montréal, Boréal, 2007.

(38) Alain-G. Gagnon et Hugh Segal (dir.), *The Canadian Social Union: 8 Critical Analyses*, Montréal, McGill-Queen's University Press, 2000; Will Kymlicka, «Misunderstanding Nationalism», *Dissent*, hiver 1995, p.130-137.

(39) 連邦文化のテーマについては、次を参照。このテーマには第六章で立ち戻ることにする。Michael Burgess, *Comparative Federalism: Theory and Practice*, Londres, Routledge, 2006.

(40) Claude Morin, *Le pouvoir québécois en négociation, op. cit.*

(41) Dorval Brunelle, «Les illusions du libre échange au Québec. Une intégration nord-américaine destructrice d'emplois», *Le Monde diplomatique*, février 1999, p.6; Steven J. Davis, John C. Haltiwanger et Scott Schuh, *Job Creation and Destruction*, Cambridge (Mass.), MIT Press, 1997. 後者の著者らは、雇用の創出はあるだろうが、多くの良いポストは失われるだろう、と主張している。

(42) Philip Resnick et Daniel Latouche, *Letters to a Québécois Friend*, Montréal, McGill-Queen's University Press, 1990.

(43) 当時の憲法論議をここで振り返ろうとすると時間がかかりすぎるので次を参照。Alain-G. Gagnon, «Les circonvolutions constitutionnelles», dans *Québec: État et société*, tome 1, Montréal, Québec Amérique, 1994, p.85-106.

(44) Alain-G. Gagnon et Guy Lachapelle, «Québec Confronts Canada: Two Competing Societal Projects Searching for Legitimacy», *Publius*, vol. 26, no 3, 1996, p.177-191.

(45) Alain-G. Gagnon et Raffaele Iacovino, «Forget Gomery: The Real Issue is an Insult», *The Globe and Mail*, 2 novembre 2005, p.A23.

(46) 二〇〇八年十二月、カナダ保守党政権転覆の危機に際して、ケベック連合の支持を得て連立政権を樹立しようと望む人々に対して向けられた保守党党首スティーヴン・ハーパーの側からの次の不愉快な発言は、カナダ人にも向けられていた。「自由党党首が分離主義者達と結んだ今回の合意は、この国の経済利益への裏切りであり、より優れた国益への裏切りである。それゆえ、あらん限りの手段を使ってそれと戦うのだ」(この発言は次に引用されている。Alec Castonguay et Hélène Buzzetti, «Harper lance la contre-attaque», *Le Devoir*, 3 décembre 2008, p.A1.) この記事の著者は「政府の目には、ケベック連合の議員達が、昨日突如嫌われ者になった」と述べている。

(47) Réjean Pelletier, *Le Québec et le fédéralisme canadien. Un regard critique*, Québec, Les Presses de l'Université Laval, 2008, p. 156-167.

(48) 次に引用されている意見。Alec Castonguay et Antoine Robitaille, «Vingt ans après Meech: le long hiver politique québécois», *Le Devoir*, 19-20 juin 2010, p. A10.

(49) Michel David, «Une tragique pantalonnade», *Le Devoir*, 4 décembre 2008, p. A3.

(50) Donald Smiley et Ronald L. Watts, *Le fédéralisme intra-étatique au Canada*, vol.39 ここに収められた研究は、一九八六年に連邦政府の供給・サービス省 (ministère des Approvisionnements et Services) に設けられた「カナダの経済統合と発展の展望に関する委員会」(マクドナルド委員会)(Commission royale sur l'union économique et les

perspectives de développement du Canada: Commission Macdonald) の中で行われたものである。

(51) Robert Dahl et Charles E. Lindblom, *Politics, Economics, and Welfare*, New York, Harper, 1976 [1953].

(52) Robert, Dahl, *Democracy and its Critics*, New Haven, Yale University Press, 1989 ; Robert Dahl, *On Democracy*, New Haven, Yale University Press, 1998.

(53) Reginald Whitaker, *A Sovereign Idea. Essays on Canada as a Democratic Community*, Montréal, McGill-Queen's University Press, 1992.

(54) 次の意見が興味深い。 Ramon Maiz, «Nacion y deliberacion», dans *La frontera interior: el lugar de la nacion en la teoria de la democracia y el federalismo*, Murcia, Tres Fronteras Ediciones, 2008, p.179-235.

(55) 連邦評議会に関してはクイーンズ大学の政府間関係センター(Institut des relations intergouvernementales) によって準備された文書を参照。 http://www.queensu.ca/iigr/working/CouncilFederation/FedFR.html

(56) ここで使用している国内植民地化という概念は次に負っている。 Michael Hechter, *Internal Colonialism: The Celtic Fringe in British National Development*, Londres, Routledge and Kegan Paul, 1975.

(57) *Presse canadienne*, «Conseil de la Fédération: les provinces ne s'entendent pas sur tout», 6 août 2010 (cyberpresse).

(58) パラディプロマシーに関する重要文献としては次のものがある。 André Lecours, «Paradiplomacy: Reflections on the Foreign Policy and International Relations of Regions», *International Negotiation*, vol.7, no 1, p.91-114. また次も参照。 Stéphane Paquin, *La revanche des petites nations: le Québec, l'Écosse et la Catalogne face à la mondialisation*, Montréal, VLB éditeur, 2001.

(59) この問題については次の論文集を参照。 Stéphane Paquin (dir.), *Les relations internationales du Québec depuis la Doctrine Gérin-Lajoie*, Québec, Les Presses de l'Université Laval, 2006.

(60) 次を参照。 Jeremy Webber, *Reimagining Canada: Language, Culture, Community*, Montréal, McGill-Queen's University Press, 1992.

(61) Ferran Requejo, «Cultural Pluralism, Nationalism, and Federalism. A Revision of Democratic Citizenship in Plurinational States», *European Journal of Political Research*, vol. 35, no 2, 1999, p.255-286.

(62) Peter Russell, «Trust and Distrust in Canada's Multinational Constitutional Politics», atelier de travail, Groupe de recherche sur les sociétés plurinationales, 4 juin 2010.

(63)二〇〇三年にジャン・シャレがケベック政府の首班に選ばれて以降、交渉に関するケベックの戦略はほとんど変更がないが、多極間主義に基づくアプローチに対して、以前に比べて徐々に開かれた態度を取ってきている。次を参照。Alain-G. Gagnon, *Au-delà de la nation unificatrice : plaidoyer pour le fédéralisme multinational*, Barcelone, Institut d'Estudis Autonomics, 2007, chapitre 4.

(64)この問題については、次にあるクイーンズ大学の政府間関係センターの研究を参照。http://www.queensu.ca/iigr/working/CouncilFederation/FedFR.html

(65)この点については、近年の次の分析を参照。Michel Seymour et Jean-Philippe Royer, «Les nations comme sujets de reconnaissance», dans Michel Seymour (dir.), *La reconnaissance dans tous ses états: repenser les politiques de pluralisme culturel*, Montréal, Québec Amérique, Coll. «Débats », 2009, p. 157-184.

(66) Michel Seymour, *De la tolérance à la reconnaissance*, Boréal, Montréal, 2008; Michel Seymour (dir.), *La reconnaissance dans tous ses états. Repenser les politiques de pluralisme culturel, op. cit*.

(67) Alain-G. Gagnon, «Le Québec, une nation inscrite au sein d'une démocratie étriquée», dans Alain-G. Gagnon et Jocelyn Maclure (dir.), *Repères en mutation. Identité et citoyenneté dans le Québec contemporain*, Montréal, Québec Amérique, Coll. «Débats», 2001, p.37-65.

(68) James Tully, *Une étrange multiplicité. Le constitutionnalisme à une époque de diversité*, Québec, Les Presses de l'Université Laval, 1999. この問題には第六章で立ち返る。

(69) James Tully, «Défi constitutionnel et art de la résistance : la question des peuples autochtones au Canada», dans Isabelle Schulte-Tenckhoff (dir.), *Altérité et droit: contribution à l'étude du rapport entre droit et culture*, Bruxelles, Bruylant, 2002, p.263-200. さらにタリーは、ヨーロッパの植民地活動の初期から「ほとんどの法学者も政治哲学者も帝国主義を正当化した」と強調している(二七五頁)。

(70)カナダにおけるネイション構築のプロジェクトに関しては、次の素晴らしい研究がある。これは、二〇〇〇年四月十二日にエジンバラで行われたイギリス・カナダ学会(British Association of Canadian Studies)の年次大会で発表されたものである。Claude Ryan, «Nation-Building in a Multinational Society: The Canadian Experience Since World War II».

第五章　共同体を結合させる

——自治とエンパワーメントへ[1]

「今、権力はマジョリティとともにあり、正当な理由はマイノリティの側にある。権力と正当性の新たなる均衡化の手法を確立して、相互承認を通じてこの関係のバランスを整えなければならない」(マイケル・イグナティエフ Michael Ignatieff, *The Rights Revolution*, 2000, p.84)

いくつものモデルが、政治共同体の必要に応えるために提案されている。主要なものでも、多極共存主義(consociationalisme)、連邦制、地域文化的自治(autonomie culturelle territoriale)、自決など、ナショナル・マイノリティの要求に応えようと提案された制度上の形態がある[2]。

カナダでは、多極共存主義はあまり関心を呼ばなかった。その理由は、このタイプの方式があまり柔軟でないことと、このモデルがエリート主義的な点にある。例えば、多極共存主義は、さまざまな政治共同体のメンバー間の(もしあるとしても)絆が弱いことを強調する。ところが、カナダの場合、既存の政治共同体のメンバーがお互い協調的でないことは確かにしばしばあるが、政治エリートではない、市民社会、公務員、政党の中、そして利益団体やビジネスの世界にも、重要な架け橋があるのである。

本章では、マルチナショナル連邦制の考察をさらに進める。そのために、承認とエンパワーメントを求めているネイションにとって主要な三つの次元を探る。

第一に、エンパワーメント力としての連邦制に関するもの。それには、われわれにインスピレーションを与えてくれる先駆的研究、特に、ミケル・カミナル、ラモン・マイス(Ramon Maiz)、フェラン・レケホ(Ferran Requejo)そしてミシェル・セイムールが進めた重要な業績に立ち戻る必要がある[3]。

第二に、統合、調整、そしてエンパワーメントといった概念。これらは政治体制を然るべき形で安定に保つためによく使われるものだが、それを巡ってなされたここ数年の政治学、法学、政治哲学の重要な論争を振り返る。

第三に、国家のアクターや国際機関が、相手によって異なった意見を述べるということ。特にこれに注意したい。ある時には地域的自治の可能性を、次には抑制を、また別の時にはマイノリティの状況に置かれた人々の単純な編入(incorporation)を持ち出して、ナショナルな多様性が提起する課題に応えようとしているその様子を研究しなければならない[4]。マイノリティ・ネイションが制度上の支配によって脅かされている時に、少なくとも後二者では、共同体間の信頼の絆を確立できると思い描くのは困難である。

まず、ナショナル・マイノリティにとって潜在的エンパワーメント力となるマルチナショナル連邦制について見てみよう。その前に重要なのは、国際機関はナショナル・マイノリティという概念を極めて厳格に定義している点に目を向けておくことである。例えばヨーロッパ拡大という文脈でナショナル・マイノリティと認められるのは、ナショナルな集団でも、そのナショナル・アイデンティティが隣接国ですでに確立しているものしか該当しないことになる。要するに、そのような場合というのは失地回復運動にしか関わりのないものになってしまい、あまりに限定的である。そこで、本章の目的のためには、「既存の国民国家の中に歴史的に存在するマイノリティ集団」という程度の概念を使うことにしておく。

ナショナル・マイノリティにとってエンパワーメント力となるマルチナショナル連邦制

まず次の点を確認しておきたい。連邦制というものは、帝国主義的、階級的、あるいは権威主義的形態で提示されるべきものではない。それは、ナショナルな共同体間の対等かつ相互尊重的力関係をうまく制度化し、現実のアクターが政府秩序間の非支配的関係を活用できるようにするものである。ところが、人間同様諸制度も、問題が起こると、環境を支配し、支配を拡大し、己の規範を強制したがる。そういったことがあまりに多い。

『統一志向のネイションを越えて――マルチナショナル連邦制を擁護する』(*Au-delà de la nation*

unificatrice : plaidoyer pour le fédéralisme multinational）で分析したように、[5] 連邦制がナショナルな政治共同体にとって確かな利点となり得るのは、中央権力が連邦構成州の自治を尊重し、国益という口実の下に、他のあらゆる正当性の表明を押しのけて、管轄外の権限を奪い取ろうとしたりはしない限りのことである。そのようなことをする「統制の政治」（politique de contrôle）――イアン・ラスティック（Ian Lustik）が使っている意味で――には何ら正当性がない。

周知のように、カナダ連邦制はケベックでは概してあまり評判が良くない。理由はいつくかあるが、主たるものとして、カナダ連邦制とは、しばしばケベック・ネイションに不都合な力関係の再生産と同義語だったということがある。[6]

『現代カナダ連邦制』が二〇〇六年に出版されたが、[一] そこで何人かの著者が、ケベック固有の連邦制という思想を持つ学派が存在することを証明しており、この点は強調しておく価値がある。実際、この学派の支持者は、カナダ連邦制を領域的に捉える見方を疑問に付し、少なくとも連邦制のマルチナショナルな解釈の側に立つことを提案する。[二] 今日ではカナダのマルチナショナル連邦制を扱う多数の文献があるが、英語系カナダ人研究者の中には、純粋に領域的解釈を優先する動かしがたい傾向があった。[7] どちらを選ぶかで結果が変わるのは、ケベックが分離する権利に関するカナダ最高裁の意見の重要さについて考えればわかる。[8]

連邦制を採用すれば、上下関係の独断的な押し付けなしで、二つの政府秩序の共治を構想することができる。そもそもカナダでは、政府秩序という概念を政府のレベルという概念で置き換えることで、連邦の階層的見方が押し付けられてきた。ギー・ラフォレの考察は極めて明瞭にそれを示している。その内容豊かな部分を次に引用しよう。

一八六七年、カナダ自治領はイギリス帝国の一部として成立した。ウェストミンスターを自治領の頭と頂き、諸州はオタワに依存するという階層的構造が確立したのである。イギリスの政治家と官僚は連邦形成の父の内に数えられ、当時の制度上のバランスにおいて、帝国原理は少なくとも連邦と対等の重みを持つと彼らは確信していた。しかし、一九世紀が進むにつれて、政治的決断をするという点で、カナダはウェストミンスターの帝国的権威から徐々に自らを解放していった。

ところが逆に、オタワと諸州の関係は違った。立憲君主制の象徴的意義はもとより、オタワは諸州に対して大きな権限分野を保持し続けた。それは連邦主義の秩序というより帝国主義の秩序である(例えば、あらゆる領域で立法権を行使する、州の権限に干渉する、州が定めた法律を留保したり破棄したりする)。そうした権限に訴えかけることが稀だからといって、その権限が存在しなくなるわけではない。それどころか、それが存在するという事実があるだけである種の空気をつくりだしており、それが、オタワの方が支配的政府で州政府は押しのけられた子どもであるかのように考える国民的傾向を生んでいる。

カナダにある「ネイション」の数とそのアイデンティティに関するありきたりの議論よりも、

この不均等こそが真の動かし難い現実なのである。もしカナダ人が連邦制に関わる中央政府への要求にまじめに取り組むなら、オタワと州の間の立法関係と政治関係は、従属ではなく等位という概念をもとに、完全に組み立て直されなければならないだろう[9]。

中央政府が展開した戦略は、初期においてはフランス系カナダ人ネイションが、続いて一九六〇年代終わりにそれを受け継いだ形でケベック・ネイションが表明したナショナルな思いをすべて失敗に終わらせることだった。

カナダの他の地域よりもケベックの方が、民主政が根付くのが遅かったと思わせようとした政治アクターもある。ピエール・エリオット・トルドーが『連邦制とフランス系カナダ社会』(*Le fédéralisme et la société canadienne-française*)に書き遺したテキストを思い出せばいい[10]。そこでは、フランス系カナダの代弁者にもケベック・ナショナリズムの賛同者にも、セクト主義の傾向とエスニックな望みが見られたと言われている。しかし、この主張はその後の年月で何度も無効とされた。雑誌『リベルテ』(*Liberté*)に発表されたユベール・アカン(Hubert Aquin)の啓蒙的テキスト「フランス系カナダの文化的疲弊」(La fatigue culturelle du Canada français)を考えてみればいい[11]。

今日重要なのは、アイデンティティの多元性が全体を貫いているカナダなどの国々にとって、マルチナショナル連邦制の実現がどれほど民主政にとって革命的かつ健全なものであるかをよく理解することである。もっとも、当然のことだが、政治的及び社会的アクターがその連邦制において自由に自らの力量を十分に発揮することができることが前提であるが。

文化的自治あるいは地域文化的自治といった概念は、いくつものマルチナショナルな国家で活用されてきているが、通常それを設定する目的は、政治的統制[12]とマジョリティ・ネイションが押し付ける制度化された支配にあり[13]、マイノリティ・ネイションのエンパワーメントのためではなかった。何らかの譲歩は考慮に入れられているが、外的自治という理念はいつも馬鹿げたこととして手の甲ではねつけられている。地域文化的自治とはせいぜい、マイノリティ・ネイションが一定の地理的領域に集中していようとも、完全な解放に至ることなどあり得ないという限りにおいて、その権力行使は正当な形態だとみなされるに過ぎない。この点については後で立ち戻ることにする。

地域文化的自治のモデルの基礎にあるアプローチ――それは、民には自分自身を自由に処する権利があることを保証してくれるものでは全くない――に似ているが、哲学者ジェームズ・タリーは「多様性を承認する政治」(politique de reconnaissance de la diversité)というものを提案している。タリーにとって実践的にも理念的にも重要なのは、ナショナルな多様性の文脈にあるナショナル・マイノリティが、すでに形成された国民国家に憲法を通して同意し、その結果形成された国民国家の妥当性と正当性が問題視されなくなることなのである[14]。

したがって、強調すべきは、深い多様性の問題に意識を向ける研究者には、ナショナルな多様性は、やはり非常に大きな問題を提起するという点である。

第二次世界大戦終結以降、約百もの新しい国家が誕生するのを見てきたが、その事実が示しているのは、地域文化的自治のモデルは、いくつかのナショナルな集団を満足させはしたが、アイデンティティの面、社会的な面、政治的な面、そして制度上の面で、多数の先進的ネイション固有の解放の要求には適切に応えられていないということではないだろうか。ケベック、スコットランド、カタルーニャはじめ、西洋諸国にあるいくつものマイノリティ・ネイションは、今日、国民国家が合意すれば独立という新たな地位を獲得したいと望む資格のある多数のネイションの限られた一部分でしかない。もちろん、マジョリティ・ネイションの代表者が、彼ら自身の正当性の根拠となるマルチナショナルな基盤を確実にするように国家の制度を再考し、それぞれに特有な状況を法的に確証するという政治的選択をすれば、独立というようなことにはならないだろう(15)。

以上の議論を踏まえて次節に進むが、そこでは多元的文脈にあるマイノリティ・ネイションの統合、調整、そしてエンパワーメントに関わる諸問題を取り扱う。

統合、調整、エンパワーメント

現実に政治を支配している管理モデルは、譲歩を受け入れはするものの、その範囲を最大限に制限するというものである。そこで追及されている目的には、二面性がある。一方で政治体制が安定するように最小限の譲歩を受け入れること。他方でマジョリティ・ネイションの運命にマイノリティが結集するのを強制すること。この二つである。連邦制のこうした受けとめ方の背後にある構想は、国民統合の重視であって、現存する当事者の完全な同意と参加をもたらすようなエンパワーメントとパートナーシップの追求ではない。

ナショナルな文化的多様性を管理する最適の方法が何かという重要な論争が、法学、政治学、そして政治哲学の中でいく人もの関心を集めている。ジョン・マクギャリー(John McGarry)、ブレンダン・オリアリー(Brendan O'Leary)、リチャード・シメオン(Richard Simeon)を含む著名な研究者が「統合―調整」という連続体に注目し[16]、程度はさまざまだが、ナショナル・マイノリティのための調整方式を推進しようとする人々の意見を取り入れている。

「既存の制度を進化させた形での現状擁護[三]」とでも言える陣営に属してはいるが、マクギャリー、オリアリー、シメオンも、現存する国家内のナショナル・マイノリティが、すでに確立された民主的実践に敬意を払い、現にある体制の安定を問題にしたりしない限りという条件付きではあるが、そこから発せられる要求に好意的である。この姿勢は次のように主張する研究者の態度とは対照的である。すなわち、ネイションをなす文化的マイノリティのためのアファーマティヴ・アクションとして、教育や宗教に関わる権利によって調整を行うなどということをすれば――シュージット・チョウドリー(Sujit Choudhry)の言葉を借りれば――「うまく管理することが求められている分断を固定化し、永続化し、悪化させる可能性がある[17]」と主張する人々のことである。

多極共存主義の第一人者であるアーレンド・レイプハルト(Arend Lijphart)はすでにわれわれに、ナショナル・マイノリティの存在を否認すること、はたまた、ナショナル・マイノリティの忠誠心を、例えば、より包括的な政治共同体やマジョリティ・ネイションの利益にかなうように逆転させようとすることに伴う危険を予見した。レイプハルトは言う。

国の一部の集団に対する忠義心(segmental loyalties)を共通の国民的忠誠心(national allegiance)に置き換えることは、多元社会が提起する問題への一つの論理的回答であるかに見えるが、その試みは極めて危険である。根源的な忠義心は根強いものなので、それを根こそぎにしようとしても、それがどのようなものであれ、短期的には成功しそうもないだけでなく、反生産的で、その下部集団の結束を刺激し、国民的結束どころか下部集団間の暴力を誘発しかねない。[18]

こうした対立を管理するために借用された手段は数多いが、それらがみな民主的伝統を尊重しているわけではない。その点には第六章で立ち戻るが、今日ではこれまで以上に慎重であることが望ましいとギー・ラフォレなら言うだろう。[19]

マイノリティ・ネイションの期待に応えるために統合と調節という相互補完的な組み合わせを利用すると、紛れもなく行き詰まりにぶつかる。そして、たいていの場合、何よりも、良心にやましいところはないという意識をマジョリティ・ネイションに与えるだけのことになる。実際そこに働いているのは、たった一つの力学なのである。つまり、マジョリティ・ネイションは、マイノリティ・ネイションが散り散りになっている場合には統合政策を容易に導入できるだろうが、それがある地域に集住し政治的に抵抗できるような場合には、ある程度積極的に調整という方式を採用しなければならないというものである。そこにある意図は同じで、マイノリティ・ネイションに不都合な力関係を継続することであり、だがそのやり方では、支配集団に対するマイノリティ・ネイションの不信が増大するだけである[20]。

カナダの場合、この力学がファースト・ネイションズの場合に、明確に、また憂慮すべきかたちで適用された。ジェームズ・タリーが次のように言っている通りである。

こうした戦略［同化、調整、和解など］はみな、先住民の抵抗に対して植民地体制を対置するかのような、非常な痛みを伴う関係を結ぶ支配者の側のものである。支配者の目には、このゴリアテに対するダヴィデの関係は、カナダのような立憲民主政の基盤となる政治システムを形成しているように映る。そして、その狙いは、植民者の社会が形成された領土を彼らの排他的権限領域に実効的かつ正当に組み入れること、そしてそれゆえに、それが次なる植民と資本主義的展開に開かれていることの確立である[21]。

曖昧な点などない。統合と調節という相互補完的な組み合わせは、そこでの権力関係が上下関係であることとの確証である。そして、われわれの観点からすると、このことは、政治的アクターの正当性が十全であるか否かという問題を露わにすることになる。

政治学者ブレンダン・オリアリーは、連邦的国民(Federal Staatsvolk)に関する洞察力に富む論文で、民主的連邦の永続性が保障されるためには、一つの国民(Staatsvolk)の存在を当てにできるのが不可欠であると主張している。その国民とは、人口統計学上も、また選挙の点からも、他の共同体を支配できる一つのネイションあるいはエスニック集団のことである。オリアリーは、それが人口の五〇パーセントを占めるのが最低ラインだと言っている。また彼は言う。そのマジョリティ・ネイションは、その自信が強ければ強いほど、憲法、財政、あるいは政治のレベルで、マイノリティ・ネイションに譲歩でき、それによって国家の中でマイノリティ・ネイションが快適でいられる範囲が広がる、と。[22] しかし、この種の考察の論理の続きは、マイノリティ・ネイションにとってはかなり不安なものとなる。

そもそも、マイノリティ・ネイションはマジョリティ集団との調整——それによる前進は可能だとは言うものの——を図るよりも、「対等な」(d'égal à égal)真のパートナーシップの確立を求めている。[23] そこでの理念は、自らを懇願者ではなく、交渉者に位置付けることであり、交渉によってパートナーシップに到達するのを目指すことにある。そしてそのパートナーシップは共同体の多元性、理念上の多元主義、そして法的多元主義を尊重した原理の総体に基盤を置くことである。

『支配的ナショナリズム、支配的エスニシティ』(*Dominant Nationalism, Dominant Ethnicity*)の中で、マイケル・バージェス(Michael Burgess)は政治的アクターと連邦制の専門家に対して、支配を放棄し、それに代わって政治共同体間のパートナーシップを選びとるよう促している。「支配からパートナーシップへ」(«From Dominance to Partnership»)と題された論文で、マイノリティ・ネイションは内的自決権を承認されるべきであり、中央政府の側は、マルチナショナル連邦制という文脈にあるマジョリティ・ネイションとマイノリティ・ネイション双方を調整できる包括的な「政治的ナショナリティ」という理念を前進させるよう努めるべきだと彼は言う。[24]

ケベックでは過去半世紀間に、いくつものパートナーシップの方式が政治指導者の注目を引いた。ルネ・レヴェック党首の下でのケベック党が提案した「連合国家」(États associés)、ロベール・ブラサが思い起こさせた──「ブリュッセルでの問い」(question de Bruxelles)という呼称で知られている[四]──「主権連合国家」(États souverains et associés)、そして一九九五年十月の住民投票時にジャック・パリゾー(Jacques Parizeau)とリュシアン・ブシャール(Lucien Bouchard)が提案したパートナーシップ主権(souveraineté partenariale)などがある。

むしろここで専心すべきは、現在支配的である論理を覆すための代替の道を探ることである。その論理は、それが口先だけだとしても、統合主義(intégrationniste)派からも調整主義(accommodationniste)派からも批判を受けているのであるから、マジョリティ・ネイションのメンバーの持つ実現可能性と比肩するものをマイノリティ・ネイションのメンバーにも提供できるよう、政治力の間に今より公正なバランスを見出すことが重要なのである。

新たなバランスを追求することを通して、共同体は互いの信頼の絆を結び直すことができる。他方、文化、経済、制度、法律、社会、そして政治の面で今よりも遥かに自由に活動できるよう、マイノリティ・ネイションをエンパワーすることもできるのである。

垂直に働く力学にすでに組み込まれているマイノリティ・ネイションに対して、調整をすれば事足れりとするような承認の政治を考えていれば良いわけがない。それは肝要な出発点ではあるが、考案すべきはエンパワーメントの政治であり、マイノリティ・ネイションが共同体として十分に開花するのに必要な手段を、手に入れられるようにする政治が必要なのである。

このような方向にエンパワーメントのアプローチをすれば、ケベックだけでなく、スコットランドやカタルーニャも、例えば移民受け入れのための効果的政策を前進させ[25]、それによって、それらのシティズンシップ政策にさらなる一貫性と深みを与える重要な手段を獲得することができよう(第三章および第四章参照)。

それゆえ、ここで展開している議論によれば、エンパワーメントのプロジェクトは(承認のプロジェクトはその確立に不可欠な序章に過ぎない[26])、マルチナショナル連邦の中にあるマイノリティ・ネイション承認の中心にあるべきである。それを欠くと、社会的目標が失われ、政治的疎外が起こるという明らかな危険がある。しかし、このエンパワーメントという目的追求を達成するのは、一九九〇年代初頭よりも今日の方が難しいように思える。それは認めざるを得ない。

この点は次節で議論し、諸国家がナショナルな多様性に直面してどのように反応しているのかを問題にする。地域自治から、自己主張を求めるマイノリティ・ネイションの単純な抑制に至るまで、実にさまざまな方式が提案されているのがわかるだろう。

ナショナルな多様性に直面する国家――地域自治と抑制の間

本書の序で指摘したように、一九八九年～一九九〇年以降、西洋諸国の称賛の眼差しのもと、いくつもの新しい国家が誕生した。それは共産主義の弱体化とソヴィエト連邦の解体に続いて起こったことだった。それまで手を付けるのが非常に困難だった広大な地域に、民主主義と――暗黙のうちに――資本主義を前進させる機会を見つけた西洋の大国と国際機関は、これら新興国に速やかに恩恵を与えた。以後、ソヴィエト連邦の支配下に生きていたナショナル・マイノリティへの同情と支援の強力な運動が連動したのである。

過去二十年間、ナショナル・マイノリティの権利承認に関して国際機関がとった矛盾した立場の一覧を、ウィル・キムリッカが鮮やかな手並みで作成している。特に、彼の中心的業績である『多文化のオデュッセイア―多様性の新国際政治学を航行する』(*Multicultural Odysseys: Navigating in the New International Politics of Diversity*)を取り上げよう。[27]そこで、彼は南北アメリカの先住民共同体とヨーロッパのナショナル・マイノリティの状況を一つ一つ検討しつつ、アフリカとアジアにおける多文化主義定着の困難さも探求している。

国際機関――例えば国連、ヨーロッパ安全保障協力機構(Organisation pour la sécurité et la coopération en Europe: OSCE)、ヨーロッパ評議会――は過去何年か、ナショナル・マイノリティに対して以前よりも遥かに非協調的な、しばしば矛盾に満ちた立場をとって来た。[28]これらの機関は、何年か前には自ら旗振り役を務めていた調整政策ではなく、それに代えて国民統合政策の実施にますます好意的になってきている。

政治的角逐の場に新国家が次々誕生することに対する大国と国際機関の不安が、とりわけこの十年目立ってきている。唯一の例外が二〇〇八年二月十七日のコソヴォの一方的独立宣言の時である。それは西洋のほとんどの政府から祝福を受けた。ＥＵの中では、共同体間の緊張を抱える五つの国家（スペイン、キプロス、ルーマニア、スロヴァキア、ギリシャ）が、この宣言の正当性と価値の承認を今なお拒んでいる。(29)

これらの国家は、それ自体が時折内部からの脅威にさらされており、承認された国家の中にあるナショナルな多様性に厳しく反対する際には、しばしば共同戦線を張る。これらは、先住民にたかだか内的自決の権利――しかも実際はたいした結果を産まないのは明らかなもの――を認める準備があるくらいで、ナショナル・マイノリティの自決権は、内的なものであれ外的なものであれ、概してそれを見て見ぬふりをして、受け付けようとはしない。

次の点も強調しておこう。国際機関内部でのこうした優先順位変更の結果、今日いくつかのナショナル・マイノリティが利益を得るために自らを「先住民集団」と表明するようになっている。そうでもしないと、利益を手に入れられそうもないからである。「マイノリティの権利の国際化」（«The Internationalization of Minority Rights»）と題したウィル・キムリッカの最近の論文を読む必要がある。そこで彼は、こうしたアイデンティティの持ち方の移行のいくつもの例を挙げている。特にアルジェリアのベルベル人、イランのアフヴァーズ地域に住むアラビア語を話す住民がそれにあたる。

今日マイノリティ集団の指導者達は、アイデンティティに関して同様の戦略で臨む可能性の値踏みをしている。クリミアのタタール人、ロマ人、クルド人、パレスチナ人、チェチェン人、チベット人も同様である。(30)

ナショナル・マイノリティの権利の点では、ベルリンの壁崩壊と共産主義の瓦解以降、力学が逆転してしまったように思える。また、国際社会はコペンハーゲン宣言から距離を置こうとしている。この宣言は、一九九〇年にヨーロッパの安全保障と協力に関する会議で発表され、ナショナル・マイノリティのための地域自治の原理を確立した。その第三五段で、ヨーロッパ安全保障協力機構加盟国家は「ナショナル・マイノリティに属する者が公的事項、特にマイノリティとしてのアイデンティティの保護と振興に関する働きに効果的に参加する権利を尊重する」と認めている。(31)

加えて、会議への参加国は、それぞれの領土であらゆる形の差別と戦い、ナショナル・マイノリティに好意的なアファーマティヴ・アクションの方策を実施すると約束した。またその会議は、拡大したEUへの新規加盟国にも遵守努力義務を課す規範を参加国が樹立する機会でもあった。

同様に、一九九四年にヨーロッパ評議会がナショナル・マイノリティ保護のために採択した枠組み協定の第一五段では、これらの国家は「ナショナル・マイノリティに属する個人が、文化・社会・経済的生活に、また公的事項、特に彼らに関わる事項に実際に参加できるよう、必要な条件の創出に努める」(32)ことを確認している。

ここで挙げた宣言などで、マジョリティ・ネイションが尊重すべきナショナル・マイノリティの権利が承認されているのであるから、ヨーロッパ安全保障協力機構がナショナル・マイノリティに有利なシステムの設置を全力で擁護してくれることを、そうした政治共同体は当然期待してよいはずだった。

後に見るように、ナショナルな多様性を承認し、それを一層擁護する方策を確立するには、当時は今日よりも好都合な時期だった。事態が重大な変化を遂げるのは、この十年のことで、大きな内向きの動きが国際機関の内部においてさえ働いているように思える。それゆえ、地域自治を支持する公的文書はそれ以降出されなくなってしまった。実際、一九九六年のハーグ、一九九八年のオスロ、一九九九年のルンドと立て続けになされた宣言においても、これらがヨーロッパ安全保障協力機構の審議の枠の中のものであるにもかかわらず、ナショナル・マイノリティのための地理的領域に基づく自治の原理に明確に言及しているものはない。

(1)ハーグでは、「マイノリティの教育権」が問題だった。
(2)オスロでは、「マイノリティの言語権」が考慮された。
(3)ルンドでは、実効のある参加と良い統治が問題とされた。

ナショナル・マイノリティそれ自体について論じるよりも、文化的、性的、政治的、エスニックという分化した基盤に基づくマイノリティ保護について論じることの方が遙かに多い。高く評価されているのは、ネイションとしての自己主張ではなく、「アイデンティティの方向転換[五]」なのである。

さらに、国際的な舞台で活動するアクターは、重要なのは政府による自治ではなく政治参加と良い統治だと中心的な人物を説得しようとしている。[33] 言説と政治的行為における両者の違いは非常に大きく、それがもたらす結果はナショナル・マイノリティの権利擁護にとって甚大である。[34]

さらに驚くことに、ヴェネツィア委員会(Commission de Venise)――これはヨーロッパ評議会の憲法事項に関する諮問委員会として活動する――が一九九六年にナショナル・マイノリティの権利に関して表明した見解では、ナショナル・マイノリティに外的自決権も内的自決権も認められていない。奇妙なことだが、地理的領域に基づく自治権が徐々にレーダースコープから消えて行っているのである。一九九三年の「勧告一二〇一」に含まれるヨーロッパ人権条約」(Convention européenne des Droits de l'Homme contenu dans la Recommandation 1201)の議定書案に施すべき解釈に関する審議の枠組みにおいて、ヴェネツィア委員会(別名「法による民主主義のためのヨーロッパ委員会」Commission européenne pour la démocratie par le droit)が表明した見解の本文自体を参照すると、それがますますはっきりする。

専有の地域行政あるいは自律的行政を我がものとする権利が、国境を越えて接触する権利(議定書案の第一〇条)と結び付くと、分離の動向を助長するのではないか、国家はそれを現実に恐れているように見える。単一不可分の共和国という原理に忠実でありながらも、現実には地域自治をかなりの程度認めている国家でさえ、マイノリティのなんらかの自治権に基づいた、強制力のある国際手段を容認するのには躊躇があるのである。[35]

簡単に例えれば滑りやすい坂のイメージである。文化的自治から行政の自治に、そして次にマイノリティ・ネイションの側からの分離要求へと容易に移行するのではないか、地域自治権への反対者は、そう恐れている。[36] ヴェネツィア委員会の出した見解は、ネイションとしての承認を求める要求に向けて市民を動員できないように、ナショナル・マイノリティにはいかなるものであれ領土取得を認めるのを避けるべきだというものである。

要するに、追求されている主要目標は、独立に至る道筋をできるだけ困難にするという点にある。したがって、マジョリティとマイノリティの間では疑念の雰囲気が支配的なため、今日ナショナル・マイノリティが乗り越えねばならない障害の数は以前よりも増えてしまった。それでも、コソヴォのケースは、旧ソヴィエト連邦影響下の時代に伸長しつつあったマイノリティ・ネイションに、外的自決の立場が認められるのではないかというある種の希望を取り戻させることになった。

だがしかし、マイノリティ・ネイションに対して新たな制約を絶えずつくりだそうとするよりも、ダニエル・イネラリティの方式を活用して、「歓待の倫理学」(Etica de la hospitalidad) を発展させるべきではないだろうか。それは、マルチナショナル国家の中に共生するさまざまなネイションのメンバーが、より確固とした民主的実践の確立への貢献を通して、十分に発展できるようにするのを目的とする(この点には本書の結論で立ち戻ろう)。この意味で、クレイグ・カルフーンが『ネイションこそ肝要――文化、歴史、コスモポリタンな夢』(*Nations Matter: Culture, History and the Cosmopolitan Dream*)の中で主張しているように、ナショナリズムは有効かつ高い価値を有する「統合構造」をつくっている。「ナショナリズムが成し遂げる働きの中心は、社会の統合構造を確立するために文化的支柱を与えることである。実際、ナショナリズムは、集合的アイデンティティとアイデンティティを構造化するという点で、それ自体がそうした統合の源なのである[37]」

こうした新しい状況では、ナショナルな多様性を尊重した管理モデルを考案するのが喫緊の課題であるため、政治的アクターや社会的アクターには、並外れた知的敏捷性が必要とされる。要は、より民主的で公平な基盤に立った制度の再考は、政治的アクターや社会的アクターの責任だということである。

今日、国際法の専門家は、概してかなり容易に、先住民の内的自決権を承認する(その点には本章の終わりで立ち戻ろう)。これはかなり広範囲なコンセンサスを得ている[38]。この同じ専門家が、概ね、例えば権利と自由憲章のようなものを通して、マイノリティ・ネイションのメンバーは個人の基本的自由を完全に享受できると認める意向があるにもかかわらず、彼らに対して地理的領域に基づく完全な自治権を承認する段になると、遥かにその意欲は低下する。

つまり、その主張は、マイノリティ・ネイションに地理的領域に基づく自治の形態があり得るとしたら、それが外的自決権行使のためにいかなる方策も採ろうとしない限り、という条件においてのみだというものである。

しかし、この方程式をどう解けばいいのだろうか。マイノリティ・ネイションに自由を保障し、マジョリティ・ネイションに次のような彼らの極めて正当な要求を考慮に入れさせるには、どうすればいいのだろうか。

(1)自分達を自分達で定義する権利
(2)自分達を自分達で代表する権利
(3)自分達を自分達で統治する権利
(4)自分達のことを自分達で決定する権利

ここでこそマルチナショナル連邦制が一つの切り札となる。しかし、それがあれば、ここまで問題にしてきた力関係に関わる、あらゆる問題の万能薬になるというわけではない。マルチナショナル連邦制は、自分達の置かれた立場が平等でないことを自覚するネイションを対峙させる。そして、政治的アクターの側には政治的に豊かに成熟するように求める。その結果、そのアクターは正式に承認され、それによって権限を得るのと引き換えに、国家のマルチナショナルな基盤を尊重し、対峙する多様な伝統を伝え広めようとすることになるのである。ただし、対峙するアクターが互に尊重し合い、それぞれの政治的選好を尊重できるように成熟するには、「真正な」連邦文化(第六章参照)が必要となる。

第六章で見るように、マルチナショナル連邦制が機能するには条件がある。国家を構成するネイション間に信頼関係が維持されていること、そして主要な政治的アクター間に協約が結ばれ得るということがそれである。[39] その意味するところは、政治的アクター間の対立が消滅するということではなく、むしろナショナルな政治共同体が、慣習立憲主義から借りた方式に訴えながら、そうした対立を責任ある形でなんとかやりくりするということである。[40]

ここまでで指摘した国際機関におけるマイノリティ・ネイション承認の後退の重要度を測るのはまだ難しい。そして、現政治体制の安定に対してこの変化がもたらす結果すべてを評価するのはなお難しい。だが言うべきことが一つ残っている。それは、より良い立場を獲得するためにマイノリティ・ネイションがなす承認要求は、ヒューマニズムに立つ自己主張の動きの中に位置付けられるもので、この要求に対しては、自由主義的価値の維持と深化のために、敬意を払った応答が求められるということである。

＊

多くの研究者がカナダはマルチナショナル連邦だと性格付けているにもかかわらず、カナダに多様性の学派を生み出すのが困難だという点をここまでで確認してきた。その理由は、一つには、ケベックとファースト・ネイションズにとって不利な力関係があることであり[41]、他方で連邦形成初期から続く中央制度が帝国的関係を持つことである[42]。

本章では、国際機関の貢献と、共生に関する議論に多数の研究者がもたらした成果、この二つを同時に考察しようとしてきた。その結果、現存する国家における地理的領域に基づく自治とナショナル・マイノリティに与えられた地位についてなされた研究は次の点を認めざるを得なくなった。すなわち地理的領域に基づく要求への応答は時代ごとに変わったが、一九九〇年以降要求への反対の厳しさが徐々に増したこと、それを思い知らされたのだった。法学者フランチェスコ・パレルモ(Francesco Palermo)は、その重要な研究で次のようにさえ主張する。ナショナル・マイノリティには、自治を認められる権利はいつもないだけでなく、それがどう動くかは現存国家の思し召し次第で変わる、と[43]。

だが、なぜそうでなければならないのか。どのような原理に立てば、他のシナリオを構想できるのか。

(1)まず考慮すべき第一の原理は、民の自治権であるが、それは通常、領土の一体性の原理と対置される(H・ハナム[44] H. Hannum Z・A・スカーバティ[45] Z. A. Skurbaty、ダニエル・タープ[46]の研究参照)。

（2）第二の原理は、承認を要求する正当性の原理であるが、それは解放というアプローチの合法性と対置される（ユジェニー・ブルイエ Eugénie Brouillet の研究参照[47]）。

（3）第三の原理は、ナショナル・マイノリティ文化の保存を求めることにある（アラン・パッテン Alan Patten の研究参照[48]）。その場合、ナショナル・マイノリティ発展の可能性よりも、その生き残りと統合力を強く主張する。

（4）第四の原理は、（権利憲章のような）形式的平等ではなく、（ネイションを肯定的に認める政策といった）現実の平等を強調することにある。

国際機関のスポークスマンがどう言おうとも、これらは現存国家の内側あるいは外側からナショナル・マイノリティの要求を支え、発展的影響をもたらすシナリオの構想を可能にする、強力かつ説得力のある規範的原理である。国際機関は活動の沈静化と現状維持のために介入し、それにより領土の一体性の保持に貢献はするが、仲裁とか権利回復などといったことはしない。

制度安定の追求というのは、非常に稀な例外はあるが、ナショナル・マイノリティ高等弁務官[六]（Haut Commissaire pour les minorités nationales）が擁護する立場である。一九九〇年代初頭のウクライナにおけるクリミアの地理的領域に基づく自治の承認を高等弁務官は支持したが、それは重要な例外的ケースである。さらに最近では、米国が祝福したコソヴォのケースがある[49]。

本章を締めくくろう。要するに、比較研究者、法学者、政治哲学者の研究業績を有効に利用して、ナショナル・マイノリティの自治に関するわれわれの考察を発展させるのが重要なのである。これは、先進自由民主政に発展的影響をもたらす民主的な未来を保証する企てであるため、ナショナルな共同体間の良好な関係の維持に欠かせない。そしてそれこそが、共同体間の和解の道を探求しながら、われわれが次章で企てようと努めることなのである。

[訳註]

(一)『現代カナダ連邦制』とは、ここまでにも何度も参照されている Alain-G. Gagnon (dir.), *Le fédéralisme canadien contemporain. Fondements, traditions, institutions*, Montréal, Les Presses de l'Université de Montréal, 2006 のことを言う。

(二)連邦を領域的連邦 (territorial federation) とマルチナショナルな連邦に分けているのは、フィリップ・レズニック (Philip Resnick) やキムリッカである。領域的連邦とは地理的領域の広がりにより定義されるもので、そこにある共同体による区分には関心を払わない。例としてはオーストラリア、アメリカ合衆国、ドイツなどがあげられる。そこでの州は特に共同体によって区切られているわけではないからである。マルチナショナルな連邦制は共同体を重視する。例えば、ベルギーやスイスなどがそれにあたり、そこでは言語による区分が重要となる。カナダについては、それが領域的なのかマルチナショナルなのかがここでの論点である。

(三)著者によれば、憲法改正という真の変革は求めないが、制度変更によって多様性を承認していこうというアプローチのことを指す。

(四)当時ケベック首相だったブラサが一九九二年のブリュッセルのEUを公式訪問した際に住民投票の可能性を示唆し、問いとして次のものを考えていることを明かした。「あなたは既存の憲法体制を、連合した二つの主権国家の存在で置き換えるのを望みますか？　その二つは経済的には一つに結び付き、普通選挙で選ばれた一つの議会に対して責任を負うというかたちです」ただ、この提案もケベック党党首パリゾーの拒絶で潰え、結局は一九九四年の政権交代となり、パリゾー政権のもと住民投票が実施された。
(五)ネイションとしてのマイノリティの自治を求めようというアプローチから、一つの政治共同体の中でのさまざまなアイデンティティの承認を求めようというアプローチに転じたことをこう呼んでいる。
(六)一九九二年ヨーロッパ安全保障協力会議がヘルシンキ首脳会議で設置した。ナショナル・マイノリティがからむ緊張に初期段階で対処し、紛争が避けられるようにするのを目的とする。

[原註]

(1)本章は次の二つの機会での参加者のコメントからの恩恵にあずかっている。まずは二〇〇九年九月にケベック大学モントリオール校で持たれた、「ケベックの多様性に関する学際的研究センター」(Centre de recherche interdisciplinaire sur la diversité au Québec) 主催で「マルチナショナル連邦制を展望する。それは実現可能か」のテーマのもと行われたシンポジウムであり、もう一つは二〇一〇年四月に「民主的統治とエスニシティに関する大規模集中研究チーム」(Équipe des grands travaux concertés sur la gouvernance démocratique et l'ethnicité) と「法と正義研究グループ」の支援によって開催された「自治——複雑な状況における民主的代替案を構想する」というテーマでのシンポジウムである。次の人々のコメントに感謝する。Michael Burgess, Laurent Mehdi Chokri, Michael Keating, Luis Moreno, Francesco Palermo, Michel Seymour, Markku Suksi.
(2)カナダでは、多極共存型方式は研究者や政治家の関心をほとんど引かなかった。次の重要な研究があるが、この分析の枠組みを利用した数少ないものの一つである。Garth Stevenson, *Parallel Paths. The Development of Nationalism in Ireland and Quebec*, Montréal, McGill-Queen's University Press, 2006.
(3)Miquel Caminal, *El federalismo pluralista: del federalismo nacional al federalism plurinacional*, Barcelone, Paidos, 2002; Ramon Maiz, *La frontera interior: el lugar de la nacion en la teoria de la democracia y el federalismo*, Murcia, Tres Fronteras Ediciones, 2008; Ferran Requejo, *Fédéralisme multinational et pluralisme de valeurs*, Bruxelles, Les Presses interuniversitaires européennes, Coll. «Diversitas», 2010; Michel Seymour, *Le fédéralisme multinational en perspective: un modèle viable?*, Actes du colloque organisé par le Centre de recherche interdisciplinaire sur la diversité au Québec, 25-27 septembre 2009.

(4)ウィル・キムリッカは言う。「ネイションが関わる紛争は、ナショナル・マイノリティを力ずくで編入しようという試みによってしばしば惹き起こされる」(«Misunderstanding Nationalism», *Dissent*, hiver 1995, p.132)

(5) Alain-G. Gagnon, *Au-delà de la nation unificatrice: plaidoyer pour le fédéralisme multinational*, Barcelone, Institut d'Estudis Autonomics, 2007.

(6) Daniel Turp, *La nation bâillonnée: le plan B ou l'offensive d'Ottawa contre le Québec*, Montréal, VLB éditeur, 2000.

(7)次を参照。Will Kymlicka, *La voie canadienne: repenser le multiculturalisme*, Montréal, Boréal, 2003.

(8)この意見照会に関しては次で参照できる。http://csc.lexum.umontreal.ca/fr/1998/1998rcs2-217/1998rcs2-217.html

(9) http://www.greatquestions.com/fr.keydebates.html

(10) Pierre Elliott Trudeau, *Le fédéralisme et la société canadienne-française*, Montréal, Éditions HMH, 1967.

(11) Hubert Aquin, «La fatigue culturelle du Canada français», Liberté, no 23, mai 1962.

(12)次を参照。Ian Lustick, «Stability in Deeply Divided Societies: Consociationalism versus Control», *World Politics*, vol.31, no 3, 1979, p.325-344.

(13) Milton Esman, «The Management of Communal Conflict», *Public Policy*, vol. 21, no 1, 1973, p. 49-78. エスマンは制度化された支配のモデルを、共同体の争いを管理する四つの方策の一つとしている。残り三つは、強制的同化、混合主義的統合 (intégration syncrétique)、そしてバランスのとれた多元主義である。

(14) James Tully, *Une étrange multiplicité: le constitutionnalisme à une époque de diversité*, Québec, Les Presses de l'Université Laval, 1999. 次の書物の序も参照。Alain-G. Gagnon et James Tully (dir.) *Multinational Democracies*, Cambridge, Cambridge University Press, 2001.

(15)次を参照。Alain-G. Gagnon et de Raffaele Iacovino, *De la nation à la multination: les rapports Québec-Canada*, Montréal, Boréal, 2007.

(16)次の研究書への彼らの貢献を参照。Sujit Choudhry (dir.), *Constitutional Design for Divided Societies: Integration or Accommodation?*, Oxford, Oxford University Press, 2008.

(17) *Ibid;* p.146.

(18) Arend Lijphart, *Democracy in Plural Societies: A Comparative Exploration*, New Haven, Yale University Press, 177, p.24.

(19) Guy Laforest, *De la prudence*, Montréal, Boréal, 1993.

(20)このテーマについては、次を参照。André Lecours et Geneviève Nootens (dir.), *Dominant Nationalism, Dominant Ethnicity: Identity, Federalism and Democracy*, Bruxelles, Les Presses interuniversitaires européennes/Peter Lang, Bruxelles, 2009. Alain-G. Gagnon, André Lecours, Geneviève Nootens (dir.), *Nationalismes majoritaires contemporains: Identité, mémoire, pouvoir*, Montréal, Québec Amérique, Coll. «Débats», 2007.

(21) James Tully, «Défi constitutionnel et art de la résistance: la question des peuples autochtones au Canada», dans Isabelle Schulte-Tenckhoff (dir.), *Altérité et droit: contribution à l'étude du rapport entre droit et culture*, Bruxelles, Bruylant, 2002, p.272. 他にも重要な研究があるが、特に次を参照。Dale Turner, «Vision: Toward an Understanding of Aboriginal Sovereignty», dans Ronald Beiner et Wayne Norman (dir.), *Canadian Political Philosophy*, Toronto, University of Toronto Press, 2000, p.36-62.

(22) Brendan O'Leary, «An Iron's Law of Nationalism and Federation? A (Neo-Diceyan) Theory of the Necessity of a Federal Staatsvolk, and a Constitutional Rescue», *Nations and Nationalism*, vol. 7, no 3, 2001, p.273-296.

(23)一九八〇年に実施された主権を問う一回目の住民投票時のケベック政府の立場を考えてみればいい。それは次のタイトルの文書から着想を得ている。*La nouvelle entente Québec-Canada. Proposition du gouvernement du Québec pour une entente d'égal à égal: la souveraineté-association*, 1979. 同様の解釈がファースト・ネイションズのメンバーからも提起されている。次を参照。Dale Turner, *This is not a Peace Pipe, Towards an Understanding of Aboriginal Sovereignty*, thèse de doctorat, Département de philosophie, Université McGill, 1997.

(24) Michael Burgess, «From Dominance to Partnership The Inheritance of Majority Nations in Multinational Federations», dans André Lecours et Geneviève Nootens (dir.), *Dominant Nationalism, Dominant Ethnicity, op. cit.*, p.173-191.

(25)カタルーニャとケベックの移民政策については次を参照。Ricard Zapata-Barrero (dir.), *Immigration and Self-Government of Minority Nations*, Bruxelles, Les Presses interuniversitaires européennes/Peter Lang, Coll. «Diversitas», 2009.

(26)*Politique et Sociétés* 特別号(«La politique de la reconnaissance et la théorie critique»というテーマで哲学者ミッシェル・セイムール編集)vol.28 no 3, 2009.

(27) Will Kymlicka, *Multicultural Odysseys: Navigating in the New International Politics of Diversity*, Oxford, Oxford University Press, 2007.

(28)次を参照。Will Kymlicka, «Rights to Culture, Autonomy and Participation: the Evolving Basis of International Norms of Minority Rights», dans John McGarry et Michael Keating (dir.), *Nations, Minorities and European Integration*, Londres, Routledge, 2006, p.35-63.

(29)二〇一〇年七月二十二日、国際司法裁判所は一〇対四で以下のような画期的な決定を行った。「二〇〇八年二月一七日の独立宣言は、国際法にも、国連安全保障理事会の一二四四号決議（一九九九年）にも、憲法上の枠組みにも違反していない」(*Le Monde*, «L'indépendance du Kosovo ne viole pas le droit international», 22 juillet 2010)コソヴォでの紛争の理由についてさらに知りたい向きは、次を参照。Karl Cordell et Stefan Wolff, *Ethnic Conflict*, Cambridge, Polity, section 3 «Success and failure of international intervention: the case of Kosovo», p.113-137.

(30) Will Kymlicka, «The Internationalization of Minority Rights», dans Sujit Choudhry (dir.), *Constitutional Design for Divided Societies*, Oxford, Oxford University Press, 2008, p.114-126.

(31)http://www.osce.org/documents/odihr/1990/06/13992_fr.pdf

(32)http://www.tlfq.ulaval.ca/axl/europe/convention.htm

(33)政府による自治と良い統治の間の区別については次を参照。Francesco Palermo, «When the Lund Recommendations are Ignored. Effective Participation of National Minorities through Territorial Autonomy», *International Journal on Minority and Group*, no 16, 2009, p.1-11.

(34)多くの研究者は「マイノリティ」という概念にナショナル・マイノリティを見ている。例えば次を参照。«Minorités nationales en Europe et protection des droits de l'homme: un enjeu pour l'élargissement», *Politique étrangère*, no 3, 2002, p.653.

(35)http://www.venice.coe.int/docs/1996/CDL-INF(1996)004-f.asp

(36) Heinrich Klebes, «Projet de Protocole additionnel de l'Assemblée parlementaire à la Convention européenne pour la protection des minorités nationales», *Revue universelle des droits de l'homme*, vol. 5, nos 5-6, 1993, p.184 et suivantes.

(37)Craig Calhoun, *Nations Matter: Culture, History and the Cosmopolitan Dream*, Londres, Routledge, 2007, p.152, また同著者の *Cosmopolitanism and Belonging*, Abington, Oxford, Routledge, 2007.

(38)カナダ、オーストラリア、米国、ニュージーランドは、「先住民族の権利に関する国連宣言」(二〇〇七)への署名を拒否した。二〇一一年時点でも米国は相変わらず拒否を貫いている。次の意見を参照。Jean-Louis Roy,

«Conseil des droits de la personne de l'ONU–La réputation du Canada mise à mal», *Le Devoir*, 13 février 2009.

(39) しばしばジェイムズ・タリーは、帝国主義的立憲主義の行き過ぎを非難している。カナダのケースでは、「その帝国主義的立憲主義は、一九八〇年代の欺瞞そして一九九〇年代の威嚇に基づいており、カナダ分裂の主要原因である。連邦主義者の『挑戦して戦え。さもなくば黙っていろ』という刺激的な言動で、分離主義者達は自分達を正当化する主要な根拠を得た。……ケベック人は、欺瞞と力づくで統一された連邦に留まるのに全く関心がないのである」(英語から本書の著者が自由に訳したもの) James Tully, «Let's Talk. The Quebec Referendum and the Future of Canada», Les Conférences Austin et Hempel, Université Dalhousie et Université de l'Île-du-Prince-Édouard, 23 et 27 mars 1995, p. 8

(40) ジェイムズ・タリーの立憲主義に関する研究、特に次を参照。James Tully, *Une étrange multiplicité. Le constitutionnalisme à une époque de diversité*, Québec, Les Presses de l'Université Laval, 1999.

(41) Stéphane Paquin, *L'invention d'un mythe. Le pacte entre deux peuples fondateurs*, Montréal, VLB éditeur, 1999.

(42) 次を参照。Janet Ajzenstat, J. *et al.*, *Débats sur la fondation du Canada*, édition française préparée par Stéphane Kelly et Guy Laforest, Québec, Les Presses de l'Université Laval, 2004.

(43) Francesco Palermo, «When the Lund Recommendations are Ignored. Effective Participation of National Minorities through Territorial Autonomy», *International Journal on Minority and Group*, no 16, 2009, p.1-11.

(44) Hurst Hannum, «The Right to Autonomy: Chimera or Solution» in Kumar Rupesinghe et Valery A. Tishkov (dir.), *Ethnicity and Power in the Contemporary World*, Tokyo, Les Presses universitaires des Nations Unies, 1996 (これは次のウェブサイトで見られる。http://www.unu.edu/unupress/unupbooks/uu12ee/uu12ee00.htm). Hurst Hannum, «The Limits of Sovereignty and Majority Rule: Minorities, Indigenous Peoples and the Right to Autonomy», dans Ellen Lutz, Hurst Hannum et Kathryn J. Burke (dir.), *New Directions in Human Rights*, Philadelphie, University of Pennsylvania Press, 1989, p.3-24.

(45) Zelim Skurbaty, *Beyond a One-dimensional State: An Emerging Right to Autonomy?*, Leiden, Martinus Nijhoff, 2008.

(46) Daniel Turp, «Le droit à la sécession: l'expression du principe démocratique», dans Alain-G. Gagnon et François Rocher (dir.), *Répliques aux détracteurs de la souveraineté du Québec*, Montréal, VLB éditeur, p. 49-55. 次も参照。Jacques- Yvan Morin et José Woehrling, *Demain, le Québec: choix politiques et constitutionnels d'un pays en devenir*, Québec, Septentrion,

1994, p.122-137.

(47) Eugénie Brouillet, *La négation de la nation: l'identité culturelle québécoise et le fédéralisme canadien*, Québec, Septentrion, 2005.

(48) Alan Patten, «Beyond the Dichotomy of Universalism and Difference: Four Responses to Cultural Diversity», dans Sujit Choudhry (dir.), *Constitutional Design for Divided Societies: Integration or Accommodation ?*, *op. cit.*, p.91-110.

(49) 次を参照。John Packer, «Autonomy within the OSCE: The Case of Crimea», dans Markku Suksi, *Autonomy: Applications and Implications*, La Haye, Kluwer, 1998, p.295-316.

第六章　共同体間の和解の道を再考する

「問題は……次の点を知ることである。承認と政治的調整という自由主義的観点からして、地理的領域を備えたナショナルなアイデンティティを重層的に持つ複数の州《エタ》をうまく結節できるような、何らかのタイプの連邦的合意が果たして存在するのか。これこそが、現在の連邦制の最重要課題の一つである」(フェラン・レケホ Ferran Requejo, *Fédéralisme multinational et pluralisme des valeurs*, 2009, p.93)

共同体が和解に到達するようにと提案されたシナリオは、経済的・政治的利害や対峙するものの力関係に応じて変化するのが常である。ケベック／カナダ間の政治的緊張に関して言えば、本書で取り上げている分析に至る道をたどったベテラン研究者が何人もいる。特に次の人々を挙げておこう。ロジャー・ギビンス(Roger Gibbins)、ジェーン・ジェンソン(Jane Jenson)、ウィル・キムリッカ、ギー・ラフォレ、ケネス・マクロバーツ、アラン・ノエル、ブノワ・ペルティエ、フランソワ・ロシェ、そしてデイヴィッド・シュナイダーマン(David Schneiderman)。彼らの研究は、『行き詰まりからの脱出――和解への道』(*Sortir de l'impasse: les voies de la réconciliation*) にまとめられている。[1] そこでは、いわばありとあらゆる作業仮説が考察されているが、分離という理念は初めからそのアプローチから除外されている。哲学者ウィル・キムリッカは、複合国家における領域的連邦制とマルチナショナル連邦制の共存の議論を展開し、カナダのケースについて「われわれのナショナル・マイノリティが新しいパートナーシップに自由意思で加わるのを望むなら、われわれの国のマルチナショナルな性格をはっきりと法的に確認する必要[2]」があると認め、法学者デイヴィッド・シュナイダーマンは、州ごとに違う法体制を共存させる可能性をオープンに論じ、カナダについては次のような体制を考察している。それは「複数の人権憲章に支えられた多元的な法体制であり、……［これらの憲章と自律的な法体制］は、構造上両立可能でかつ憲法法の地位に置くものとして容認可能とみなされる[3]」のである。このシュナイダーマンの論文は、それを読めば協定主義の基盤そのものについて考察することになるので、その点でもこれは重要である。

政治学者ジェーン・ジェンソンの側からは次のような主張がなされている。「カナダとケベックのパートナーシップの研究であればどれでも、避けて通れない一つの事実がある。つまり、そこには区別できる二つの社会があり、それらは同じ国の中にあるが、それぞれが独自のシティズンシップ体制を保持しているということである[4]」。その二つの政治共同体が価値を共有していないと言っているのではない。国家の基盤そのもの、そして国家と市民社会と市場の間の関係をどう理解するかに関して、両者がかなり違う方向を向いていると言っているのである。この問題は第二章と第三章で取り上げた。

先に挙げた研究者の中から政治哲学者ギー・ラフォレを最後に取り上げよう。彼は、現状ある深刻な不信感と政治権力間の不均衡を認めたうえで、深い多様性に今よりも敬意を払い、より平等な新基盤に立ったカナダ連邦を建設し直すために、政治的な土台作りをし直すよう指導者達を促している。さらに、カナダの行き詰まりからの脱出を考えて、「連邦の文脈であれパートナー結合(Union partenariale)による連合の枠組みであれ、どの程度まで異なる政治共同体が主権を享受できるのか[5]」をオープンかつ自由に議論するよう呼びかけている。このように、以上言及した研究者は各自の学問分野に基づいて、ケベックが明言する要求、さらには、他の連邦国家あるいは連邦化の途上にある国内マイノリティ・ネイションが表明している要求を、真剣に受け止めるように政治的アクターに勧めている。そうしなければ、政治的アクター達は出口のない道を進むことになるからである。

この『行き詰まりからの脱出――和解への道』は、いくつものマイノリティ・ネイションがそうであるように、アイデンティティに関する緊張と関わっている社会にとっては、今日なお重要な書である。それに当てはまるケースとして、カタルーニャ、スコットランド、グリーンランド、そしてケベックがすぐに思い浮かぶ。そこにはアイデンティティの多元性という文脈でのマイノリティ・ネイションの承認とエンパワーメントに関するありとあらゆる緊張――それについては前章までで資料で裏付けてきた――があるため、今や新しい基盤に立った和解の道の再考の試みが必要なのである。そこで、このテーマを次の三つのステップで展開しよう。まず、複合的国家の中で拡大している多元社会に発展的影響をもたらす道を探り当てるため、躊躇することなく協定主義の源泉そのものにまで遡る。次の第二段階で、連邦制にかなった実践を通して、共同体が相互に接近する道がどのように開かれるのかがわかる。最後に、第三段階として、「条約による連邦制」という概念をさらに深く掘り下げることにする。なお、この概念は連邦の実践と協定主義の融合の表現であり、それらについては続く二つの節で順に取り上げる。

協定主義

おおよそ連邦制の専門家達に協定という概念は馴染み深い。また、連邦制という概念は、協定を意味するラテン語「fœdus」に起源がある。このことから、ダニエル・エラザールの後継者であるジョン・キンケイド (John Kincaid) は次のように詳しく説明している。

協定とは対等な者同士の、義務を伴った連合である。連合の中では、パートナーはそれぞれのアイデンティティと一体性を保持しつつも、一つの新しい実体をつくりだす。それは一つの家族や政治集団のようなものであって、それ自体もまた固有のアイデンティティと一体性を備えているのである。協定はまた義務を伴った倫理的な深い関わりでもあって、そこではパートナーはお互いに対して法の文言にだけでなく、その精神にも適合した形で振舞う。したがって、義務を伴ったこの合意は、契約以上のものなのである。協定というものはそれを結ぶものを長期の、さらには永続的な関係に置き、合意の目的実現のため、またどのような関係であれ付きまとってくる対立の平和的解決のために協力する義務を課す(6)。

こうした協定は現実的でもあり空想的でもある。キンケイドが言うように、それは組織原理でありながらも、相手の期待を尊重しようというアクターの善意を当てにしているのであるから、契約を越えるものである。また、協定は時間と空間を通じて実現されていく。その理由は、その協定を目標に据える共同体自体が進化し、姿を変えるからだけでなく、以前合意したものであっても、想像もしなかった影響が長い間に生じ、共同体が再交渉を望むこともあり得るからである。これこそがカナダのケースについて『行き詰まりからの脱出』の著者達が指摘しようとしている点である。

本章では、協定というものの基盤自体に遡って考察を押し進める。その際、次の出来事を念頭に置く。カナダでは一九八二年の憲法移管とそれに続いて起こった憲法修正の試み以降のこと。スペインでは、カタルーニャ新自治憲章の交渉以降のこと。一九九五年の住民投票失敗時のケベックのケース同様、新自治憲章の実現を巡る交渉は、共同体間の対立に対しての首尾一貫した責任ある管理とはどうあるべきかについて、先進自由民主政にとっての重要な教訓を秘めている(7)。

カタルーニャ新自治憲章の有効化を巡る議論に続いて、ジャコバン主義的着想に立つ研究者の方を向くのでなく、協定主義を主張する研究者(8)から着想を得るようスペイン人を促した人達もいた(一)。

はっきり言って、問題は何なのだろうか。

協定主義という概念の起源は中世にまで遡るが、復古的でもなければ時代遅れでもない。その逆である。協定とは複数の共同体を一つの政治体に結合するもので、今ある新しい政治的権威登場以前から存在することをここで確認しておこう。[9] ジャン・ピエール・バラケ(Jean Pierre Barraqué)によれば、政治的協定主義が重視するのは「主権と民を代表する種々の議会[11](Cortes、Corts、États)の間の権限バランスをどう定義するかである。協定主義とは司法組織や財政運営制度の創設に向けての戦いの場なのである」[10]。バラケは指摘する。「国の政治的存在の方が主権に先んじ、主権の正当性は、主権が協定を尊重すると宣言し、実際にその制約を守る限りにおいてしか保証されない」[11]。こう考えていくと、協定主義の基盤となる忠実という概念にたどり着く。実際、君主が確立された慣習と実践に忠実でなくなると、民は自らの責務から解かれたと思い、君主は正当性をそっくり失うことになる。

協定主義は、政治的また社会的アクターの力関係が対等ではなくてもそれを対峙させ、協定の尊重は相互の名誉と忠実の問題だとする。その没後六〇〇年を機に注目を集めたばかりのカタルーニャ人フランセスク・アイシメニス(Francesc Eiximenis 一三三〇年～一四〇九年)は協定主義の概念化に最も貢献した人物である。アイシメニスは言う。「然るべき理由なく君主が協定を遵守しないなら、自分は廃位されているとみなすべきであり、そうしないなら、彼は専制者のように権利なく君主権限を保持しているのは明らかである」[12]。もしそのような振舞いをするなら、共生(convivialité)

を損ない、社会生活を著しい貧困に陥れてしまう。

ここでの文脈で言うと、カタルーニャ議会もスペイン議会も新自治憲章の有効性について好意的な判断を下し、カタルーニャ・ネイションは二〇〇六年の住民投票を通じてその判断を支持した。そこで、カタルーニャの知識人は実際のアクター達に、カタルーニャ人と中央政府の間の信頼の絆を確立するために、アイシメニスの教えを再度取り上げるよう主張した。その中には、社会学者サルバドール・ジネル(Salvador Giner)もおり、彼は最近の著作の中で、スペインにおける現在の議論にアイシメニスのもたらす重要な貢献が何かを明らかにした。

名誉ある人物間の交渉による調和ある共生、公共空間において多様性を認める責任、主権の源泉としての法と正義、万民共有物としての共和政、政治実践における徳――ジネルは、これらを推進するよう勧めたことを、共和主義政治哲学のその後の発展へのアイシメニスの貢献として挙げている。[13] ジネルは、あらゆる政治的立場のスペイン人のコモンセンスに訴えて、十四世紀以降アイシメニスが特定した原理――すなわち、誠実な交渉、社会的事実としての多様性の尊重、主権の源泉としての法と正義、政界における美徳の重要性、共生の推進――の周りに集結するよう呼びかけている。実のところ、アイシメニスから二世紀近く後、政治思想の中核として、同様の概念がフランス啓蒙主義者達から[14]、続いてデイヴィッド・ヒュームやアダム・ファーガソンのようなスコットランド啓蒙主義者達から出てくるのである。[15]

ナショナルな多様性という文脈で和解の道を再考するには、真正の連邦文化の存在が必要であり、そこに立ってこそ、基本にある協定を基礎として、諸ネイションが共通の未来を考案し構築することが可能になるのである。そこで、次節でこの側面の分析を行う。

連邦文化の創設と推進

奇妙なことだが、連邦制の専門家の多くが、「連邦文化」という概念に取り組んだことがほとんどない。彼らは連邦という制度上の問題を取り上げるのには大いに関心があるが、連邦制という仕組みの導入や刷新に関わる規範的問題を探求するのにはそれほど関心を払わない。

そうは言うものの、連邦制の精神という概念に取り組んだ重要な研究もいくつかある。ここでは『連邦原理――時を抜け意味を探す旅』(*The Federal Principle: A Journey Through Time in Quest of Meaning*)でのルファス・デイヴィス(Rufus Davis)の考察を取り上げよう[16]。この研究で、デイヴィスは信約[三](covenant)、パートナー間の相互性の絆、そして誠実な交渉による妥結に至る義務、これらの概念に関する彼の教養をたっぷりと披露している。マイケル・バージェスは、連邦の取り決めの基底にある倫理規範的次元を論じることで、デイヴィスの研究をさらに進めた。彼は、連邦文化があるからこそ協定が具体的なものとなるとし、その本質的に重要な諸価値を列挙している。連邦文化はそれに基盤を置いているからである。それは、相互尊重、承認、尊厳、寛容、互恵・相互性、公明正大さである[17]。ナショナルな共同体が相互に協力してパートナーとして共通の未来を確実なものにできるようにする多様性倫理の根本それ自体にこれらの価値はある。それゆえ、それらには結論の章で立ち返ることとする。

連邦制の研究において米国の連邦制を模倣すべきモデルとする立場があるが、米国のモデルは、現在の姿では、社会的多様性にもナショナルな共同体が表明する承認の必要にも注意を払っていない。ミケル・カミナルは『多元的連邦制――ナショナルな連邦制から多元ナショナルな連邦制へ』において、また同様にフェラン・レケホも『マルチナショナル連邦制と価値の多元主義』において、連邦制に関する現在の文献では米国モデルが幅をきかせていることを認めている。そして、それがゆえに、ナショナルな多様性を管理する別の方法を提案したり、また――こちらの方にわれわれは主たる関心があるが――政治制度の中に連邦文化を具現化したりしようとする際に、米国の連邦制以外の連邦制の伝統を支持する人がどのような困難に直面するのか、それについて論じている[18]。

アイヴォ・ドゥチャチェック(Ivo Duchacek)、ダニエル・エラザール、また最近ではディミトリオス・カーミス(Dimitrios Karmis)の研究が、連邦制の理想にある程度言及しているが、これらは例外であって[19]、「多元的連邦制」(fédéralisme pluraliste)とその基底にあるべき連邦文化の概念を深化させる必要を感じている研究者は非常にわずかである。アイヴォ・ドゥチャチェックは、未開拓のまま残されている領域があり、いつの日にかその重要さが理解されなければならないことを、率直に認めている[20]。ダニエル・エラザールは『連邦制探求』(*Exploring Federalism*)において言う。成功を収めるためには、連邦国家は連邦的な考え方をとるだけでなく、強靭な連邦文化とその基底にある原理を実行しようという強固な意志を持たなければならない[21]、と。

エラザールの研究業績に続くものとして、連邦制の基底にある規範的基盤の理解に果たしたサミュエル・ラセルヴァ(Samuel LaSelva)の重要な貢献を挙げなければならない[22]。彼の研究業績は近年のカナダの連邦制研究に大きな影響を与えた。その結果、憲法上あるいは法律上の取り決めを取り扱うという伝統的研究を越えて研究者が先に進むようになり、研究領域が拡大しているのである[23]。

ここ数年間では、先駆者達が特に連邦文化について語ったのに対して、「多元的連邦制」に目を向けたディミトリオス・カーミスの研究にわれわれは注目したい。多元的連邦制は次のように主張する。すなわち、「文化的多様性は承認されるべき財であり、……地理的領域を持つ共同体のメンバーに連邦の地位を承認することにより、倫理的かつ社会的理由により、文化的承認へのより広い関心が惹き起こされるのである。そこに含まれるのは、第一には連邦の構造それ自体がつくりだすマイノリティの承認であり」、そして主要な要素に限って言えば、アイデンティティの自己主張という「継続的なプロセス」の一部を成す「承認を求める新たな闘争」を当然のこととして受容することである[24]。こうしたさまざまな要素を承認していくと、その結果として、協定は長期にわたり定期的に更新されていくことになろう。それは、解放をもたらす連邦文化から滋養を得ているのであるから。

ナショナルな多様性に貫かれた国に連邦文化を植え付けようという理念は新しいものではない。ロナルド・ワッツ(Ronald Watts)やマイケル・バージェスなどの比較連邦制の専門家達は、それを政治体制の安定に不可欠な要素の一つだとみなした。付言しておけば、ワッツは、共同体間にある重大な緊張と格闘している各国の指導者達が最もよく引き合いに出す専門家の一人であり、近年では、スリランカ、インド、エチオピア、南アフリカ、東ヨーロッパでの状況についての意見を述べている。どの場合にも、彼は交渉による民主的解決を目指す国家に向けて、連邦文化という切り札を活用するよう強く主張した。そうしなければ、体制改変に投下されたエネルギーは浪費されることになってしまうからである。[25]

多元ナショナルな国家が有望な将来を願うなら、本質的に重要なことは、連邦文化に適合した価値体系を据えることで得られる強固な基盤の上に国家を構築するということだとワッツは言う。つまり、対峙するナショナルな集団が、相互に譲歩し、寛容であり、多様性を尊重するという態度を示すこと、また、共有している価値観に同意したうえで、パートナー間で対話し、その間の絆を確固たるものとするのが肝心なのである。ところが、こうした理念は新しいものではないにもかかわらず、主導的立場にある政治的アクターがそれを無視することがあまりに多い。彼らは多くの場合、自分達固有のやり方や見方をマイノリティの立場にあるナショナルな集団に押し付ける。多元的連邦制は、国民国家の到来以来マジョリティ・ネイションとマイノリティ・ネイションの関係をしばしば悪化させてきた一元論的見方との断絶を可能にする。それゆえ、多元的連邦制を植え付けることとは非常に重要なのである。[26]

過去十年間で連邦制研究への貢献が最も大きい専門家がマイケル・バージェスだったのは間違いない。高度な連邦文化に基づいた国(スイス)、中レベルの国(カナダ)、そして低レベルの国(ナイジェリア）を対置することで、彼は研究に新風を吹き込んだ。これら三つのケースを比較することで、「連邦的条件」の基盤それ自体が何かを特定できたのである。連邦文化理解に関するバージェスの見解は豊かで重要であるため、長くなるが次に引用しておきたい。

連邦政体はある種の共有された予見、価値観、信念、利害に基づいている。そして、それら全体が承認と協力と妥協と調整の政治を前提としている。したがってこの政体の本質は、人間の尊厳、寛容、尊重、互恵・相互性、同意といった概念から導き出される。そして、連邦の理念は相違と多様性の原理に基づいて打ち立てられているのであるから、……その概念自体、政治的に一つの特定の方向を向くことを前提としている。……それはつまり、一つの処方箋、一つの勧告、そして一つの規範的な実証的アプローチであるが、それによって政治的に突出するほど際立ったレベルの差異と多様性を持つ社会にある対立を管理することができるようなものでなければならない。[27]

名誉ある危機脱出の道が何かを見定めるのに苦労している国々がある中で、ワッツやバージェスなどのカナダやイギリスの研究者の知的アプローチは、この時代に対応するためのかなり良くできた手段を与えてくれている。そんな状況の国はいくつもあるが、直近のもとしてはエチオピア、イラク、マレーシア、ナイジェリア、スーダンがある。ＥＵにでさえも、ベルギーやスペインがあり、前者はなかなか抜け出せない実存的危機の中にあり、後者は体系上の不統一の泥沼にますますはまり込み、真に多元的あるいは連邦的な思想の導入をいつまでも先送りにしている[28]。

二〇〇二年に発表された重要な研究で、ラウル・ブリンデンバッカー(Raoul Blindenbacher)とロナルド・ワッツは、カナダ、さらには民主政連邦国家における連邦文化の質を測定するために、いくつかの作業仮説の検証を試みた。連邦という図式に固有の特徴(二つの政治秩序、交渉によって合意に達した権限分有、中央制度における連邦構成州の代表性、当事者の合意のみに基づいて自発的に確立された規範に則って修正可能な憲法、意見対立を解決するための独立憲法裁判所、調整・協力・共同決定のメカニズム)を特定した後、著者はその国に連邦文化が存在するか否か検証している[29]。そのために彼らは政治文化の基底にある五つの鍵となる要素を定めており、それをジャン＝フランソワ・カロン(Jean-François Caron)、ギー・ラフォレ、カトリーヌ・ヴァリエール＝ロラン(Catherine Vallières-Roland)も『現代カナダ連邦制』において踏襲し、さらに深化させている[30]。この論考の著者は、連邦的諸集合体の中にある政治文化を理解することができるように、五つの要素を六つの中心的要素に拡大した。ここでは彼らに従い、次の要素を利用して、連邦文化が健全であるかどうかを測定する。

(1)連邦体制を構成する単位が、民主的手続きを尊重しようという強い姿勢を持っているか。

(2)非中央集権が現実的なものとして考えられ、意思決定のための複数の中心あるいは場が共存しているか。
(3)結論に到達するにあたって、開かれた政治交渉の手法をとるという対話への志向、言い換えると対話の文化があるか。
(4)権力集中を回避するための抑制均衡(checks and balances)が存在するか。
(5)立憲主義と法の支配(primauté du droit)があるか。……
(6)憲法上の枠組みと制度上のメカニズムが柔軟で調整可能であるか。[31]

以上の要素がある程度強くあれば、民主政という文脈に真の連邦文化が存在することになる。これらの要素があれば、妥協、寛容、多様性の尊重に基づく感情を育成でき、共同体間の信頼の絆を固くすることができる。つまり、この状況に置かれてやっと、次のように考えられるようになるのである。ナショナルな諸共同体は、定期的に相互交流することで、ナショナルな多様性への管理をうまく進められるような内在的質を備えるようになり、連邦制の協定の基盤それ自体も再活性化される、と。

連邦文化の存在が弱いのか、中程度なのか、強いのかを、これを使って簡便にチェックすることで、本章第一節で議論した協定主義の伝統の遺産がどの程度確立され、向上させられているかを検証できる。[32] 協定主義と連邦文化が存在するかどうか、これが民主政連邦国家における共同体間の和解政策の成否を握る本質的な条件である。ナショナルな共同体が、それを連邦に組み込もうとする国家に対してどの程度忠誠心を抱くかは、その共同体がどの程度承認されエンパワーされているかに比例する。もし共同体の承認がなされず、中央優先でその権限が侵害されるようであれば、それは逆効果となる。中央政府が追及する目的に、こうした共同体からの支持がどの程度得られるかは、連邦構成州がその排他的権限領域について行う要求に対して、中央政府がどの程度それを活かし、支持するかに比例する。これは互恵・相互性の原理と相互尊重の原理によるとも言えるだろう。これらの原理が価値あるものと認められる限りにおいて、共同体の歩み寄り、さらには共存も考えられるのである。次節では、多元ナショナルな連邦制という文脈における多様性管理法として最適だと思えるものについて、より明確な考察を行う。それは、「慣習立憲主義」あるいは「条約による連邦制」と称されるものである。

条約による連邦制

ここまでの二つの節で、ナショナルな多様性を持つ民主政国家にとっての連邦文化育成の重要性を考えつつ、緊張関係の中に生きるネイションにとっての協定主義が持つ事態修復能力について探ってきた。われわれが考えるところによれば、多様化したと言われる社会が共通の未来を目指せるよう願うなら、共に生きるのに本質的に重要かつ基本的な二つの次元がある。

「条約による連邦制」の概念は、協定主義の伝統にだけでなく、多元的連邦制の思想家達（ここまでで言及したジェイムズ・タリーやディィミトリオス・カーミスなど）が資料的に裏付けたように、政治的契約という伝統にもそのルーツがある。これらの人々はそれを説明するために、イギリスの慣習法の伝統に啓発されて、「慣習立憲主義」という概念を提起している。なお、この「慣習立憲主義」と「条約による連邦制」という二つの概念は、交換可能なものとして通常使用される。

アメリカ大陸へのヨーロッパ人の到着以前から、先住民ネイションは隣接するネイション同士を対立させるもめ事をうまく処理するために、積極的に条約という手法に訴えていた。そうして、イロコイ、ミクマク、ブラックフット(ここではそれだけを挙げておく)は、連邦的性格の連合形態を創り出していたのである[33]。

条約という理念自体が、いかなる制約からも自由に交渉して合意に達するという、当該パートナーの意志を前提にしている。それは、正当かつ対等の立場のパートナー間の承認という一層進んだ承認の形態で[四]、それによって交渉による調整に参画するネイションの歴史的継続性が保証される。ジェイムズ・タリーは、慣習立憲主義、条約による連邦制、多元的連邦制、契約連邦制(fédéralisme contractuel)を区別しないで使用し、多元的連邦制を和解の方法だと言う。「なぜなら、それによって、いくつかの民が相互承認を行い、連合後もその連合の内部で存続させたいと望んでいる法的また政治的差異をまとめあげる(つまり連邦化する)合意に到達できるからである[34]」。

ここでは「条約による連邦制」という名称を使用することにする。その方が、パートナーの現実の要求を尊重するという政治的・社会的アクターの意志が伝わりやすいように思えるからである[35]。このタイプの連邦制は、当該のパートナー間の政治交渉と協力関係が立ち返るべき中心的な場の重要性を強調する。そうした場の形成には、双方向的あるいは多方向的なあり方が求められ、一方的なアプローチでは決してできない。条約による連邦制は、紛争状態にあるアクターに新たなる議論の足場を提供することで、彼らが質的に違う一歩を踏み出だせるようにする。ケベック政府の敗北に終わった一九九五年の住民投票に先立って、ケベック／カナダ関係に関するラフォレとギビンスの著作が望んだように、重要なのは調節よりも和解なのである。その前提については本章冒頭ですでに議論した。それゆえ、条約による連邦制という文脈では、「編入という支配的システムは、先住民が先例を示してくれた協約によって、集団権の……承認という正当なシステムに変貌するのである」[36]。そうだとすれば、このモデルは、被支配状況に置かれて対等な関係の発展を希求する共同体のあらゆるケースに当てはまることがわかってもらえるだろう。

条約による連邦制の賛同者は政治交渉の力学に頼ろうとする。法廷に訴えても、費用が掛かるだけでなく、たいていのケースでは包括的国家が優遇されるため、訴訟といった手段に頼ろうなどとはしないのである[37]。また、タリーは次のようにも言う。「もし王権[五](Couronne)が、条約交渉が自分の権限領域で繰り広げられるよう言い張るなら、……先住民の立場を承認せず、彼らを編入し、不当にも従属させることになる。したがってその交渉は無効となる」[38]。この理念は明白である。すなわち、条約による連邦制は、望まれない編入にも、どのような従属にも反対するものなのである。タリーの意見をさらに続けよう。「排他的権限領域を想定するのではなく、その代替として（先住民の示した）原理に立つ。それによれば、同じ大陸に共存する自由で対等な民はいくつかの権限は共有しつつも、ある点では自治権あるいは主権を持つことができるのが望まれる……」[39]。

条約による連邦制の起源となった政治プロジェクトは、当該ネイションの尊重と共同体の共生に発展的影響をもたらしたが、この統治形態を引き継いだ国民国家は、先住民ネイションと交わした合意をしばしば捻じ曲げようとした[40]。カナダの先住民の不安定な状況に関するエラスムス＝デュソン委員会[六](Commission Erasmus-Dussault)は、「先住民はカナダ市民であり、かつ彼ら自身のネイションの市民である。したがって彼らはいわば二重シティズンシップを保有しているのであり、自分達のネイションに対して、そして全体的な観点からはカナダに対して、この両方への忠誠を表明することができる[41]」と明快に述べている。したがって、こうしたネイションに対する対等、公正、自由という価値観に立って、これら捻じ曲げられてしまった合意を改めてきちんと実現することで、歪みを矯正するのが喫緊の課題となっている[42]。

＊

マジョリティ・ネイションが確立した道具立てだけで、共同体間の和解の道を見定められるなどと考えるのは難しい。多様性を管理するための道具立ては、そもそも包括国家とそのマジョリティ・ネイションの経済的・政治的利益の保障のために考案されており、そこにはマイノリティ・ネイションには不利となる力関係――それは社会学の専門家の注目を絶えず引いている――が表現されている。

法学者セバスチャン・グラモン(Sébastian Grammond)は、先住民ネイションやケベック・ネイションがなした要求を、中央政府がどのようにして頓挫させたかを想起させている。カナダの新憲法秩序導入に至る年(一九六八年〜一九八二年)を考察した結果、グラモンが到達した認識のいくつかを挙げよう。

先住民に対する連邦政府の基本的考え方は、ケベックに対する連邦政府の政治の基本にあるものと類似している。すなわち、個人の平等を追求し、人種、言語、文化に基づく特別な権利はいかなるものであれ拒絶するというものである。先住民を保留地に分離して住まう民とみなしてきたそれまでの法が、結果として彼らがカナダ社会に十分に参加するのを妨げたと連邦政府は考え、最終的にはインディアンという身分を廃止し、彼らが保留地に集住することに終止符を打ち、それに関わる法律を廃止しなければならなかった。[43]

中央政府が推進したこの均一化政策は、一九八〇年代初頭までは難なく維持されていた。それ以降先住民ネイションと中央政府の間に生起した緊張関係という点では、ケベック政府と中央政府の場合同様、カナダ政治はほんのわずかだけ進歩した。パートナーシップという概念と条約による連邦制という概念が、公的言説においても、政党内においても、いくばくかの進展をもたらしたのである。法学者も政治家も、ファースト・ネイションズのメンバーによる土地占有の先行性（antériorité de l'occupation du territoire）という概念が備えている重要性をしだいに理解するようになった。ヴァン＝デア＝ピート（Van der Peet）判決決文で、カナダ最高裁長官アントニオ・ラメール（Antonio Lamer）は次のように書いている。[七]

父祖伝来の権利という学説が存在し、それは（一九八二年憲法の）三五条第一項により承認され確認されている。これは単純な事実に基づく。すなわち、ヨーロッパ人が北米に到来したとき、先住民である複数の民がすでにそこにおり、その地に集団で生活し、それぞれが相互に区別できる文化に参与していた。何世紀も前からそうだったのである。何よりもまずこの事実が、先住民をこの国の他のマイノリティ集団から区別し、特別な法的地位――今では憲法で認められている――を彼らに与えることを避けられないものとしている。[44]

中央政府は先住民ネイションに寛大であり過ぎ、この先行性という概念はもうおしまいにすべきだと考える人の数は非常に多いだろう。トム・フラナガン（Tom Flanagan）の『ファースト・ネイションズ再考』（*Premières nations? Seconds regards*）は、先住民の要求への最も辛辣な攻撃の一つであり、[45]多元的連邦制や条約による連邦制には、それがどのような形のものであれなぜ反対しなければならなのかの理由を長々と述べた――激情にかられた民族主義ではないにしても人種差別すれすれの発言だと言う人もあるだろう[46]――宣伝パンフレットの観を呈している。だが、こうした攻撃は政治エリートからは概して冷たく扱われている。それは、先住民は、世界中で多くの場合最も不安定な地位にあるため、二十年以上も前から国際組織の中で支持を得ているからである。

多元的連邦制にせよ条約による連邦制にせよ、それはケベックにとっても注目に値する。一九四九年のカナダ最高裁の設立以降[八]、中央政府がケベック人に押し付けた構想を越えるのは、多くのケベック人にとってはまだ困難なようである。だが、連邦制という文脈で多様性を管理するさまざまな手法を構想するのであれば、それはできる。そして、それこそが本書全体を通じてわれわれが考察を進めてきたことである。哲学者のクリストフ・パラン(Christophe Parent)は次のような指摘をしているが、それは確かにその通りである。「国家の限界というものが明確にされ、諸ネイションの自由を犠牲にはできないことが明白となる。国家の法理論は、マルチナショナルな連邦国家の場合でも、分離の最少の権利の想定さえも禁じる。それに対して、ネイション間の協定では、分離の権利は自治権と同義なのである[47]」。

二〇一一年の『行き詰まりからの脱出』が決定権を持つ側に求めるのは、どのような試練にでも耐えられる政治的意思、そして社会的アクターの側に求めるのは、前例のない大規模な動員力である。合意された(だが通常は戦争、共同体間の闘争、あるいは戦略的な政治追従の結果押し付けられた)定式を使用するよりも、協定主義、連邦文化、条約による連邦制といった根源に立ち戻る方が、新しい基盤に立った共同体間の和解という問題を考えるのにふさわしい手法だと思われる。また、憲法上の新たな取り決めに関する討議を検証するにもそれがふさわしく、そうすればマジョリティ・ネイションに好都合になっている現在の支配構造に挑戦できるだろう。だがそうするには、先住民以外の人々の目を、(九)条約による連邦制の長所に向けさせるための大規模な教育活動がどうしても必要になる。(48)そして、先住民が過去から受け継いだ制度に——彼らは過去においてその犠牲となったにもかかわらず——今一度信頼を寄せるように説得するためにもそれが必要である。こうした進め方が、文化間交流について重要な進展へと繋がる。このアプローチこそが、パートナーという名にふさわしい者が交わす議論に参与するのにますます必要になっているとわれわれには思えるのである。

[訳註]

(一)カタルーニャ新自治憲章に関する状況およびジャコバン主義については本書の序章を参照。
(二)Cortes はスペイン語で、Corts はカタルーニャ語で、中世イベリア半島にあった王国の「議会」を意味する。États はフランス語で、États généraux(全国三部会)や États provinciaux(地方三部会)があり、中世から一七八九年のフランス大革命まで続いた。
(三)ここでは英語の単語 covenant がそのまま使用されている。英語での政治理論や法学の通常の意味で理解されたい。ここではホッブスの翻訳に使用されている「信約」という訳語をあてる。
(四)包括国家がその国内ネイションを承認するという場合、通常その関係は対等ではなく、そこには上位のものが下位のものを容認するという意味合いがある。それを越えて両者が対等のパートナーだとする点が「一層進んだ承認の形態」と表現される理由である。

(五)カナダはエリザベス二世を女王に戴く国家である。したがってこれはカナダ連邦政府と読み替えることもできる。ただし、著者によると、イギリスの伝統的体制にあっては、王権とは政府とは独立した倫理的人格を示すと理解されているため、その意味では、王権の意味は単なる政府以上のものだと考える方が適当なのかもしれない。

(六)モントリオール近郊で起きた土地の所用に関する争いから、モホーク族が交通封鎖により抵抗し、北米各地の先住民を巻きこんで大規模化した一九九〇年夏のオカ事件(Crise d'Oka)を受けて、一九九一年にカナダ議会に設置された「先住民問題調査委員会」(Commission royale sur les peuples autochtones)。二人の委員長ジョージ・エラスムス(Georges Erasmus)とルネ・デュソ(René Dussault)の名前をとってこのようにも呼ぶ。委員会はカナダ中を巡り数千の証言を得、一九九六年に四四〇の勧告を含む最終報告書を提出した。

(七)この事件は一九八二年憲法の第三五条のもとで先住民の権利が争われた先導的なケースとして知られる。カナダ最高裁は先住民が生活のため、あるいは儀式のために魚を獲る漁労権はそれを販売する権利にまでは及ばないとの判断を下した。先住民であるドロシー・ヴァン゠デア゠ピート(Dorothy Van der Peet)は、先住民が獲ることは合法でも、販売は禁じられている鮭を販売したため逮捕されたのだった。

(八)一八六七年の英領北アメリカ法により控訴院の設立が認められ、一八七五年にはカナダ最高裁が設立されたが、最終控訴院はイギリス枢密院司法委員会であり、刑事については一九三三年、民事については一九四九年までその状態が続いた。一九四九年にカナダ最高裁はすべてについて最終控訴院となったため、ここではその年をカナダ最高裁の設立年としている。

(九)ここで「先住民以外の人々」と訳した語はallochtonesで、「別の国に起源のある者」という意味で移民とその子孫などを指す語としてオランダやベルギーなどでは使用される。反対語はautochtonesであるが、ベルギーでは移民とその子孫以外の人々を意味する。しかし、カナダの文脈では一般に(そして本書でも)autochtonesは「先住民」と理解されるため、カナダのことを語るこの文脈では、allochtonesは先住民以外のカナダ人全般を指していると考えられるので、「先住民以外の人々」とした。

[原註]

（1） Guy Laforest et Roger Gibbins (dir.), *Sortir de l'impasse: les voies de la réconciliation*, Montréal, Institut de recherche en politiques publiques, 1998.

（2）Will Kymlicka, «Le fédéralisme multinational au Canada: un partenariat à repenser», *ibid.*, p.16.

（3） David Schneiderman, «Droits humains, différences fondamentales? Vers un partenariat régi par plusieurs chartes», *ibid.*, p.160.

（4）Jane Jenson, «Reconnaître les différences: sociétés distinctes, régimes de citoyenneté, partenariats», *ibid.*, p.235.

（5）これはカント流である。カントはこう主張する。「あらゆる人の側に身を置いて思考する以上に自然なことは本来ない」(Emmanuel Kant, Critique de la faculté de juger, dans *Œuvres philosophiques. Des prolégomènes aux écrits de 1791*, Paris NRF, tome 2, p.1073). 次を参照。 Guy Laforest, «Se placer dans les souliers des autres partenaires dans l'union canadienne », dans Guy Laforest et Roger Gibbins (dir.), *Sortir de l'impasse, op. cit.*, p.80.

（6）John Kincaid, «Introduction au Guide pays fédérés, 2002»（強調は本書の著者による）次の連邦制フォーラム (Forum des fédérations) のウェブサイト参照。 http://www.forumfed.org/fr/federalisme/intro_guidepays.php.（二〇一〇年七月二六日閲覧）

（7）André Leton et André Miroir, *Les conflits communautaires en Belgique*, Paris, Presses universitaires de France, 1999.

（8）Luis Legaz y Lacambra et al., *El pactismo en la Historia de España*, Instituto de España, Madrid, 1980. 特にこれに含まれる次の論文を参照。 Jaume Sobrequés Galico, «La practica politica del pactismo en Cataluña», p.49-74. また次も参照。 Miguel Molina Martinez, «Pactismo e independencia en Iberoamérica, 1808-1811» in *Revista de Estudios Colombinos*, no 4, avril 2008, p.61-74.

（9）ジェームズ・タリーは言う。「先住民がカナダで享受できる権利の源あるいは根拠は、組織だった先住民社会が先にあったこと、そして、先史時代以降その土地を占拠し活用する中での先住民の法秩序がすでにあったことにある」«Défi constitutionnel et art de la résistance: la question des peuples autochtones au Canada», dans Isabelle Schulte-Tenckhoff (dir.) *Altérité et droit: contribution à l'étude du rapport entre droit et culture*, Bruxelles, Bruylant, 2002, p.278.

（10）Jean Pierre Barraqué, «Pactisme et pactismes», *Sciences de l'Homme et de la Société*, 25 juin 2008, p.2.

（11）*Ibid.*

（12）Francesc Eiximenis, *Dotzè del Crestia*, chapitre 603, cité dans Barraqué, *ibid.*

(13) Salvador Giner, «Origenes del pactismo republicano», *El Pais*, 13 janvier 2010, p.29. フランス語本文は次の自由な翻訳。«La promocion de la convivencia armoniosa como negociacion entre gentes honradas, de la diversidad como responsabilidad en la esfera publica, de la ley y la justicia como fuentes de soberania, de la republica como cosa comun, de la virtud como practica politica, son algunas aportaciones de Eiximenis al desarrollo posterior de la filosofia politica republicana.»

(14) Tzvetan Todorov, *L'esprit des Lumières*, Paris, Robert Laffont, 2006.

(15) このテーマに関しては次の分析を参照。Maria Isabel Wences Simon, *Sociedad civil y virtud civica en Adam Ferguson*, Madrid, Centro de Estudios Politicos y Constitucionales, 2006, chapitre 6. また次も参照。Norbert Waszek, *L'Écosse des Lumières: Hume, Smith, Ferguson*, Paris, Presses universitaires de France, 2003.

(16) S. Rufus Davis, *The Federal Principle: A Journey Through Time in Quest of Meaning*, Londres, University of California Press, 1978.

(17) Michael Burgess, «The Federal Spirit as a Moral Basis to Canadian Federalism», *Revue internationale d'études canadiennes*, no 22, automne 2000, p.13-35.

(18) Miquel Caminal, *El federalismo pluralista. Del federalismo nacional al federalismo plurinacional*, Barcelone, Paidos, 2002, p.74-105; Ferran Requejo, *Fédéralisme multinational et pluralisme de valeurs: le cas espagnol*, Bruxelles, Les Presses interuniversitaires européennes/Peter Lang, chapitre 3.

(19) このテーマに真に関心を抱く研究者にきっかけを与えたのは世論調査だということを指摘しておきたい。次を参照。Patrick Fafard, François Rocher, Catherine Côté, «The Presence (or Lack Thereof) of a Federal Culture in Canada», *Regional and Federal Studies*, vol. 20, no 1, 2010, p.19-43. また次も参照。Richard L. Cole et John Kincaid, «Public Opinion on Federalism and Federal Political Culture in Canada, Mexico, and the United States, 2004», *Publius: The Journal of Federalism*, vol.34, no 3, 2004, p.201-221.

(20) Ivo D. Duchacek, *Comparative Federalism: The Territorial Dimension of Politics*, New York, University Press of America, 1987, p.346.

(21) Daniel J. Elazar, *Exploring Federalism*, Tuscaloosa, University of Alabama Press, 1987, p.192.

(22) Samuel V. LaSelva, *The Moral Foundations of Canadian Federalism. Paradoxes, Achievements, and Tragedies of Nationhood*, Montréal, McGill-Queen's University Press, 1996.

(23)とりわけ次を参照。 Alain-G. Gagnon, «The Moral Foundations of Asymmetrical Federalism. A Normative Exploration of the Case of Quebec and Canada», dans Alain-G. Gagnon et James Tully (dir.), *Multinational Democracies,* Cambridge, Cambridge University Press, 2001, p.319-338; François Rocher, «Fédéralisme canadien et culture(s) publique(s) commune(s): le casse-tête du pluralisme identitaire», dans Stéphan Gervais, Dimitrios Karmis, Diane Lamoureux (dir.), *Du tricoté serré au métissé serré? La culture publique commune au Canada en débats*, Québec, Les Presses de l'Université Laval, 2008, p.141-163.

(24) Dimitrios Karmis, «Les multiples voies de la tradition fédérale et la tourmente du fédéralisme canadien», dans Alain-G. Gagnon (dir.), *Le fédéralisme canadien contemporain: fondements, traditions, institutions*, Montréal, Les Presses de l'Université de Montréal, 2006, p.79-80.

(25) Ronald Watts, «Federalism and Diversity in Canada », dans Yash Ghai (dir.), *Autonomy and Ethnicity: Negotiating Claims in Multi-Ethnic States*, Cambridge, Cambridge University Press, p. 49. 同著者の «No Federal System Works well unless you Build up a Supportive Political Culture», 3 décembre 2008, http//www.waltainfo.com/index2. php?option=com_content&do_pdf=1&id=5251(二〇一〇年八月十三日閲覧)

(26)次を参照。 Dimitrios Karmis et Jocelyn Maclure, « Two Escape Routes from the Paradigm of Monistic Authenticity: Post-Imperialist and Federal Perspectives on Plural and Complex Identities», *Ethnic and Racial Studies*, vol.24, no 3, 2001, p.361-385; Alain-G. Gagnon, *Au-delà de la nation unificatrice: plaidoyer pour le fédéralisme multinational*, Barcelone, Institut d'Estudis Autonomics, 2007.

(27) Michael Burgess, «Gérer la diversité dans les États fédéraux: approches conceptuelles et perspectives comparatives», dans Alain-G. Gagnon (dir.), *Le federalism canadien contemporain, op. cit.*, p.491-492.

(28) Ferran Requejo, *Fédéralisme multinational et pluralisme de valeurs: le cas espagno*l, Bruxelles, Les Presses interuniversitaires européennes/Peter Lang, 2007; Carles Viver, «Una deriva peligrosa del Tribunal Constitucional», *La Vanguardia*, 10 mai 2010.

(29) Raoul Blindenbacher et Ronald Watts, «Federalism in a Changing World–A Conceptual Framework for the Conference», dans Raoul Blindenbacher et Arnold Koller. (dir.), *Federalism in a Changing World : Learning From Each Other*, Montréal, McGill-Queen's University Press, 2002, p.11.

(30)本論では次の論考が着手した考察を継続していきたいと思う。Jean-François Caron, Guy Laforest et Catherine Vallières-Roland, «Le déficit fédératif au Canada », dans Alain-G. Gagnon (dir.), *Le fédéralisme canadien: fondements, traditions, institutions*, Montréal, Les Presses de l'Université de Montréal, 2006, p.150-151.

(31)*Ibid*., p.150.

(32)Joan Romero Gonzalez, «Autonomia politica y acomodo de la diversidad en Espana», dans Jon Arrieta et Jesus Astigarraga (dir.), *Conciliar la diversidad. Pasado y presente de la vertebracion de Espana*, Bilbao, Universidad del Pais Vasco, 2009, p.161-189.

(33)次を参照。Robert A. Williams jr., *Linking Arms Together. American Indian Treaty Vision of Law and Peace, 1600-1800*, Londres, Routledge, 1999; Martin Papillon, «Vers un fédéralisme postcolonial? La difficile redéfinition des rapports entre l'État canadien et les peuples autochtones», dans Alain-G. Gagnon (dir.), *Le fédéralisme canadien contemporain*, *op.cit.*, p.463.

(34) James Tully, *Une étrange multiplicité: le constitutionnalisme à une époque de diversité*, Québec, Les Presses de l'Université Laval, 1999, p.137-138.

(35)次を参照。Bruce H. Wildsmith, «Treaty Responsibilities: A Co-Relational Model», *University of British Columbia Law Review*, vol.26, 1992, p.324-337; James Tully, «Aboriginal Peoples: Negotiating Reconciliation», dans Alain-G. Gagnon et James Bickerton (dir.), *Canadian Politics*, 3e éd., Peterborough, Broadview Press, 1999, p.411-439; James (Sa'ke'j) Youngblood Henderson, «Treaty Governance», dans Yale D. Belanger (dir.), *Aboriginal Self-Government in Canada: Current Trends and Issues, Saskatoon*, Purich Publishing, 2008; James R. Miller, *Compact, Contract, Covenant. Aboriginal Treaty-Making in Canada*, Toronto, University of Toronto Press, 2009.

(36) James Tully, «Défi constitutionnel et art de la résistance: la question des peuples autochtones au Canada», dans Isabelle Schulte-Tenckhoff (dir.), *Altérité et droit, op. cit.*, p.272.

(37)カタルーニャの新自治憲章のケースがこの解釈を裏付けることになる。

(38) James Tully, «Défi constitutionnel et art de la résistance: la question des peuples autochtones au Canada», dans Isabelle Schulte-Tenckhoff! (dir.), *Altérité et droit, op. cit.*, p.289.

(39)*Ibid*., p.291.

(40) このことは次によって資料的に裏付けられている。James R. Miller, *Compact, Contract, Covenant. Aboriginal Treaty-Making in Canada*, Toronto, University of Toronto Press, 2009, chapitre 10, p.283-309.

(41) Commission royale sur les peuples autochtones (Erasmus-Dussault), *Rapport final. Une relation à redéfinir*, Ottawa, Groupe Communications Canada, 1996, p.261. シティズンシップ体制というより一般的なテーマについては、第二章と第三章で議論されている。

(42) Commission royale sur les peuples autochtones, *Rapport final*. 2 vol., Ottawa,Groupe Communications Canada, 1996. 次を参照するのも興味深い。Sakej Henderson, «Empowering Treaty Federalism», dans *Saskatchewan Law Review*, vol. 58, no 2, 1994, p.271-315; Taiaiake Alfred, *Peace, Power and Righteousness. An Indigenous Manifesto*, Toronto, Oxford University Press, 1994; Thomas Hueglin, «From Constitutional to Treaty Federalism. A Comparative Perspective», *Publius,* vol. 30, no 4, 2000, p.137-163.

(43) Sébastien Grammond, *Aménager la coexistence. Les peuples autochtones et le droit canadien*, Bruxelles/ Montréal, Bruylant/Éditions Yvon Blais, 2003, p.106.

(44) R. c. Van der Peet, 137 D.L.R, (4e) 1996, p.303.

(45) Thomas Flanagan, *Premières nations ? Seconds regards*, Québec, Septentrion, 2002. この著作はカナダ・ドナー基金の年間最優秀賞とカナダ社会科学会の栄誉ある賞を得ている。また次の著作も興味深く——いくばくかの不快感も持って——読めるだろう。Frances Widdowson et Albert Howard, *Disrobing the Aboriginal Industry. The Deception Behind Indigenous Cultural Preservation*, Montréal, McGill-Queen's University Press, 2008. この著者達は、ファースト・ネイションズの要求に立ち向かう騎兵隊の任を果たしているのである。

(46) Daniel Salée, «Enjeux et défis de l'affirmation identitaire et politique des peuples autochtones au Canada: autour de quelques ouvrages», *Revue internationale d'études canadiennes*, no 26, automne 2002, p.143.

(47) Christophe Parent, *Le concept d'État fédéral multinational. Essai sur l'union des peuples*, Bruxelles, Les Presses interuniversitaires européennes/Peter Lang, Coll. «Diversitas», p.498.

(48) James R. Miller, *Compact, Contract, Covenant: Aboriginal Treaty-Making in Canada, op. cit.*, p.306.

結論　尊厳と歓待の政治に向かって

「アイデンティティを備えた集団への中傷、歪曲、否認は、その承認の拒絶や無理解同様、……抑圧の形態である。それは尊厳が対等であることをも脅かすような不平等の形態であり、それはステレオタイプ化を可能にし、周辺部に置かれた集団の自己規定の努力を正しく認められない」(タリク・モドゥード Tariq Modood, *La reconnaissance dans tous ses états*, 2009, p.216.)

われわれは地球規模での大きな不確実性の時代に入った。それにまつわるいくつかの重大な傾向を指摘できる。市場のグローバル化、取引の標準化、米国文化による文化変容、政治の貧困、文化実践の均一化、個人の孤立。文化的な面やアイデンティティの面で荒廃をもたらす可能性を秘めたこうした現象の背後には、その将来が今もなお不確かで、反動にさえ直面しているナショナル・マイノリティの問題が隠れている。こうしたマイノリティにとっては、自らを動員し、これに抵抗することが疑いもなく喫緊事である。

本書では、多元ナショナルな文脈にある多様性を管理するための有望な道を見定めようとした。カナダの事例は、創設時の「協定」という原点に立脚してさまざまなネイションをどう対話させるかという経験の小世界を提供してくれている。そこで、われわれはそれを利用して、連邦国家あるいは類似の特性を備えた連邦化の歩みの途上にある国家へのいくつかの教訓を引き出した。カナダとスペインのケースは、現状の素描の出発点となる背景を提供してくれた。

本書を閉じるにあたって、ここまでに取り扱ったもののうち顕著な事柄を振り返るのは当然だが、特にいくつかの原理の確定に努めようと思う。それを出発点として、民主的文脈に生きるマイノリティは、共同体間の正当かつ公正な関係を確立し、彼らの正当な宿願に見合う権力を行使できるようになるだろう。

第五章で見たように、一九九五年～二〇〇五年は、国際機関がナショナル・マイノリティ(抑圧されたマイノリティ、承認を求めているマイノリティ、「国の《ナショナル》」制度に十分な代表権を持っていないマイノリティ)が提起した集団としての要求を、そのマイノリティ内の個人の擁護を優先して、一番なおざりにしていた期間だった。[1] 確かに東チモールやコソヴォのケースがあるにはある。だが、大規模な国際機関が、ますますグローバル化している世界にとって、多様性が課題であるとしているにもかかわらず、この二つの事例は例外でしかない。[2] 国連開発計画(Programme des Nations unies pour le développement)が公表する世界の開発に関する二〇〇四年の年次報告書のタイトルは、「多様化した世界にとっての文化的自由」だった。[3] この報告書は大いに興味深い。

そもそもマジョリティ・ネイションは、マイノリティ・ネイションの代表が行う要求を無視したり、骨抜きにしたりする傾向をしばしば持つ。そんな要求を飲めば、国際機関やグローバル化した市場において彼ら自身を弱体化する危険性があるというのが、その口実である。哲学者アラン・ルノー(Alain Renaut)は、次のように、この現象をうまくまとめている。「ナショナルな実体の中には、支配的アイデンティティと支配される文化的マイノリティの間に差別と排除の関係があった。ところが今やナショナルな実体それ自体が、グローバル・アイデンティティという波にさらされており、それを堰き止められそうなありとあらゆる多様性を平準化し、均等化し、押圧してしまうグローバルな現象の中ただなかにあるのである」[4] そこで今や、マイノリティ・ネイションを内包する国家の代表が、そのメンバーに、こうした脅威となる現象が存在することの証人となるよう求め、マイノリティの側に忠誠であるよう要求している。もしこれらの現象が憲法の裏打ちのある国民国家にとってさえ脅威となっているのなら、マイノリティ・ネイションにとっては、それらは二重に危険である。後者はその属する国家内においても、また地球規模でも、均一化圧力から身を守らなければならないのであるから。

自由な空間の保障という見返りなしでは、マイノリティ・ネイションはマジョリティ・ネイションの求める統一を容認すべきではない――アクトン卿(Lord Acton)は、マルチナショナル連邦制の今日の理論への貢献をなしたが、その中で統一と自由の間にある緊張を総括してそう言う。前者のみに基づく哲学は専制政治へと繋がり、後者に重きを置く哲学は無政府状態へと通じるとも指摘する。それゆえ彼はこの両極間のバランスを見つけるよう勧めるのである。アクトン卿はさらにはっきり述べている。「単一主権の下に異なったネイションが存在することで、……単一権威の下で繰り広げられる隷属から身を守るのが可能になる。利害のバランスをとり、多数の結び付きをつくり、そして、市民のために、複数のネイションが到達した共通意見を支援したり、その行き過ぎを抑制したりすることで、それが可能となる……自由が多様性を誘発し、多様性は自由を組織化する手段を提供することでそれを擁護するのである」[5]。

これ以降のページでは、結論として、マイノリティ・ネイションとマジョリティ・ネイション双方が、承認に基づく政策だけでなく(承認ということは、すでに議論の前提としている)、マイノリティ・ネイションをエンパワーする政策をも確立できるようにする基本原理とは何か、その確定に努める。この二つの戦線に向けての道が開けば、対峙するネイションが裏表のない政治的関係を維持し、相互の相違を受け入れ、信頼の絆を発展させ、そして共同体自由主義(libéralisme communautaire)を深化させることができるのである[6]。しかし、この道が開くかどうかは、先住民ネイションが一九七〇年代初頭以降に証明し、大規模な支持を獲得できたのと全く同様に、マイノリティ・ネイションにも並はずれた抵抗力があることを立証できるかどうかにかかっている。なんといっても、対抗勢力は現状を維持し、特権を保持したいと願っているのであるから。

多元ナショナルな文脈にあるマイノリティ・ネイションの将来にとって本質的に重要な三つの原理(1)節度の要求(exigence de la mesure)(2)尊厳の要求(exigence de la dignité)、(3)歓待の要求

(exigence de l'hospitalité)、を再確認しておこう。この三つの原理を土台として、そこからマイノリティ・ネイションとマジョリティ・ネイションの間の緊張の糸が結び合わされ、展開することになるはずである。

節度の要求

最初の原理である「節度の要求」の根拠としては、モンテスキューにまで遡るのが有用である。彼は十八世紀に、政治社会の中に適切なバランスを見出すため、立法・行政・司法の三権分立を提案した。また、彼には多様性の追求もまた倦むことなく求めるべき本質的に重要な目標だった。ツヴェタン・トドロフ(Tzvetan Todorov)が指摘しているように、モンテスキューは多様性を「普遍的範疇」として打ち立てた(7)。だがモンテスキューから現代への最大の遺贈物は他にある。それは彼の中庸への呼びかけである。それをわれわれはここで「節度の要求」と呼ぶ。奇妙なことに、モンテスキューはそれを、彼の政治の見方にとっての本質的範疇とはしていない。だが、不確実性の時代においては、そしてナショナルな多様性に貫かれ、大規模な課題と格闘している国の将来にとっては、権威ある立場にある指導者側の節度の意識こそが、国民国家の安定と継続にとって、かつてない程に求められている。この点は認めざるを得ない(8)。

十九世紀のアクトン卿同様、モンテスキューは、良い政府には権力のバランスが必要なのを見、権力の集権化の過剰な形態はどんなものでも熱心に非難した。一元論、全体主義、そして潜在的に専制になり得る他の諸形態に反対するには、正しいバランスを見つけなければならないと言う。それゆえ彼は、集権化よりも権力分立を追求したのである。モンテスキューにあっては、あらゆることが節度に帰着する。彼にとっては、良い政府であれば、その大望の点でも目的の点でも、それは必ずや「中庸」となる。

ところが実際には次のようなケースが多い。多元ナショナルな国家の中に生きる共同体間の良好な関係を維持するのに必要なバランスを見出そうというよりも、むしろ政治指導者が自分達の意志を押し付けるために強要と制約を誇示しようとする。新世界の先住民はまさにその犠牲となった。植民者は「先住民の同意なしで、彼らとその土地への支配構造を[9]」樹立した。程度はさまざまだが、自由主義民主政の中でも、確立された支配構造がマイノリティ・ネイションへの深刻な偏見をもたらした。この点は、法学者ユジーニー・ブルイエ、歴史学者ジョン・コンウェイ(John Conway)、哲学者ミシェル・セイムールによる重要な研究に負っている。彼らは、ケベック・ネイションに対して英語系カナダ人のマジョリティ・ネイションの側からなされたいくつもの行き過ぎた行為を証拠で裏付けている[10]。これらいくつかの事実を確認したうえで、マイノリティ・ネイションの持続に本質的に重要な第二の原理へと進もう。彼らは、先人達のユマニスムにこれまで以上に影響を受け、導かれていくことになるはずの世界に生きているのである。

尊厳の要求

大思想家達は人間の本性と正義の責務を特に強調している。デイヴィッド・ヒュームがわれわれに遺してくれた『人間本性論』(*A Treatise of Human Nature*, 1748)や、われわれの時代に近いところではジョン・ロールズの代表的著作である『正義論』(*A Theory of Justice*, 1971)のことを考えてみればいい。彼らは、品位と正義ある生をすべての人に保証するために遵守すべき基本的な規則を俎上に乗せ、権利と自由、そしてその配分について雄弁に語っている。フランスの哲学者アラン・ルノーなどは、彼らの思想を現代社会にあてはめようとした。彼はヒュームが「正義の環境」(circumstances of justice)という呼び方で示しているものを、今日の言葉に言い換えて、「多様性の環境」(circonstances de la diversité)について論じているのである。それこそがわれわれが言うところの「尊厳の要求」であり、民主政の文脈に置かれた複合社会の枠組みで、政治・社会的関係の中核を占めるべきものなのである。ルノーは言う。「人間のアイデンティティとは、本質的に差異のあるもので、この多様性への考慮を捨象してしまっては、尊厳をもって取り扱うことなどできない。その承認のためには、われわれの現代社会が自らに課すべき規則や原理がある。それについて社会が自問するように仕向けた条件の総体を、『多様性の環境』という言葉でここでは表す[11]」。

フランコ主義の終焉と自治権国家の設立から約三十年が経ち、近年、自治憲章の実行を巡りスペイン全土で議論が繰り広げられている。そして、それによって、スペインのナショナリストが擁護する構想と、三つの歴史的な大ネイション(バスク、カタルーニャ、ガリシア)のナショナリストが推進する構想の間には重大な不一致があることが明らかになった。[12] この緊張の本質は、カタルーニャの一二の新聞の編集部が署名し、二〇〇九年十一月二十六日に公表された社説で明らかにされている。[13]

一方に、協定主義の伝統と多元ナショナル連邦制の双方に基礎を置く多元的スペインを擁護する人々があり、他方に、伝統的なブルボン朝の表現を使えば「単一不可分なスペイン」から一歩も譲ろうとしない人々がいる。この社説は両者を対立させる議論の核心を突いている。

スペイン史のうちで最も高潔なこの三十年を可能にした基本的協定は、なお生きている。古代ローマから受け継いだわれわれの法体系に不可欠な基本原理の一つ、パクタ・スント・セルヴァンダ(pacta sunt servanda)を想起すべき時が来た。[一] すなわち、協定によって合意されたものには拘束力があるのである。

カタルーニャには懸念がある。そのことを全スペインが知る必要がある。……今日カタルーニャ人は、何よりもまず自分達の尊厳のことを思う。そのこともまた知られるべきである。[14][二]

このオピニオン・リーダーらが強調しているように、承認とエンパワーメントを同時に追求しているネイションにとっては、今は決定的な転換点である。カタルーニャであれバスクであれ、ナシヨナリスト運動は民主政がうまく根付くよう支援する社会プロジェクトを考えているのだが、その地で要求される多元性への方向転換はわれわれが「尊厳の要求」と呼ぶものから着想を得ている。ラジーヴ・バルガヴァ(Rajeev Bhargava)が指摘している通りである。

この尊厳というものには値が付けられないほどの価値がある。数量の問題でもない。他に比肩すべきものもなく、何ものにも代えがたい。代替不可能であるばかりか、先祖から受け継いたものや社会階層に基づくものでもない。……尊厳とは獲得されるものではない。人がそれを所有しているのは、人が自己決定できる主体であり得るということ、単にそれだけが理由である。もしこれが事実なら、この潜在的力を否定したり傷つけたりする者は何であれ誰であれ、そのこと自体によって個人を損ない、それから尊厳を奪い取るのである。[15]

二〇一〇年六月と七月、スペインで情熱的な盛り上がりが立て続けに起こるのを見た。六月二八日、憲法裁判所はカタルーニャ新自治憲章の合憲性に関する判決を出した(それは、カタルーニャ議会とスペイン国会が四年前に承認し、それに続いて住民投票での七四パーセント近くの支持により有効と認められていた)。この新条約は二重の協定の結果であるにもかかわらず、その大部分を法廷が憲法違反と宣告したのである。この判決は憲法裁判所の裁判官の任命に理由がある。この最終法廷の判事の大部分の指名には汎スペイン中央集権主義の二大政党(社会労働党と国民党)が責任を持ちたいと望んでおり、その結果が反映されたのである。次に七月十日にカタルーニャ市民社会は、「われらは一つのネイションであり、自分のことは自分で決する」というスローガンのもと、憲法裁判所に反駁し、議会主権と人民主権の尊重を要求した。政治家達に尊厳の政治を要求するために、百万人以上がバルセロナの通りに出たのである(16)。

カタルーニャの将来がどうなるかを知るには時期尚早であるが、ソヴィエト帝国の凋落以降目にしたナショナルな自己主張の運動のうち、最強のものの一つをわれわれが目にしているのは確かである。カタルーニャにしろ、ヒューマニズムと民主政の同様な価値観に支えられたその他のネイションにしろ、その将来がどのようなものであるにせよ、それは、節度の感覚を持ち、尊厳を込めた取り扱いが必要なだけでなく、哲学者ダニエル・イネラリティの言い方を使えば「歓待の倫理」にもかかっている。

歓待の要求

マイノリティ・ネイションの将来は、それがどれだけひとを歓待できるかに大きくかかっている。これが、現代自由主義社会において選択の文脈の拡大を確たるものとするための第三の要求である。そもそも、われわれが生きている世界は手続き主義的自由主義が支配している。それは、人が共有し相互交流する社会を考えるよりも、個人を原子のようにバラバラにするのに本質的に関心を向ける世界なのである。

ダニエル・イネラリティは近年、著作丸ごと一冊を使って、現代社会には歓待の倫理が不可欠であるとの考えを強調した[17]。イネラリティによれば、そうした歓待の倫理が定着すれば、「人生、他者、そして我々がその中で生きている文化、それらの持つ豊かな異質性を、解釈を通して自分のものにできるだろう。その異質性は不可解で、無理解や敵意に繋がりかねないものではある。だが、新しいものを学ぶ、すなわち異なったものと出会い、我々の生をつくりあげている差異を調和させる発端の所には、そうした異質性があるものなのである[18]」。ものごとをこのように考えれば、社会における生と共同体間交流の質を評価し直すことになり、政治の世界に一つの意味を改めて付与することになる。

政治的事象と社会的事象におけるこの新たなる覚醒は、熟議の重大時――成熟した民主社会ならどれも見過ごすことのできない、将来がかかっているような時――に不確実性をもたらさずにはおかない。共同体間交流により、社会はその社会的方策――全市民を包摂でき、そして制度の良好な運用への全市民の十分な参加を促すようなもの――の進捗を然るべき姿に整えられるからである。

歓待の要求が小ネイションにとってこそ重要であるのは、重要度が増大している移住民の受け入れ[19]、主要言語の優越性、共同体の意味の喪失、国際競争、シティズンシップ体制の貧弱さ、政治の疲弊といった課題に向き合っているからである。マイノリティ社会はこうした現象を抱え、あらゆる面で弱体化している。それゆえ、不断の動員と、ここで挙げた課題への適切な対応を可能にする抵抗手段の樹立が求められるのである[20]。

マイノリティという文脈における歓待の倫理は、真の間文化的な政策の導入を経ることになる[21]。この政策をとれば、第六章で述べた協定主義の伝統を今日に活かすことができるだろうし、それはまた、社会の多様な構成員を結び付ける。その結果、ホスト社会の強固な核の方も、長期にわたるマイノリティ・ネイションの保護に貢献する一方、多様性がもたらすものによって豊かにされるだろう。

しかし、こうした関係付けは、取り入れるべき手段や推進すべきイデオロギーに関して、深刻な不和をも生み出す(もっともこれは民主的文脈では当然のことである)。それゆえイネラリティが『国家なき民主政』(*La démocratie sans l'État*)で強調しているように、「民主政の刷新は、コンセンサスを目指す熱意からではなく、妥当な不一致の文化(culture du désaccord raisonnable)から起こる。民主政はコンセンサスなしでは済まされないが、差異の表現や、差異を認められた立場を巡る集合的アイデンティティの構築も認めるべきである[22]」。

本論考は、二つの重要なナショナルな経験をしたカタルーニャとケベックを考察の対象としたわけだが、それらはこの刷新の到来と民主的実践の深化に深く関わっている。過去数世紀間にこの二つのネイションが示した忍耐と決断は、啓蒙主義者から受け継いだ原理に向かってそれらが積極的に関わろうとしていることを明白に表している。

まず分析的で解釈的であろうとした研究にここで終止符を打つのは忍びない。ここで取り上げた問題が、政治的アクターがあまりにしばしば無視してきた分野にわれわれを導いてくれたからである。ともかくも認めなければならない点がある。多くの国家で提起された課題に正当な解答を見出すのに不可欠ないくつかの事柄を捨象するのは、今日ではもはや不可能だということがそれである。それらの国家では、マイノリティ・ネイションが、承認される権利を持っているにもかかわらず、相変わらず承認を得ておらず、望んでいるエンパワーメントも享受していない。その達成のためには、本書でわれわれが議論を進めたように、三つの要求、すなわち節度の要求、尊厳の要求、歓待の要求が満たされなければならない。その要求に十分に確実に応えられるならば、ナショナル・マイノリティが多元ナショナルな文脈にある民主政を発展させ続け、そしてマジョリティ・ネイションが自ら非を認めて謝罪をすることが可能になるだろう。

[訳註]

(一)ラテン語で「合意は拘束する」「合意は守られなければならない」の意味。
(二)原書には付録としてこの社説の全文のフランス語訳(約四頁)が付されているが、本書の著者の了解のもと、本訳書ではそれは割愛した。

[原註]

(1)哲学者アラン・ルノーはこのテーマのために次の著作の数ページを割いている。Alain Renaut, *Un humanisme de la diversité. Essai sur la décolonisation des identités*, Paris, Flammarion, 2009, p.285-296.

(2)次の論文集を参照。Lluis Bonet et Emmanuel Négrier, *La fin des cultures nationales? Les politiques culturelles à l'épreuve de la diversité*, Grenoble, La Découverte/Pacte, 2008.

(3) Programme des Nations unies pour le développement, *La liberté culturelle pour un monde diversifié*, Paris, Economica, 2004, sous la direction de Sakiko Fukuda-Parr.

(4) Alain Renaut, *Un humanisme de la diversité. Essai sur la décolonisation des dentités, op. cit.*, p.288.

(5) John Emerich Acton, «Nationality», dans Gertrude Himmelfarb (dir.), *Essays on Freedom and Power*, Glencoe, The Free Press, 1949, p.185.【訳註】英語の原書から本書の著者がフランス語に訳したものから重訳した。

(6)共同体自由主義という概念については次を参照。Will Kymlicka, *La citoyenneté multiculturelle. Une théorie libérale du droit des minorités*, Montréal, Boréal, 2001.

(7) Tzvetan Todorov, *Devoirs et délices: une vie de passeur. Entretiens avec Catherine Portevin*, Paris, Éditions du Seuil, 2002, p. 214.

(8)ここでついでに、内部に分裂のある社会における多様性をどのように管理するかという問題と、妥当なる調整をどの程度強調するかという問題についての最近の二つの著作に言及しておこう。Commission Bouchard-Taylor, *Fonder l'avenir. Le temps de la conciliation*, Commission sur les pratiques d'accommodement reliées aux différences culturelles, Québec, Bibliothèque et Archives nationales du Québec, 2008; Conseil de l'Europe, *Accommodements institutionnels et citoyens : cadres juridiques et politiques pour interagir dans les sociétés plurielles*, numéro spécial de *Cohésion sociale*, no 21, 2009.

(9) James Tully, «Défi constitutionnel et art de la résistance : la question des peuples autochtones au Canada», dans Isabelle Schulte-Tenckhoff (dir.), *Altérité et droit: contribution à l'étude du rapport entre droit et culture*, Bruxelles, Bruylant, 2002, p.266.

(10) Eugénie Brouillet, *La négation de la nation. L'identité culturelle québécoise et le fédéralisme canadien*, Québec, Septentrion, 2005; Michel Seymour, *Le pari de la démesure. L'intransigeance canadienne face au Québec*, Montréal, L'Hexagone, 2001; John Conway, *Debts to pay: The Future of Federalism in Quebec*, 3e éd.,Toronto, Lorimer, 2004.

(11) Alain Renaut, *Un humanisme de la diversité. Essai sur la décolonisation des identités, op. cit.*, p.73.

(12)憲法の非対称性への反対運動を利用することで、いくつもの自治地域が、近年その自治権の地位について改定交渉するにあたって、歴史的ナショナリティの地位を獲得するに至っている。アンダルシア、バレアレス、アラゴンのケースがこれにあたる。カナリア自治共同体も公式の承認要求を申し立てている。次を参照。José Maria Sauca, *Identidad y derecho*, Valence, Tirant lo blanch, 2010, p.214-227.

(13)この意志表明とそれに続いて起こった出来事で、一瞬政治的緊張が緩んだ。それを利用して、スペインの社会運動家と知識人は、分析する価値のあるいくつもの文書で公共空間を再包囲したのである。次を参照。Enric Juliana, «El respeto», *La Vanguardia*, 28 novembre 2009, p.15; Pablo Salvador Coderch, «Estrategia del reencuentro», El Pais, 28 novembre 2009, p.31; Carles Viver i Pi-Sunyer, «Una deriva peligrosa del Tribunal Constitucional», *La Vanguardia*, 10 mai 2010; Ferran Requejo, «Hacia la independencia», *La Vanguardia*, 7 juin 2010; Salvador Carus i Ros, «Ilusion i compromiso», *La Vanguardia*, 7 juillet 2010, p.22; Miquel Caminal, «De sabios es rectificar», *El Pais*, 12 juillet 2010, p.29-30.

(14)*La Dignidad de Catalunya*, *La Vanguardia*, 26 novembre 2009, p.22.

(15) Rajeev Bhargava, «Hegel, Taylor et la phénoménologie des esprits brisés», dans Michel Seymour (dir.), *La reconnaissance dans tous ses états: repenser les politiques de pluralisme culturel*, Montréal, Québec Amérique, coll. «Débats», 2009, p.38-39.

(16)スポーツにおいては、二〇一〇年七月十一日のサッカー・ワールドカップでは、FCバルセロナの何人もの若いスター選手の決定的な活躍のおかげでスペインが勝利した。

(17)Daniel Innerarity, *Éthique de l'hospitalité*, Québec, Les Presses de l'Université Laval, 2009.

(18)*Ibid*., p.4.

(19)調整の実践に関するブシャール＝テイラー委員会の審議は極めて示唆に富む。次を参照。*Fonder l'avenir. Le temps de la réconciliation*, http://www.accommodements.qc.ca/documentation/rapports/rapport-final-integral-fr.pdf

(20)Manuel Castells, *Le pouvoir de l'identité*, Paris, Fayard, 1999.

(21)このテーマについては次の特別号を参照。*Quaderns de la Mediterrania, Los retos de la interculturalidad en el Mediterraneo*, Barcelone, Institut catala de la Mediterrania, no 1, 2000.

(22) Daniel Innerarity, *La démocratie sans l'État. Essai sur le gouvernement des sociétés complexes*, Paris, Flammarion, 2006, p.129.

解説とあとがき

本書はAlain-G. Gagnon, *L'âge des incertitudes. Essais sur le fédéralisme et la diversité nationale* (Québec : Presses de l'Université Laval, 2011) から、「謝辞」と付録の「カタルーニャの尊厳」(二〇〇九年十一月二十六日に、カタルーニャの一二の日刊紙が同時に掲げた社説のフランス語訳)を割愛し、代わりに著者による「日本語版への序文」を翻訳して冒頭に付けたものである。原題を忠実に翻訳すれば、『不確実性の時代―連邦制とナショナルな多様性に関する試論』となるが、これを『マルチナショナル連邦制―不確実性の時代のナショナル・マイノリティ』としたのは、ラファエル・イアコヴィーノ准教授(カールトン大学)との共著『マルチナショナリズム―ケベックとカナダ・連邦制・シティズンシップ』(彩流社、二〇一二年)の邦題を意識したからである。その原題は*Federalism, Citizenship and Quebec. Debating Multinationalism*だが、それを端的に『マルチナショナリズム』としたことをガニョン教授に伝えたところ、「原書もそのタイトルにすれば良かった」という反応だったため、その言を踏まえて、今回も端的に『マルチナショナル連邦制』としたのである。前書がマルチナショナリズムとは何かを論じたものでなく、具体的にカナダとケベックの関係を論じることでマルチナショナリズムの一つの姿を明らかにしたのと同様、今回の著作もマルチナショナル連邦制についての抽象的な書物ではない。視野をカナダ／ケベックから広げて世界に向け、ケベック、カタルーニャ、スコットランドといった国内ネイション(それぞれカナダ、スペイン、イギリスという包括ネイションの内部にある)にとって望ましいマルチナショナル連邦制とは何かを提示しているのである。その意味で、本書は前書を引き継ぐ内容となっており、マルチナショナリズムに立脚したマルチナショナル連邦制の姿を具体的に語っている。

本書を適切に理解するには、ぜひとも前著である『マルチナショナリズム』をお読みいただきたい。前著を前提にして論じている部分が多々あるだけでなく、その翻訳書には、本書の読解に有益な知識が訳注や解説の形で記されているからである。本書の訳注で繰り返しているものもあるが、それは必要最低限に留めているし、本解説でも前著の解説との重複をできるだけ避けているため、前著を参照していただきたいのである。また、著者の詳しい紹介もそちらに譲る(ただし、本書の巻末の[著者]の項目に簡単に記してある)。

冒頭の「日本語版への序」にもあるように、この日本語訳は一六番目の翻訳にあたる。これまでに翻訳された言語は、英語、ポルトガル語、スペイン語、コルシカ語、イタリア語、ドイツ語、ブルガリア語、バスク語、ガルシア語、カタルーニャ語、トルコ語、ヒンディー語、チベット語、アラブ語、クルド語であるが、さらにウェールズ語とベンガル語の翻訳計画もあると聞く。出版されてわずか数年でこれだけの数の言語に翻訳されているのはまさに驚くべきことだが、それが本書の価値を裏付けている。翻訳言語の数の多さだけでなく、この言語リストには大きな特徴がある。まず、英語、ポルトガル語、スペイン語、イタリア語、ドイツ語、ブルガリア語といった欧米の言語だけでなく、ヒンディー語、トルコ語、アラブ語、ベンガル語(そして日本語)といった多彩な言語がリストにあるという点である。このことから、本書は欧米だけでなく広くアジアの関心も惹いていることがわかる。次に、以上に挙げた国家語にだけでなく、カタルーニャ語、バスク語、ガルシア語、コルシカ語、チベット語、クルド語、ウェールズ語といった国家語の地位を持たない言語にも翻訳されているのが非常に興味深い。最初の三つはスペインで独自のアイデンティティを持つ地域の言語、コルシカ語はフランスで、チベット語は中国で、クルド語は中東で独立を志向する運動のある地域の言語、そしてウェールズ語はイギリスで独自の文化を誇るウェールズの言語である。つまり、この第三のグループの言語は、本書がまさに扱っているマルチナショナルな国家の国内ネイションの言語なのである。それぞれに置かれた状況は違っているので単純化するのは慎まなければならないが、それらの言語が話されているのは、本書の内容が何らかの参考になるに違いない地域である。そう考えると、こうした言語への迅速な翻訳は得心の行くものと言える。

こうしてみると日本語への翻訳は後塵を拝してしまった感があるが、この様に広範な地域の人々の関心を惹く書物を日本語に翻訳し出版できる機会が与えられたのは、大きな喜びでもある。前著『マルチナショナリズム』同様、本書は政治学の専門書であるが、専門家だけが読むことを想定しているわけではなく、日本の一般の読者にも是非読んでいただきたい内容だと考えて翻訳にあたった。

世界は今、多様性にどううまく対処するか――フランス語のgérer(英語のmanage)にあたる簡潔な日本語がどうもうまく思い当たらないため、本翻訳書では違和感を覚えつつも「管理」と訳した――という課題に直面している。移民や外国人労働者や難民の大量の流入により、多くの社会が程度の差こそあれ多様性を増している。その結果、文化摩擦や社会の一体感の喪失(社会の断片化)という問題が起こっている。それだけではない。歴史的経緯により引かれた国境線に囲まれた地理的領域に一つの均質な国民をつくりだそうという国民国家理念のもとに圧殺され無視されてきたナショナル・マイノリティが、各地で声をあげているのである。

日本も定住外国人の問題が無視できるような時代でないのは明らかである。特に「在日特権を許さない市民の会」に代表される団体の活動、とりわけ憎悪発言(ヘイトスピーチ)が問題化しており、日本社会のあり方そのものが問われている。では、もう一つの点、ナショナル・マイノリティの課題は日本にないのだろうか。前著『マルチナショナリズム』の解説ではアイヌの問題について触れたが、それに加えてここでは沖縄のことが頭に浮かぶ。そこで自らをナショナル・マイノリティと位置付ける言説が有力だとは思えないが、沖縄の自己決定権について考え、スコットランドを引き合いに出して論じる主張があるのは確かである(二〇一四年十月二十九日付「朝日新聞」一三面の島袋純琉球大学教授の発言)。訳者はアイヌについても沖縄についても発言できるような知識も能力もないので、ここでこれ以上のことを書くのを控えるが、本書が提示するマルチナショナル連邦制は、日本のことを考えるのにも、非常に参考になるのではないかと思う。

それでは本書の内容はどのようなものなのか、訳者の知見も交えながら、それを章ごとに要約しておこう。


序章ではまず、本書執筆の背景をなす国際情勢の認識が語られる。第一次世界大戦後のオーストリア＝ハンガリー帝国とオスマン帝国の解体による中央・東欧国家の誕生、第二次世界大戦後のイギリス帝国を始めとする西欧植民地からのアジア・アフリカ諸国家の独立、そして冷戦後のソヴィエト連邦の崩壊に続く東欧・中央アジアでの新国家の誕生――この結果二十世紀には膨大な数の国民国家が生まれた。そして、二十世紀末から国民国家の中にあるマイノリティ・ネイションが自己主張を強め、独立の気運さえある。事例として取り上げられているのが、カナダのケベック、イギリスのスコットランド、スペインのカタルーニャである。ケベックでは一九八〇年と一九九五年に主権獲得を問う住民投票が、二〇一四年にはスコットランドで独立を問う住民投票が実施された。いずれも主権獲得や独立を求めた勢力が敗北したが、その力は無視できないことを内外に示した。カタルーニャでは、二〇〇六年にカタルーニャ新自治憲章成立を巡っての混乱があり、二〇一四年に予告されていた住民投票実施が断念されたが、「カタルーニャの日」には、分離独立を目指す数十万から一〇〇万を超すデモが何年も行われている。

こうした時代を著者は「不確実性の時代」と呼んでいる。長く主流となっていた国民国家という理念が揺らいでいるのである。「一国家＝一国民＝一言語」という図式の中で周辺に押し込められたり、無視されたりしていたナショナル・マイノリティが各地にある。国家がその状況を国民国家理念に合わせようと内部の均質を求めるなら、ナショナル・マイノリティを圧殺するしかない。あるいは、それに抗してすべてのナショナル・マイノリティが独立国家とならなければならないなら、一万もの国家が誕生するなどという非現実的な夢想をすることになる。そこで求められるのが、一国家の中に複数の国内ネイションが共存する道である。民主的な文脈でそれを可能にするものとして、マルチナショナル連邦制を提唱するのが本書の目的であることが、ここで明らかにされる。

第一章では、カナダとケベックが取り上げられ、個人権に基づく連邦制モデルと集団権に基づく連邦制モデルが言語政策を通して比較される。カナダ連邦政府は個人的二言語主義に基づく言語政策をとり、カナダ全土どこに行ってもカナダの公用語である英語かフランス語のどちらでも個人の選択によって使用できるのを目指す。だが、連邦政府の権限はそれに属する機関にしか及ばず、そこ以外では両言語のどちらでもサービスが受けられるというわけではない。従って、「カナダ全土で」という連邦政府の野望からは程遠い状況にある。他方、ケベックは地域二言語主義に立ち、地域ごとでそのマジョリティの言語だけを公用語とするべきだと考え、フランス語のみをケベックの公用語とした。だが、そのケベックでも住民サービスは必要に応じてかなりの程度英語でも提供されている。結局、実質的にはカナダでは、個人権に基づくモデルと集団権に基づくモデルのどちらも実現されているとは言えず、制度的二言語主義と呼ばれる折衷型の言語政策がとられている。

その結果、連邦政府の機関では英語でもフランス語でも市民の望む言語でサービスを受けられる（実際はそうでもなく、時々フランス語系カナダ人の苦情が表明される）のに加えて、それ以外でも必要に応じて色々な機関で英語でもフランス語でもサービスが受けられるという状況になっている。

以上の現状を確認したうえで、具体的にカナダとケベックの言語政策がどのように進展してきたかを歴史的に振り返る。その中でも、カナダが二公用語制度を導入する一方で、二文化主義政策を多文化主義政策に転換した点に注目しなければならない。多文化主義に立つカナダという構想は、英語系カナダとフランス語系カナダ（そして先住民）というマルチナショナルなカナダという構想と真っ向から対立するからである。カナダの多文化主義は、歴史的にカナダという国を築き上げて来たネイションの文化と、後になって到来した移民の文化とを対等に扱う。それどころか、中心文化を認めず、多様な文化が並存するモザイクこそがカナダのアイデンティティだとするのである。それは、核となる文化を喪失したカナダとは違い、フランス語系カナダ文化を核として社会を構築しようとするケベックには容認できない。それが、カナダ多文化主義に対抗する形で提唱されている間文化主義の基本にある。ケベックの間文化主義については、この後も何度も言及される。ただ、その詳しい説明はない。関心のある向きは次を参照されたい。Gérard Bouchard, *L'Interculturalisme. Un point du vue québécois*, Montréal, Boréal, 2012.（この書物は、現在本書の翻訳者の監修のもと、翻訳チームが翻訳にあたっており、二〇一六年の出版を予定している）

ケベックでは、州内外の様々な抵抗にあいながらも、フランス語だけの単一公用語政策を達成した。そしてフランス語をケベック社会を繋ぐ最も重要な絆だとしている。こうしたケベックの歩みは、カナダ内ではニュー・ブランズウィックのアカディア人やヌナヴトのイヌイットに、カナダ外では、カタルーニャ人などに影響を与えた。本章の残りの部分では、それぞれの場合で具体的にどのような展開があったかが説明される。ニュー・ブランズウィックは英語とフランス語の二公用語政策を実現し、フランス語維持にかなりの成果を上げているが、フランス語系はなお自分達の権利維持のためには戦わなければならない状況に置かれている。ヌナヴトの場合は、六つの先住民言語にも公的地位を与えたことが、それらの復興という結果に繋がった。しかし英語の引力は強力で、ここでもそれが課題となっている。カタルーニャ語は、フランコ死去後その使用権が回復されたわけだが、高度な自治権を与えられ経済力も高かったため、公用語の地位獲得に成功した。ただ、カタルーニャ語の先行きは、カナダのフランス語よりも脅かされているというのが著者の認識である。

第二章でまず問題とされるのは、連邦国家へのグローバリゼーションの影響である。グローバリゼーションの急速な進展によって国家が激しい国際競争にさらされる現代にあっては、国内の多元性に拘っていてはそれに敗れてしまうため、国家の統一的な行動こそが効果的であり、そのために中央集権化が重要だという中央政府の主張がある。それは連邦を構成する国家——フランス語のétatを「国家」と訳すか「州」と訳すかは難しい問題であるが、本書の著者の意識は明らかに「国家」に近いと考えられるので、行政上の用語として「州」を使うべき場合を除いて「国家」と訳してある。ただ、国際法上の独立国家でないことはいうまでもない——の自律性と相反するのは言うまでもない。

現代ではまるで国家の目的が経済発展にあるかのようであり、そのためには言語を始めとした文化的多様性が犠牲にされている。世界の言語が英語だけなら、コストもかからないかのような風潮がある。翻訳や通訳の費用も時間も不要になるからである。そうした経済優先主義によって文化多様性を喪失することは、人類の富を損なうことになる。この著者の批判をもう少し敷衍してみよう。文化多様性の消失が最も顕著に表れるのは言語の消失であり、言語学者は世界の言語多様性の減少に数十年前から警鐘を鳴らしてきた。国民国家形成の過程で国家語が定められると同時にその他の言語は周辺化され、言語の乗換えによって話者の減少を招き、最悪の場合消失してしまうというのが、近代化の中で世界各地で起こった。言語乗換えの結果先祖の文化が理解できなくなってしまったという嘆きは珍しくない。それは人類の文化資産の貧困化につながる。そして現在、今度はグローバリゼーションの中で、安泰のはずだった国家語さえ、英語の力を前にして存続が危ぶまれる時代になっている。フランス語ですらそうなのである。世界が英語一色に染め上げられ、人類の多様な文化が継承されないというのは悪夢であろう。実は、これはカナダという英語が圧倒的な国家、さらには北米の英語の大海の中でフランス語マイノリティが長年抱いてきた危機感と同じなのである。言語の喪失はアイデンティティの喪失に繋がる。ケベックにおけるフランス語擁護・振興の戦いの根本的理由はそこにあることをよく理解しなければならない。(この問題に興味のある方は、次を参考にされたい。丹羽卓「なぜケベックとケベック外のカナダはわかり合えないのか?」『カ

ナダ研究年報』第三十四号、二〇一四年、一九〜三三頁）

次に取り上げられるのが、シティズンシップの問題である。ここでもカナダはある意味「先進的」な事例となる。一つの国家に二つのシティズンシップ体制があることの検証は、EUとその構成国の二重のシティズンシップ体制を考える際にも示唆を与える。ケベックの側には独自のシティズンシップ体制を構築しつつあるという意識があるが、カナダ政府がそれを認めているわけではない。むしろケベックの独自性を容認せず、ケベックも他州同様の一つの州でしかなく、「国家」などではないという強固な姿勢を堅持している。それはケベックの目には自らのアイデンティティの否定と映る。スペインがカタルーニャにも同様の態度をとるなら、EUの諸制度に共同体の多元性原理を刻み込むよう要求するのがだんだん困難になっていく（つまりEUにおいてスペインの自己主張が難しくなる）だろうというのが、著者の主張である。つまり、国民国家とその中の国内ネイションの関係と、超国家EUとその構成国である国民国家との関係がパラレルに捉えられているのである。

著者は、現代の国家はグローバリゼーションの波の中で経済に主導権を握られ、その本来果たすべき責務を全うしていないと考えている。ではその責務とは何か。それは周辺に追いやられている者を社会の中に取り込み、富の再配分によって公正を実現することである。社会の文化多様性の維持、特にナショナル・マイノリティの権利擁護も国家の重要な課題であるとされ、そのためには国民国家が一元論的モデルを捨てて、多元性にもとづいたシティズンシップ体制を築くようにせよというのが著者の主張である。

第三章では、シティズンシップ体制を取り上げて、特に非公式憲法と能動的シティズンシップに注目する。ケベックはカナダとは別に、統治の基盤をなすような独自の法律(組織法)を整えてきた。「フランス語憲章」(一九七七年)、「人間の権利と自由憲章」(一九七五年)、「住民投票法」(一九七八年)、「政党資金法」(一九七七年)、「ケベックの民とケベック州の基本権・特権行使法」(二〇〇〇年)などがそれにあたるが、著者はこれら一群の法律が「非公式憲法」を成すと考えている。いわゆる公式の憲法ではないが、同様の性格を持つものということである。これだけの法律を備えているという点で、ケベックは他の一連の連邦制国家内の州(国家)から抜きん出ている。それゆえケベックはマルチナショナル連邦制内のマイノリティ・ネイション国家の一つのあり方を提示していると言えよう。実は、著者は前著においてケベックが公式憲法を持つよう主張しているが(ケベック議会には憲法草案が二〇〇七年に提案されたこともある)、本書ではその見解を変え、非公式憲法の方が柔軟で望ましいと考えているようである。

しかし、マイノリティ・ネイション国家が非公式憲法を持ったとしても、それを連邦に認めさせなければならない。それにはどうすればいいのか。著者は四つの戦略を挙げている。(一)連邦構成国家の権限領域に連邦政府が介入するのを阻止し、むしろ実践を通してそれを拡大するよう努めること。(二)一九八二年憲法制定以前に比べると、カナダにおけるケベックの自由度が下がっているが、裁判所の判断が時代とともに変化する可能性があるので、それに期待すること。(三)憲法交渉を通してナショナル・マイノリティの要求を内外に知らしめ、それによって社会的結束を強化すること。（四）出発点では法にそぐわないような実践でも、それを通じて法律を修正させられることがあるので、ためらわずそれを行うこと。

主権に関して一元的な見方に立つ限り、カナダとケベックの間の緊張は解消されない。マルチナショナルな国家という概念はそれを超えるのに有効であるが、両者の社会統合理念が異なっている点が問題となる。カナダが多文化主義を掲げ、それをアイデンティティの柱としているのに対して、ケベックは間文化主義によって社会統合を行おうとしている。また両者はシティズンシップの点でも違いがあり、前者が受動的であるのに対して、後者は能動的だと主張されている。そして、カナダが「権利及び自由に関するカナダ憲章」をアイデンティティの中核に据え、それに依存しているのが政治の貧困に繋がっているというチャールズ・テイラーの批判に立って、市民の能動的政治参加の重要性が説かれる。カナダ型の係争解決が法廷に訴えることであるのに対して、ケベック型の手法は対話、歩み寄り、調停であり、政治はそのための空間と理解されるのである。そして、それには政治への市民の積極的な参加が求められ、公の場での熟議こそが重要だと考えられるのである。さらにそうした対話を社会のマジョリティとマイノリティの間でも積極的に進め、相互の尊敬に至ろうとするのが間文化主義なのである。だが、課題は間文化主義に立って能動的シティズンシップをどう樹立して行くかにある。

第四章ではマルチナショナル連邦制の中の自治の問題に取り組み、まず、アイザイア・バーリンの「積極的自由」の概念を、本来の地点から離れて集合体に適用することで考察を進めて行く。そして、国民国家内のナショナル・マイノリティを解放しエンパワーできる自治、その理想がどのようなものかを明らかにしようとする。

ここでも具体的にカナダとケベックの関係が問題にされる。カナダはケベックをエンパワーしようとするどころか、むしろ抑圧しようとしている——著者はそう認識している。特に二〇世紀以降のカナダの歴史のかなりの部分が、中央政府による地方権限の侵犯だと様々な事例によって論証している。それはカナダの連邦形成時の根幹を揺るがすものだった。中央政府がナショナル・マイノリティあるいは地方に寛容な時代も時折あったが、大きな流れとしての中央集権化は否定できない。

中央集権化を進める時、中央政府が頼り得る二つの戦略がある。マジョリティのナショナリズムによってマイノリティの要求を抑制する「抑制の戦略」と、要求を聞き入れることによってマイノリティを手なずける「満足の戦略」である。だが、マイノリティの要求を満足させればそれはさらにエスカレートし、国家の分裂に至る危険があるとの考えに立って、トルドー首相以来中央政府は多くの場合抑制の戦略をとり、時に満足の戦略でマイノリティの不満を和らげたのだった。しかし、著者はこの「抑制の戦略と満足の戦略」という考え方自体が、中央だけが主権を持つという前提に立っており、連邦制の本義にもとると批判する。著者の連邦観では、主権は包括国家(カナダ)にだけあるのでなく、それを構成する国内ネイションにもある。結局は、カナダは単一のネイションから成る国民国家なのか、複数のネイションから形成されるマルチナショナル国家なのか。対立の根底にはこの見解の相違があるのである。

実は中央集権への異議申し立てはケベックだけではないことを示すために、大西洋諸州と西部諸州からの要求にも言及されている。しかし、やはりこの点でケベックが際立つのは間違いない。一八六七年の連邦形成以降、ケベックはどの政党が政権を取ったにせよ概ね州の自治を追求してきた。そして、いくつかの局面で連邦政府から譲歩を引き出したこともある。だが、中央政府の大きな流れはやはり抑制という戦略であり続けた。そして、それがケベック州政府にも自己抑制の効果を生んだ。特に本書執筆当時のシャレ自由党政権は、一方で連邦政府との軋轢を避け、他方でケベック住民の要求エスカレートを恐れて、連邦政府に対して強い要求に出なかったと批判的に描かれている。

中央集権志向は政府だけではない。英語系の研究者の多くも同様であり、中央政府にリーダーシップを取るよう勧めた。中央政府もそれに基づき抑制の戦略に立って連邦構成州を締めつけたわけだが、それはかえって反発を招いた。本書には、ケベックの置かれた立場を「国内植民地」と呼ぶいささか衝撃的な表現さえ用いられている(それは著者だけのものではなく、そう呼んでいる研究者はほかにもいる)。これは「静かな革命」以前のフランス語系ケベック人が自ら置かれた立場をかつて「白い奴隷」と表現していたのを想起させる。そのような状況に著者はもちろん批判的であり、中央政府が逆の手法を採るよう主張する。ナショナル・マイノリティを抑え込んだり、時に餌を与えて手なずけたりするのではなく、逆にエンパワーする戦略を取れば、対立は政治的収斂へと向かうだろうというのである。

ではなぜ、他はどうであれ、ケベック人はエンパワーメントの道の方を望むのか。三つの理由が挙げられている。第一は、ケベックはひとつのネイションなのであるから、マジョリティ集団に加わって議論するよりも、その内部でまず議論することこそが実効性の点で優先され、その決定は他から尊重されるべきだからである。第二に、包括国家の統合政策はマジョリティに好都合に組み立てられており、それを全体に適用することはマイノリティ・ネイションであるケベックの主権を侵害する行為だからである。第三に、連邦構成州と中央政府が行う多極間交渉を信用していないからである。一九八二年の憲法移管以降の憲法交渉でしばしばケベックが孤立したという歴史がそうさせる。以上の理由で、ケベックはネイションとして承認されるだけでなく、エンパワーされることを求めるのである。自治とは中央から許可されるようなものではなく、その民をエンパワーし解放するものだという著者の考えに注目しなければならない。地方は中央から許された権限だけを持つなどという、中央集権的志向に真っ向から反対しているのである。

第五章でいよいよマルチナショナル連邦制に正面から取り組む。ナショナル・マイノリティのエンパワーの必要性を前節で述べたのを受けて、どのようにマルチナショナル連邦制がそれに応えることができるのかが論じられるのである。

連邦制を領域的連邦制とマルチナショナル連邦制とに分けたのはフィリップ・レズニックであるが(本翻訳原稿に目を通してもらった荒木隆人氏による)、カナダはどちらに分類されるのかというのがまず論点となる。オーストラリアやアメリカ合衆国のように、州の区切りはとくに言語や文化と関わりなくできている領域的連邦制なのか、スイスやベルギーのように言語や文化と関わるマルチナショナル連邦制なのか。カナダの英語系の研究者の多くがカナダを領域的連邦制だと捉えるのに対して、ケベックの研究者はマルチナショナル連邦制だと捉える傾向がある。また、ケベック外の英語系からもそれに賛同する者としてキムリッカやタリーの名前が挙げられる。そして、マルチナショナル連邦制に一見似ている地域文化的自治モデルは、ナショナル・マイノリティのエンパワーメントや解放には繋がらないとして退けられる。それはマジョリティ・ネイションの支配下での、一定限度内の自治の許容でしかないからである。

二十世紀終盤にチャールズ・テイラーが提唱した「承認の政治」は、カナダ内外に大きな反響を呼び、それを巡る活発な議論が展開された。著者の前著(ラファエル・イアコヴィーノとの共著)も、その考え方に大きく依拠している。しかし本書では著者はそれで満足しない。マジョリティ・ネイションがマイノリティ・ネイションを承認し、調整を図れば事足りるというものではなく、前者と後者が対等の立場に立って、後者をエンパワーする政治を追求しようとしている。「承認の政治」を出発点として「エンパワーメントの政治」を目指しているのである。

しかし、残念なことに国際情勢は逆行しているという著者の嘆きが聞こえる。二十世紀の終わり頃にはナショナル・マイノリティの自決権を支援しようとする感があった国際機関も、ベルリンの壁崩壊後コソヴォの独立を例外として、方針を転換し、国民統合の方を優先しようとしているように見えるからである。それに呼応するように、各地でナショナル・マイノリティが自治権獲得の困難な戦いから離脱して、自らを先住民と主張し、それによって利益を得ようとしている。こうした時代、マジョリティ・ネイションはそうした共同体に内的自治は認めることがあっても、外的自治を認めようとしない。

このような状況を打破するための決定打として著者が主張するのが、マルチナショナル連邦制なのである。ただしそれは制度だけの問題ではなく、それを支える連邦文化の確立が求められ、連邦を構成する諸ネイション間に信頼関係が築かれなければならない。

第六章は、まさにその信頼関係に依存する協定主義についての議論から始まる。そこでの理解によれば、協定とは契約以上のものであり、「対等な者同士の義務を伴った連合」である。さらに付け加えれば、長期にわたって誠実にそれを遵守しようという倫理的約束とも言える。著者は協定主義の源泉を、一四世紀のカタルーニャ人フランセスク・アイシメニスにまで遡る。それがフランス啓蒙主義者、さらにはスコットランド啓蒙主義者を通じて受け継がれているとの認識に立って、協定主義に立った連邦文化の創設こそが肝要だと訴えているのである。

しかし連邦文化とは何か。残念ながらその研究はあまり進んでいないが、重要な研究もある。著者はいくつかの先行研究を辿りながら、マイケル・バージェスを経て、ラウル・ブリンデンバッカーとロナルド・ワッツの提示した連邦文化の質の測定基準に到達する。そして、その値が高ければ高いほど連邦国家内の共同体の和解政策がうまくいくと考えている。その前提には連邦内の共同体がエンパワーされればされるほど、連邦への忠誠心が高まり、中央政権が支配的になればなるほどそれは離反するという考えがある。

次に、そうした互恵・相互性と信頼に基礎を置く連邦文化に立脚した連邦をどう構築するかという問題に取り組まなければならないが、そのために「条約による連邦制」という理念を提示する。そして、その起源は北米大陸先住民に求められるのである。通常の承認が、上位集団(あるいは強者)が下位集団(あるいは弱者)を承認するという上下関係を前提にしてなされるのに対して、条約は対等なパートナーが相互に承認を行うという点で、承認の政治より一歩進んだ姿をとると著者は主張する。

著者が自分の主張の根拠として、カタルーニャ人のアイシメニスと北米先住民を引き合いに出しているのは二つの点で興味深い。一つには、その理念が昨日今日のものではなく、十分長い人類の歴史に根差していることを示したいのであろう。もう一つは、スペイン／カタルーニャとカナダ／ケベックという本書が中心的に扱う地域にまさにその源泉があるという点である。これは偶然なのかもしれないが、著者はそこに何らかの意味を見出しているのかもしれない。

それはともかく、困難な課題となっている社会の多様性をうまく管理するには、これまでのようにマジョリティ・ネイションが考案し、それに有利になるようにつくられている道具だてでは行き詰まりに来ている。しかし、そこから脱出するために条約による連邦制に移行するのは容易なことではない。マジョリティ・ネイションにそれを受け入れさせ、ケベックやファースト・ネイションズを対等の交渉相手とする思考に到達するには大掛かりな教育が必要であり、多大な時間を要するであろう。だが、それ以上の方策があるのだろうか？

最終章は「尊厳と歓待の政治に向かって」と題されている。その冒頭で、われわれの時代が地球規模で不確実だという認識が、再度確認される。大規模で強力なグローバル化の波の中で、経済の支配が強力となり、政治と文化の貧困化が進んでいるという認識に著者は立っている。長く安定していた国民国家が制度疲労を起こしていると言っても良いだろう。一方では、グローバリゼーションによる国境の壁の低下やEUに代表される超国家の誕生によって国民国家の相対的地位が下がり、他方でそれまで周辺に押しやられていたナショナル・マイノリティが自己主張を強めている。もはや、「一国家＝一国民」というフィクションが持ちこたえられなくなった、不確実な時代にわれわれは生きているのである。その不確実さの中で国民国家（マジョリティ・ネイション）は、グローバリゼーションの波に抗するために、ナショナル・マイノリティに対して忠誠を求めている。こうしたグローバリゼーションとマジョリティ・ネイションの二重の圧力のもとで、ナショナル・マイノリティはどう進めば良いのか。本書の結論としてその道筋が示されているのである。

マジョリティ・ネイションがマイノリティ・ネイションから忠誠を得るには、それを抑圧するのではなく、それを承認するだけでもなく、さらに進んでそれをエンパワーすることだと第六章で語られた。では、その道を歩むにはどうすればよいのか。著者はそのための三つの原理を提示する。（1）マジョリティ・ネイションは行き過ぎた行為を避け、バランスのとれた中庸の道を探らなければばならない。(2)ナショナル・マイノリティの尊厳が尊重されなければならず、その意思が無視されるようなことではいけない。(3)マイノリティ・ネイションの将来は、どれだけ移住民を喜んで受け入れられるかにかかっている。彼らを周辺に追いやるのではなく、全市民を包摂し、その積極的な参加を促すような社会を築かなければならない。それはまさに間文化主義の言う所である。

以上の様な内容の本書は、アメリカ合衆国に代表される連邦制とは異なる連邦制を志向する。本書の中でも言われていることだが、世界の連邦制の研究の主流はアメリカ合衆国のモデルに基づくものであり、マルチナショナルな連邦制の研究は少ない。しかし、広く世界に目を向ける時、一つの国家の中に複数のネイションが存在するのは珍しくない。エスニック・マイノリティではなく、ナショナルな実体を備えたマイノリティのことである。一つの社会が包摂的であろうとするなら、移住民をきちんと社会に組み込むために、エスニシティの希薄化が必要になる。それこそケベックが何十年もかけて歩んできた方向であるし、本書冒頭の「日本語版への序文」にあるように、今回のスコットランド独立を問う住民投票でスコットランド国民党が目指した方向だった。

これまた本書によれば、近年の国際社会の無理解の壁にぶつかって、各地の歴史あるマイノリティがナショナル・マイノリティへの道をめざすのではなく、より容易に承認を受けられる「先住民」としてエスニック・マイノリティの方向に萎縮する傾向がある。それ以上はっきりとは書いてはないが、その地で長い歴史を持ち、独自の文化を維持してきたマイノリティが今後発展していくためには、保護される対象ではなく、自己主張できるようなナショナルな実体を持つべきだと著者は考えているのではないだろうか。そうしたマイノリティにとって、本書が示しているマルチナショナル連邦制は大きな意味を持つように思われる。

二〇一四年という年はナショナル・マイノリティにとって記憶に残る年となろう。九月十八日にスコットランド独立を問う住民投票があり、世論調査で、一時は独立賛成派が反対派を上回るという事態となり、世界の注目を引いた。結果は投票率八五・四九パーセント、賛成四四・七パーセント、反対五五・三パーセントで、独立は否決された。また、十一月九日にはカタルーニャで公式の住民投票が行われることが州議会の圧倒的多数の賛成で決定されたが、スペイン政府が憲法裁判所に提訴した結果、この投票は憲法違反とされた。それでも住民の意向を聞く非公式な住民投票が強行された(これも憲法裁判所の実施差し止め命令が出た)、投票率四割程度でその八割超が独立を支持した。逆に、日本では一般の注目を集めてはいないが、ケベックにおいては、四月八日の州議会選挙でケベック党が大敗し、二〇一一年のカナダ総選挙で四議席に転落したケベック連合は、二〇一四年六月に行われた党首選の結果分裂状態になった。こうして、州議会においても連邦議会においても主権獲得派が大きな打撃をこうむった年だった。独立(あるいは主権獲得)という点で先頭を走っていた感のあるケベックで独立派が後退し、住民投票で敗れたスコットランドやその実施を阻止されたカタルーニャの方がその勢力が維持されている。それが二〇一四年と言えよう。

本書の翻訳にあたっては、訳註に記したいくつもの研究を参考にした。それ以外に、法律の専門用語については次を参照した。

山口俊夫[編]『フランス法辞典』東京大学出版会、二〇〇二年。

ただし、そこに記載のないものが多数あり、またケベックの法律用語の日本語訳の蓄積がないため、訳者が考案しなければならなかったものも少なからずあり、それが適切かどうかは今後の批判を待つ必要がある。それに限らず、専門用語については原語を併記してあるので、確認していただきたい。また、カナダおよびケベックに関する用語については次に従った。

日本カナダ学会編『新版　史料が語るカナダ』有斐閣、二〇〇八年。

『マルチナショナリズム』の時にも書いたが、訳者は政治学を専攻する者ではない。『マルチナショナリズム』翻訳の際に多くを学び、今回も一所懸命に勉強を重ねて翻訳にあたったが、重大な誤訳の可能性が否定できない。そこでケベックの政治学の専門家である二人の研究者に翻訳原稿を読む労をとってもらった。マギル大学の修士課程で本書の著者であるアラン＝G・ガニョン教授の指導を受け、オタワ大学政治学研究科でリュック・ジュイエ教授の指導のもと博士号を取得された古地順一郎氏(北海道教育大学教育学部函館校国際地域学科講師)とケベック大学モントリオール校の修士課程で、本書でも名前のあげられているマルク・シュヴリエ教授の指導を受け、京都大学法学研究科で新川敏光教授の指導のもと博士号を取得された荒木隆人氏(京都大学法学研究科特定助教)であるが、このお二人の貴重な意見に大いに助けられたことに感謝をしている。またスペインのことについては、金城学院大学での訳者の教え子であり、名古屋大学大学院国際開発研究科で修士号を取得した後、現在マドリッドにあるタブレロス・イ・プエンテス社の国際部部長を務めている山村久美子さんの協力に感謝したい。さらに、翻訳原稿に目を通し誤字脱字や不統一を指摘し、索引を作成する作業は『マルチナショナリズム』の時同様、森田知佳さんにお願いした。森田さんも名古屋大学大学院国際開発研究科で修士号を取得し、現在はダブリンのＩＴ企業で活躍中である。彼女の緻密な作業には本当に助けられた。

訳者がこれまで携わった二冊の翻訳書に続いて、本書の出版も快諾くださった彩流社の竹内淳夫社長と、何度も締切延長をお願いしたのを寛大に受け止め、立派な書物に仕上げてくださった同社編集部の河野和徳氏にも感謝したい。

本翻訳書の出版にあたってはケベック大学モントリオール校の助成をいただいた。末尾になってしまったが、著者のガニョン教授に感謝したい。教授は本書の翻訳を勧めてくださっただけでなく、ケベック大学モントリオール校の助成獲得に尽力くださった。そして、前著の翻訳時同様、訳者の煩雑な多数の質問に迅速に答えてくださった。『マルチナショナリズム』に続いて本書を翻訳出版できたことは、訳者にとって大きな喜びである。政治学の門外漢にとって荷が勝った翻訳ではあったが、これを通して非常に多数のことを学ぶことができた。そして何よりも、アラン＝Ｇ・ガニョンというカナダ／ケベックの極めて重要な政治学者を日本に紹介できたことが大変嬉しい。この二冊の翻訳が日本における連邦制の研究の一助になればと願う次第である。

【著者】
アラン＝G・ガニョン

1954年生まれ。ケベック大学モントリオール校政治学科ケベックとカナダ研究講座教授。長年にわたってマルチナショナル連邦制と民主政に関する研究を世界的にリードする。ブリュッセル、スコットランド、バルセロナ、モントリオールで発行される学術誌の審査委員も務める。トルドー賞など10を超す賞を受賞。50以上の著書・編著があり、ケベック大学モントリオール校の次のウェブサイトで確認できる。https://politique.uqam.ca/corps-professoral/professeurs/164-gagnon-alain-g.html

【訳者】
丹羽 卓（にわ・たかし）

1954年生まれ。金城学院大学キリスト教文化研究所教授。著書に『ケベックを知るための54章』（共著、明石書店、2009）、論文に「ケベック・ネイションとは何か：様々な統合モデルと課題」（『カナダ研究年報』第28号、2008）、「Québécois Nation Motionをめぐる言説とその意味」（『金城学院大学論集』人文科学編第5巻第1号、2008）、「マルチナショナリズムとケベックのネイション化に占めるフランス語の中心的地位」（『ケベック研究』第5号、2013）、「なぜケベックとケベック外のカナダはわかり合えないのか？」（『カナダ研究年報』第34号、2014）、「ケベコワの多くは本当にラシストなのか？」（『ケベック研究』特別号 小畑精和先生追悼論集、2014）、監訳にジェラール・ブシャール『ケベックの生成と新世界』（共同監修・共訳、彩流社、2007）、アラン・ガニョン＆ラファエル・イアコヴィノ『マルチナショナリズム：ケベックとカナダ・連邦制・シティズンシップ』（監修・共訳、彩流社、2012）がある。

Sairyusha

マルチナショナル連邦制《れんぽうせい》
不確実性の時代のナショナル・マイノリティ

二〇一五年三月十日　初版第一刷

著者――アラン＝G・ガニョン
訳者――丹羽卓
発行者――竹内淳夫
発行所――株式会社 彩流社
〒102-0071
東京都千代田区富士見2-2-2
電話：03-3234-5931
ファックス：03-3234-5932
E-mail：sairyusha@sairyusha.co.jp
印刷――明和印刷（株）
製本――（株）難波製本
装丁――宗利淳一

ISBN978-4-7791-2069-5 C0022
http://www.sairyusha.co.jp

【人名索引】

[＊原書の人名索引に挙げられた人名を、原綴りを付けてすべて載せた。そこには、本書で初めてカタカナ表記がなされた人名も多数ある。いつも問題になることだが、原則として本人の母語と思われる言語での読み方としたつもりだが(カナダ首相などの様にすでにカタカナ書きが定着したものを除く)、訳者がその人物の母語が何かを、あるいはその言語自体を良く知らないための間違いもあるかもしれない。すでにカタカナ表記されているものはそれに倣ったが、訳者がそのことを知らず、異なるカタカナ表記をしている場合もあるかもしれない。そうした諸々の事情で、不適切なカタカナ表記になっているものもあるかもしれないが、事情を汲んでご容赦いただきたい。]

[あ行]

アイシメニス , フランセスク (Eiximenis, Francesc)　214, 215
アカン , ユベール (Aquin, Hubert)　182
アクトン卿 (Loard Acton=Acton, John Emerich)　239, 241
アジェージュ, クロード (Hagège, Claude)　79
アブラバン , ヤスミーン (Abu-Laban, Yasmeen)　115
アルトゥジウス , ヨハンネス (Althusius, Johannes)　19
イアコヴィーノ , ラファエル (Iacovino, Raffaele)　105
イネラリティ, ダニエル (Innerarity, Daniel)　118, 197, 246
イバレチェ, フアン・ホセ (Ibarretxe, Juan Jose)　17
ヴァリエール＝ロラン , カトリーヌ (Vallières-Roland, Catherine)　221
ウィルソン , ヴィンス (Wilson, Vince)　115
エラザール , ダニエル (Elazar, Daniel)　146, 212, 217

[か行]

カーミス , ディミトリオス (Karmis, Dimitrios)　217, 218, 223
カッツェンスタイン , ピーター (Katzenstein, Peter)　84
カミナル・イ・バディア , ミケル (Caminal i Badia, Miquel)　15, 178, 217
カルフーン , クレイグ (Calhoun, Craig)　23, 197
カロン , ジャン＝フランソワ (Caron, Jean-François)　221
キーティング , マイケル (Keating, Michael)　11
ギビンス , ロジャー(Gibbins, Roger)　209, 225
ギベルナウ , モンセラート (Guibernau, Montserrat)　11
キムリッカ , ウィル (Kymlicka, Will)　25, 191, 192, 209, 210
キャメロン , デイヴィッド (Cameron, David)　7, 92
キンケイド , ジョン (Kincaid, John)　212
クラーク , ジョセフ (Clark, Joseph)　23, 141
グラモン , セバスチャン (Grammond, Sébastien)　227
クレティエン , ジャン (Chrétien, Jean)　142, 151
コーチン , トマス (Courchene, Thomas)　157
ゴールデンバーグ , エディ (Goldenberg, Eddie)　142
コンウェイ , ジョン (Conway, John)　242

[さ行]

サモンド , アレックス (Salmond, Alex)　12
ジェナール , ラウル・マルク (Jennar, Raoul Marc)　81
ジェンスン , ジェーン (Jenson, Jane)　101, 209, 210

ジネル , サルバドール (Giner, Salvador)　215
シメオン , リチャード (Simeon, Richard)　185
シャレ , ジャン (Charest, Jean)　153, 154, 158
シュヴリエ , マルク (Chevrier, Marc)　24
シュヴレット , フランソワ (Chevrette, François)　136
シュナイダーマン , デイヴィッド (Schneiderman, David)　209, 210
スカーバティ , Ｚ・Ａ (Skurbaty, Zelim)　201
スタイン , ジャニス (Stein, Janice)　92
スタシウリス , デイヴァ (Stasiulis, Daiva)　115
スナイダー, ルイス (Snyder, Louis)　10
スミス , アンソニー (Smith, Anthony)　20
セイムール , ミシェル (Seymour, Michel)　105, 178, 242

[た行]

タープ , ダニエル (Turp, Daniel)　13, 22, 201
ダール , ロバート (Dahl, Robert)　156
タリー, ジェームズ (Tully, James)　19, 28, 108, 109, 164, 183, 187, 223, 224, 225
チョウドリー, シュージット (Choudhry, Sujit)　185
辻村みよ子 (Tsujimura, Miyoko)　102
ティアニー, スティーヴン (Tierney, Stephen)　107, 110
デイヴィス , ルファス (Davis, Rufus)　216
ディオン , ステファン (Dion, Stéphane)　138, 139
テイラー, チャールズ (Taylor, Charles)　77, 115, 120
テリオ , ジョゼフ・イヴォン (Thériault, Joseph Yvon)　103, 106
ドゥチャチェック , アイヴォ (Duchacek, Ivo)　217
トドロフ , ツヴェタン (Todorov, Tzvetan)　241
トルドー, ピエール・エリオット (Trudeau, Pierre Elliott)　51, 139, 142, 182

[な行]

ヌートン , ジュヌヴィエーヴ (Nootens, Geneviève)　112
ノエル , アラン (Noël, Alain)　157, 209

[は行]

バージェス , マイケル (Burgess, Michael)　188, 216, 218, 219, 220
ハーパー, スティーヴン (Harper, Stephen)　23,141, 152
バーリン , アイザイア (Berlin, Isaiah)　27
パッテン , アラン (Patten, Alan)　201
ハナム , Ｈ (Hannum, Hurst)　201
バラケ・ジャン・ピエール (Barraqué, Jean Pierre)　214
パラン , クリストフ (Parent, Christophe)　229
パリゾー, ジャック (Parizeau, Jacques)　189
バルガヴァ, ラジーヴ (Bhargava, Rajeev)　244
パレルモ , フランチェスコ (Palermo, Francesco)　200
ピアソン , レスター・Ｂ (Pearson, Lester B.)　140, 141, 148
ピ・イ・マルガル , フランセスク (Pi i Margall, Francesc)　19
ヒューム , デイヴィッド (Hume, David)　215, 242, 243
ファーガソン , アダム (Ferguson, Adam)　215
ファブリ , エレーヌ・ルイズ (Fabri, Hélène Ruiz)　80

フィリップス , スーザン (Phillips, Susan)　85
フォーブス , ドナルド (Forbes, Donald)　112
ブシャール , リュシアン (Bouchard, Lucien)　189
ブラサ , ロベール (Bourassa, Robert)　53, 149, 153, 189
フラナガン , トム (Flanagan, Tom)　228
ブリンデンバッカー, ラウル (Blindenbacher, Raoul)　221
ブルイエ , ユジーニー (Brouillet, Eugénie)　108, 201, 242
プルードン , ピエール＝ジョゼフ (Proudhon, Pierre-Joseph)　15, 19
ヘクター, マイケル (Hechter, Michael)　11
ペティット , フィリップ (Pettit, Philip)　27, 28, 132, 133, 134
ペルティエ , ブノワ (Pelletier, Benoît)　153, 157, 209
ボフィル , エクトール (Bofill, Hector)　22

[ま行]

マーチン , ポール (Martin, Paul)　151, 160
マイス , ラモン (Maiz, Ramon)　178
マクギャリー , ジョン (McGarry, John)　185
マクドナルド , ジョン・A (Macdonald, John A.)　160
マクレイ , ケネス・D (McRae, Kenneth D.)　43
マクロバーツ , ケネス (McRoberts, Kenneth)　11, 65, 209
マルクス , エベール (Marx, Herbert)　136
マルルーニ , ブライアン (Mulroney, Brian)　23, 141, 148
モンテスキュー (Montesquieu)　19, 241

[ら行]

ラグリン , ジョン (Loughlin, John)　18
ラジョワ , アンドレ (Lajoie, Andrée)　135
ラスティック , イアン (Lustik, Ian)　180
ラフォレ , ギー (Laforest, Guy)　120, 181, 186, 209, 211, 221, 225
ラベル , ミシュリーヌ (Labelle, Micheline)　116
ラポンス , ジャン (Laponce, Jean)　43
ラメール , アントニオ (Lamer, Antonio)　228
リンドブロム , チャールズ・E (Lindblom, Charles E.)　156
ルサージュ, ジャン (Lesage, Jean)　148, 158
ルナン , エルネスト (Renan, Ernest)　30
ルノー , アラン (Renaut, Alain)　239, 243
レイプハルト , アーレンド (Lijphart, Arend)　185
レヴェック , ルネ (Lévesque, René)　53, 148, 189
レケホフェラン (Requejo, Ferran)　178, 209, 217
ロールズ , ジョン (Rawls, John)　118, 243
ロシェ, フランソワ (Rocher, François)　116, 209

[わ行]

ワッツ , ロナルド (Watts, Ronald)　218, 219, 220, 221

【事項索引】

［＊原書の索引にあるものをアレンジし、それにいくつか追加して作成した。原語を付したのは、訳語の正確な意味の確認のため、さらには今後のフランス語からの翻訳の参考のために少しでも役立てばと考えてのことである。必ずしも原語と日本語訳が一対一に対応しているわけではないという点に御留意いただきたい。］

［あ行］

アイデンティティ (identité)　6, 12, 14, 16, 27, 29, 41, 49, 60-62, 86-7, 90, 93, 105, 110-11, 113, 115-18, 132, 139, 158, 163, 179, 181-82, 184, 193, 195, 197, 209, 211-12, 218, 237, 239, 243
—— 集合的アイデンティティ (identité collective)　197, 248
—— ナショナル・アイデンティティ (identité nationale)　179
アジア (Asie)　9, 11, 21, 191
新たなる生殖技術に関する委員会 (Commission sur les nouvelles technologies de reproduction)　146
アルバータ (Alberta)　147, 152
安定 (stabilité)　19, 25, 61, 78, 144, 156, 178, 184-5, 199, 201, 218, 226, 229, 241
イギリス (Grande-Bretagne, Royaume-Uni)　12, 20, 24, 41, 55, 101, 102, 181, 220, 223
イギリス王権（Couronne britannique）　10
イギリス人の自由（liberté des Anglais）　107
イギリス的精神 (esprit anglais)　81
イギリス系カナダ (Canada anglais)　44, 49
意見照会 (renvoi)　20, 40, 108, 121, 144, 146
依存 (dépendance)　49, 122, 137, 149, 181
一元論 (monisme)　15, 94, 112, 219, 241
イヌイット (inuite)　56, 60-1, 66
英語系 (anglophone)　40-2, 44-45, 47-8, 50, 52-5, 59, 149, 154, 161, 180, 242
エラスムス＝デュソ委員会 (Commission Erasmus-Dussault)　226
エリート (élite)　11-2, 77, 81, 177-8, 229
エンパワーメント (habilitation)　7, 14, 22, 28, 57, 91, 103, 131-4, 145, 154, 157, 159, 163, 177-9, 183-5, 190, 211, 244, 248
オタワ (Ottawa)　41, 48, 50, 52, 89, 137, 147, 150-4, 181-2

［か行］

カタルーニャ(Catalogne)　6, 11-14, 17-8, 20, 22-3, 27, 41, 57, 61-4, 66, 82, 87, 95, 102, 110, 164, 184, 190, 211, 213-5, 243-6, 248
カタルーニャ・ネイション (nation catalane)　18, 215
カタルーニャ新自治憲章 13, 64, 213, 245
カタルーニャ政府 (gouvernement catalan)　17, 64
カタルーニャにおける言語正常化法 (Loi sur la normalisation linguistique en Catalogne)　63
カナダ (Canada)　20-3, 25-6, 40-4, 47-9, 51-61, 64-5, 84, 86-7, 89, 95, 101-5, 108, 110-16, 119-21, 131, 134-6, 138-46, 149-55, 157-61, 177, 180-2, 187, 200, 209-211, 213, 218-221, 225-7, 238
ロワー・カナダ (Bas-Canada)　10
カナダ連邦制 (fédéralisme canadien)　40, 135, 141, 180, 221

カナダ連邦 (fédération canadienne)　47, 88, 103, 108-9, 114, 121, 134, 138, 147, 151, 154, 161, 211
カナダ憲法 (Constitution canadienne)　104, 115, 161
カナダ議会 (Parlement canadien)　106, 108, 115, 150, 155
カナダ最高裁 (Cour Suprême du Canada)　20, 40, 108, 121, 180, 228-9
カナダ自由党 (Parti libéral du Canada [PLC])　140, 151, 156
カナダ保守党 (Parti conservateur du Canada [PCC])　141
カナダ社会政策統合 (Union sociale canadienne [1999])　140, 146, 152, 160
ガリシア (Galice)　82, 243
間文化主義 (interculturalisme)　27, 56, 87, 102, 104, 107, 111, 114, 116-20, 122
共生、共に生きる (vivre ensemble)　20, 94, 101-2,106, 114, 116, 120, 197, 200, 214-5, 223, 226
協定 (pacte)　17, 54, 80-1, 146, 149, 152, 193, 212-6, 218, 222, 229, 238, 244-5
協定主義 (pactisme)　29-30, 210, 212-214, 222-3, 229, 244, 247
共同体 (communauté)　7, 10-1, 16, 20-1, 23-4, 26-30, 39, 50, 55, 57, 59, 61-2, 64, 78, 80, 86-7, 89-93, 102-4, 112, 114-9, 121-2, 159-60, 163-4, 178, 188-92, 202, 209, 212-4, 218, 222-3, 226, 229, 238, 240, 242, 247
—— 言語共同体 (communauté linguistique)　25, 40
—— 政治共同体 (communauté politique)　5-6, 39, 41, 87, 115,117, 157, 177-8, 180, 186, 189, 194, 199, 210-1
—— ナショナルな共同体 (communauté nationale)　16, 21, 24, 26-8, 85, 87-91, 93, 102, 105, 113-5, 121, 133, 157, 162-4, 179, 202, 216-7, 222
—— 文化共同体 (communauté culturelle)　89, 115-6
拒否権 (droit de veto)　140, 150
グリーンランド (Groenland)　14, 211
グローバリゼーション (mondialisation)　6, 16, 26, 77-81, 83, 85, 89, 93, 102
軍隊 (forces armées)　48, 55
経済 (économie)　5-6, 13-4, 24, 26, 30, 41, 47-50, 62, 65, 79-85, 88, 91-93, 105, 117, 136, 149, 157-8, 190, 193, 209, 226
ゲットー化 (ghettoïsation)　117
ケベック (Québec)　11-2, 14, 20-22, 27, 40-1, 43-45, 47-50, 53-6, 59-61, 63, 66, 87-90, 95, 101-114, 116-21, 134-5, 139-46, 148-54, 158-9, 161-2, 164, 180, 182, 184, 189-90, 200, 209-211, 213, 225, 227, 229, 248
ケベック・ネイション (nation québécoise)　106, 117, 120, 180, 182, 227, 242
ケベック・モデル (modèle québécois)　117
ケベック外 (hors Québec)　41, 51, 55-6, 104, 115, 146, 149, 158-9
ケベックが分離する権利に関するカナダ最高裁の意見 (Avis de la Cour suprême du Canada concernant le droit du Québec de faire sécession)　180
ケベック州 (État du Québec)　21, 49, 52, 56, 106
ケベック州政府 (gouvernement du Québec)　12, 21, 41, 45, 48-50, 52-3, 63, 88, 157
ケベック自由党 (Parti libéral du Québec [PLQ])　148-9, 153
ケベック人 (Québécois[e])　7, 20, 23, 40-1, 50, 54, 56, 66, 84, 88, 105, 140, 158-9, 161, 229
ケベック党 (Parti québécois [PQ])　53, 56, 148, 151-2, 189
ケベックの民とケベック州の基本権・特権行使法 (Loi sur l'exercice des droits fondamentaux et des prérogatives du peuple québécois et de l'État du Québec)　106
ケベック法 (Acte de Québec [1774])　10
ケベック連合 (Bloc québécois)　150

ケベック民主行動党 (Parti Action démocratique du Québec [ADQ])　148, 153
権 限 (pouvoir)　7, 13, 30, 56, 83, 89, 91, 104, 135, 137, 141-4, 146-7, 150-2, 156, 158-9, 163, 180-1, 187, 199, 214, 221, 223, 225
言語権 (droit linguistique)　40-4, 55, 58-9, 194
言語政策 (politique linguistique)　26, 40-1, 43, 47-8, 52-4, 58, 63-4
憲 法 (constitution)　7-8, 13-14, 17, 20-1, 25, 27, 42, 52, 55-6, 61-2, 64, 101, 103-11, 115, 120-1, 133, 136-7, 141-2, 145-50, 161, 183, 188, 195, 210, 213, 218, 221-2, 227-9, 239, 245
憲法法 (Acte constitutionnel, Loi constitutionnelle)　109, 135, 210
権利 (droit)　5, 10, 19-21, 26, 30, 40, 42-4, 49, 51, 55-7, 59-61, 86-7, 89, 102, 104-9, 117, 119-121, 132, 144-6, 155, 160, 180, 183, 185, 191-6, 198, 200-1, 214, 227-9, 243, 248
—— 個人権 (droit individuel)　26, 64
—— 市民権 (droit civique)　86
—— 集団権 (droit collectif)　64, 225
—— 政治的権利 (droit politique)　86
—— マイノリティの権利 (droit des minorités)　10, 30, 40, 104, 108, 191-5
権利及び自由に関するカナダ憲章 (Charte canadienne des droits et libertés [1982])　42, 45, 55, 117, 119-20, 155, 160
権利憲章(権利の憲章)(charte[s] des droits)　102, 120, 160, 201, 210
公務員 (fonction publique)　48, 51, 55, 155, 178
公用語法 (Loi sur les langues offcielles)　44, 51, 57-60
国 際 機 関 (organisations internationales)　28-9, 82-3, 141, 146, 152, 178-9, 191-2, 194, 199-201, 238-9
国内植民地化 (colonisation intérieure)　158
国 民 国 家 (État-nation)　9, 11-2, 15, 18 , 21-4, 26, 28-30, 65, 78, 80, 87, 90, 93-5, 133, 144, 154, 179, 183-4, 219, 226, 239, 241
個人性の原理 (principe de personnalité)　48, 55
コソヴォ(Kosovo)　192, 196, 202, 238
コトヌー協定 (convention de Cotonou)　80
コペンハーゲン宣言 (Déclaration de Copenhague)　193
ゴメリー委員会 (Commission Gomery)　151

[さ行]

サスカチュワン (Saskatchewan)　107, 147
差別 (discrimination)　48, 193, 228, 239
自決 (autodétermination)　20, 28, 132, 148, 162, 177, 192, 196
自決権 (droit à l'autodétermination)　153, 189, 192, 195, 197-8
自己主張、自己肯定 (affirmation)　49, 113, 157, 190, 195, 199, 218, 246
静かな革命 (Révolution tranquille)　104
自 治 (autonomie)　22, 28, 57, 62, 131, 133-5, 141, 145, 148-9, 162-4, 177-8, 180-1, 183-4, 190-1, 193-6, 198, 200, 202
自治権国家 (État des autonomies [1978])　17, 23, 102, 113, 243
自治憲章 (Statut d'autonomie)　13, 17, 64, 110, 213, 215, 243, 245
シ ティズ ン シップ (citoyenneté)　23, 26, 27, 62, 78, 84-5, 93-4, 101-2, 115, 120, 122, 190, 210, 226, 247
—— 共有されたシティズンシップ (citoyenneté partagée)　93
—— 参加型シティズンシップ (citoyenneté participative)　118

—— シティズンシップ体制 (régime de citoyenneté) 27, 29, 62, 77-8, 83, 85-8, 91-2, 101-2, 210, 247
—— 受動的シティズンシップ (citoyenneté passive) 115
—— 能動的シティズンシップ (citoyenneté active) 27, 93, 101, 103, 113, 116, 122
支配 (domination) 10, 13, 22, 26, 39, 41, 51, 65-6, 78, 82, 85, 131-3, 136, 155, 164, 178-9, 181, 183-4, 187-9, 191, 196, 222, 225, 230, 239, 242, 246
社会構成的 (sociétale) 14, 87, 114, 116, 132
社会の結束 (cohésion sociale) 44, 50, 56
ジャコバン主義 (jacobinisme) 18-9, 213
州 (État) 20-1, 41-2, 44-5, 49-50, 53, 57, 58-9, 82, 87, 89-90, 106, 109, 121, 134-7, 140-4, 146-7, 150-62, 180-2, 209-10, 221, 223
自由 (liberté) 15, 18-9, 27, 30, 42, 44, 55, 65, 78, 87-8, 102, 107-10, 117, 119-20, 131-4, 140, 144, 160, 162, 183, 190, 198, 211, 224-6, 229, 238-40, 243
自由市場経済 (économie de libre marché) 80
自由主義 (libéralisme) 18, 81, 84, 92, 111, 113, 133, 155, 157, 163, 199, 209, 240, 242, 246
住民投票 (référendum) 6, 12, 17, 22, 88-9, 103, 105-6, 110, 138, 140, 146, 148, 151-2, 189, 213, 215, 225, 245
熟議 (délibération) 90, 103, 116-8, 121, 247
主権 (souveraineté) 12-3, 20, 39, 80, 88-9, 102, 112, 144, 146, 159, 161, 189, 211, 214-5, 225, 239, 245
首相会談 (Conférence des Premiers ministres) 150, 155
上院 (Sénat) 147, 153, 155
少数民族高等弁務官 (Haut Commissaire pour les minorités nationales) 201
承認 (reconnaissance) 6, 12, 14, 17, 19, 21-2, 27-8, 40, 42, 47, 57, 59-62, 78, 86-9, 91-2, 106, 108-9, 113, 115, 117, 131-2, 134, 139, 142, 148-9, 154, 162-3, 177-8, 183, 189-92, 194, 196-9, 201-2, 209, 211, 216-8, 220, 222-5, 228, 237-8, 240, 243-5, 248
人種差別 (racisme) 228
信頼 (confiance) 13, 15, 18, 29, 103-4, 113, 115, 118-22, 143, 148, 150, 178, 189, 199, 215, 222, 230, 240
スイス (Suisse) 25-6, 48, 219
スコットランド (Écosse) 5-8, 11-2, 14, 20, 22, 87, 102, 107, 163, 184, 190, 211, 215
スコットランド国民党 (Parti nationaliste écossais [PNE]) 12
ストラスブール (Strasbourg) 83
スペイン (Espagne) 12-4, 17, 20-3, 25, 57, 61-3, 66, 82, 95, 101-2, 113, 131, 135, 192, 213, 215, 220, 238, 243-5
スペイン国民党 (Parti populaire espagnol [PP]) 17
スペイン政府 (gouvernement espagnol) 13, 17
制度 (institution)14, 16, 25, 41-2, 44, 47, 55, 62, 65-6, 78, 86-7, 90-1, 94, 102-4, 107, 109, 112-5, 118, 120, 132, 138-41, 147, 154, 160-1, 164, 177-9, 181, 183-5, 190, 197, 200-1, 214, 216-7, 221-2, 230, 238, 247
正当性 (légitimité) 9-10, 13, 16, 51, 64, 85, 87, 92-4, 108, 110, 114, 145, 151, 159, 163, 177, 180, 183-4, 187, 192, 201, 214
税の適正化 (péréquation) 147, 162
世界大戦 (Guerre mondiale) 9, 11, 135-7, 184
先住民 (autochtone) 28, 59, 61, 187, 191-2, 197, 225-30, 242
先住民ネイション (nations autochtones) 54, 105, 224, 226-8, 240
先導的決断、先導的行為、先導的決定 (initiative) 45, 52, 56, 142, 151, 160, 162

ソヴィエト連邦(Union soviétique)　16, 191, 196
疎外 (aliénation)　91, 156, 190
第二二号法 (ケベック州)(Loi 22)　53-4
第六号法(ヌナヴト準州)(Loi 6)　60
多極共存 (consociation)　90, 113, 177, 185

[た行]
多元社会 (société plurielle)　186, 212
多元主義 (pluralisme)　119, 156, 188, 217
多元ナショナルな (plurinational)　15, 26, 217, 219, 223, 238, 240, 242
多元ナショナルな国家 (État plurinational)　219, 242
脱植民地化 (décolonisation)　11, 131
多文化主義 (multiculturalisme)　27, 52, 87, 104, 111-6, 118-9, 122, 191
多様性 (diversité)　10-1,14, 16, 24, 26, 30, 52, 66, 87, 89-91, 94-5, 102, 107, 113-4, 146, 154, 183, 185, 191, 200, 203, 215-20, 222-3, 226, 229, 238-9, 240-1, 243, 247
—— 言語多様性 (diversité linguistique)　26, 44, 47, 49, 63, 94
—— ナショナルな多様性 (diversité nationale)　22, 28, 40, 52, 89-91, 134, 178, 183, 190-2, 194, 197 , 215, 217-8, 222-3, 241
—— 深い多様性 (diversité profonde)　5, 28, 78, 94, 105, 183, 211
地域＝州 (État-région)　90
地域主義 (régionlisme)　143
地域性の原理 (principe de territorialité)　48
中央政府 (gouvernement central)　6, 18, 26, 41-5, 48, 51, 54-6, 65, 77, 88-9, 104, 111, 113, 134-8, 140-4, 146-7, 149-62, 182, 189, 215, 223, 227-9
超国家 (supranational)　26, 62, 80, 83, 87, 94
調整 (accommodement)　14, 20, 22, 104, 110 ,114, 142, 178, 184-5, 187-90, 192, 209, 220-2, 224
帝国 (Empire)　7, 9-11, 22, 24, 181, 200, 246
帝国主義 (impérialisme)　22, 26, 79, 164, 179, 181
統合 (intégration)　18, 24, 39, 53, 55, 87, 93, 107, 115, 140-1, 145-6, 152, 155-7, 159-61, 163, 178, 184-7, 189, 192, 197, 201
同質化 (homogénéisation)　10, 91, 94
独自の社会 (société distincte)　23, 109, 142, 149-50
独立 (indépendance, 7, 145)　5-8, 14, 17, 53, 87, 133, 148, 184, 192, 196, 221

[な行]
ナショナリズム (nationalisme)　5-6, 8, 10, 18, 23, 138, 143, 164, 182, 188, 197
二言語主義 (bilinguisme)　41-5, 47, 54-5
二言語二文化主義政府調査委員会 (ロランドー＝ダントン委員会)(Commission royale d'enquête sur le bilinguisme et le biculturalisme)　44, 48
日本 (Japon)　102
二文化主義 (biculturalisme)　44, 48, 52
ニュー・ブランズウィック (Nouveau-Brunswick)　40-2, 56-9
—— ニュー・ブランズウィック州政府 (gouvernement du Nouveau-Brunswick)　57
ニューファンドランド・ラブラドール (Terre-Neuve-Labrador)　57
人間の権利と自由(ケベック)憲章 (Charte [québécoise] des droits et libertés de la personne)　105-6, 120
ヌナヴト (Nunavut)　41, 56-7, 59-61, 66

—— ヌナヴト州政府 (gouvernement du Nunavut)　59
ネイション (nation)　5, 10-17, 19-22, 24, 27, 29-30, 41, 49, 56, 60-2, 64-5, 77-8, 83, 85, 89-91, 94-5, 103-4, 106, 108-10, 112-3, 117, 120, 133-4, 139, 145, 150, 154-6, 159-60, 164, 178-82, 184-5, 187-8, 195-7, 199, 200-1, 215, 223-4, 226-9, 238-40, 242, 244-8
—— 先住民ネイション (nations autochtones)　54, 105, 224, 226-8, 240
—— マイノリティ・ネイション (nation minoritaire)　11-2, 14, 16, 19, 21, 23, 25, 27-9, 64-66, 90-2, 163, 178, 183-4, 186-90, 196-99, 211, 219, 226, 238-40, 242, 246-8
—— マジョリティ・ネイション (nation majoritaire)　12, 14-6, 20, 22-3, 25, 39, 160, 163, 183-4, 186, 188-9, 194, 198, 219, 226, 238-40, 242, 249

[は行]

排除 (exclusion)　19, 27, 85, 90-1, 117, 164, 239
バスク政府 (gouvernement basque)　17
バスク民族主義者党 (Parti nationaliste basque [PNV])　17
パレック委員会 (Commission Parekh)　101
非英仏語系 (allophone)　45, 47, 53
東チモール (Timor oriental)　5, 19, 238
ファースト・ネイションズ (Premières Nations)　60-1, 64, 104, 187, 200, 227-8
フィンランド (Finlande)　48-9
プランＢ (Plan B)　139
フランコ主義 (franquisme)　243
フランコフォニー(francophonie)　26, 81, 95, 148
フランコフォニー・サミット (Sommet de la francophonie)　141
フランス (France)　11, 18, 50, 95, 105-6, 215, 243
フランス革命 (Révolution française)　18
フランス系カナダ (Canada français)　10, 48, 182
フランス語系 (francophone)　40-2, 44-5, 48-53, 55-9, 64, 90, 107
フランス語憲章 (Charte de la langue française)　45, 53, 105-6
ブリティッシュ・コロンビア (Colombie-Britannique)　57, 152
ブリュッセル (Bruxelles)　49, 83, 138, 189
プルー委員会 (学校での宗教の位置付けに関する)(Commission Proulx sur la place de la religion à l'école)　103
文 化 (culture)　9-10, 12, 14-5, 19-20, 24-27, 29-30, 41, 44, 48-50, 52, 56, 58, 60, 85, 87, 89, 91, 94, 101-2, 104, 107, 111-20, 122, 132, 136, 147, 151, 155, 190-1, 193, 197, 199, 201, 215-23, 227-30, 237, 246, 248
文化変容 (acculturation)　79, 237
分離 (sécession)　5, 11, 20-1, 40, 108, 112-3, 121, 139, 144-6, 180, 196, 210, 227, 229
米州サミット (Sommet des Amériques)　90
ベルギー(Belgique)　48, 57, 113, 138, 220
法規範 (régle de droit)　30, 40, 83, 107-8
包摂 (inclusion)　61, 85, 247
北西準州 (Territoires du Nord-Ouest)　59-60
北米 (Amérique du Nord)　47, 65, 149, 228

[ま行]

マイノリティ(minorité)　10-2, 14, 16, 18-9, 21, 23-5, 27-30, 39-40, 43-4, 47-8, 54, 57-9, 64-6, 87, 90-2, 104, 108, 113, 116, 119, 155, 160, 163-4, 177-9, 183-4, 186-90,

192-8, 199, 211, 218-9, 226, 228, 237-40, 242, 246-8
—— 言語マイノリティ (minorité linguistique)　41, 51-2, 55
—— ナショナル・マイノリティ (minorité nationale)　65, 91, 114, 155, 177, 179, 183, 185, 191-6, 200-2, 210, 237-8, 249
—— 文化的マイノリティ (minorité culturelle)　10, 18, 52, 116, 155, 185, 239
マニトバ (Manitoba)　42, 58, 147
マルチナショナルな国家 (État multinational)　64-5, 85-6, 101, 103, 112, 117, 183
満足 (contentement)138, 140, 143-4, 163
南アフリカ (Afrique du Sud)　48, 219
民主化 (démocratisation)　11-3, 94, 143
民主政 (démocratie)　5, 9, 12, 17, 21-3, 28, 40, 55, 78, 90, 102, 108, 113, 118, 121, 143, 155-6, 182, 187, 202, 213, 221-2, 242-4,246, 248-9
民主国家 (État démocratique)　8, 16, 28-9, 77, 222-3
民主的 (démocratique)　9, 11, 19, 21-2, 24, 30, 56, 65, 78, 87-88, 91, 93-4, 117-8, 121, 143, 146, 155-6, 161, 165, 185-6, 188, 197, 202, 219, 221, 238, 248
民主的制度の改革に関する全州民会議 (États généraux sur la réforme des institutions démocratiques)　104
モントリオール (Montréal)　45, 50

[や行]

ユネスコ (UNESCO)　141, 152-3
ヨーロッパ (Europe)　9, 26, 81-4, 91, 101, 113, 179, 191, 193, 195, 219, 224, 228
ヨーロッパ評議会 (Conseil de l'Europe)191, 193, 195
ヨーロッパ安全保障協力機構 (Organisation pour la sécurité et la coopération en Europe: OSCE)　191, 193-4
ヨーロッパ安全保障協力会議 (Conférence sur la sécurité et la coopération en Europe) 193

[ら行]

ラテンアメリカ (Amérique latine)　21
ラローズ委員会(ケベックにおけるフランス語の現状と将来に関する) (Commission Larose sur la situation et l'avenir de la langue française)　104
立憲主義 (constitutionnalisme)　30, 40, 108-111, 114, 121, 164, 199, 222-4
冷戦 (Guerre froide)　11
連邦 (fédération)　15-6, 19-21, 25-6, 29-30, 41-43, 47, 51, 56-7, 63-5, 77, 88-9, 93, 103, 107-14, 120-1, 131, 134-8, 140-4, 147-9, 151-61, 180-1, 188, 191, 196, 199-200, 209, 211-2, 215-24, 227, 229, 238
連邦化 (fédéralisation)　56, 62, 211, 224, 238
連邦国家 (État fédéral)　54-5, 57, 155, 211, 217, 221-2, 229, 238
連邦制 (fédéralisme)　15, 21, 24-5, 28-30, 39-40, 42-3, 65-6, 78, 102, 105-8, 114, 121, 134-5, 138, 141, 143, 145-6, 154, 159, 177-80, 182-4, 188-9, 198-9, 209-10, 212, 216-9, 221-4, 228-9, 239, 244
—— 条約による連邦制 (fédéralisme par traités)　30, 212, 223-30
—— 非対称的連邦制 (fédéralisme asymétrique)　22, 141
—— 開かれた連邦制 (fédéralisme d'ouverture)　23, 141, 152
—— 領域的連邦制 (fédéralisme territorial)　114, 210
連邦評議会 (Conseil de la fédération)　157, 161-2
ローウェル＝シロワ委員会 (Commission Rowell-Sirois)　160

Bibliographie thématique

CONSTITUTIONNALISME ET PACTISME

Ajzenstat, Janet, *et al.*, *Débats sur la fondation du Canada*, édition française préparée par Stéphane Kelly et Guy Laforest, Québec, Les Presses de l'Université Laval, 2004.

Arrieta, Jon et Jesus Astigarraga (dir.), *Conciliar la diversidad. Pasado y presente de la vertebracion de Espana*, Bilbao, Editorial de la Universidad del Pais Vasco, 2009.

Brouillet, Eugénie, *La négation de la nation : l'identité culturelle québécoise et le fédéralisme canadien*, Québec, Septentrion, 2005.

Choudhry, Sujit (dir.), *Constitutional Design for Divided Societies : Integration or Accommodation ?*, Oxford, Oxford University Press, 2008.

Cyr Hugo, *Canadian Federalism and Treaty Powers. Organic Constitutionalism at Work*, Bruxelles, Les Presses interuniversitaires européennes Peter Lang, coll. « Diversitas », 2009.

Danspeckgruber, Wolgang (dir.), *The Self-Determination of Peoples. Community, Nation, and State in an Interdependent World*, Londres, Lynne Rienner Publishers, 2002.

Deveaux, Monique, *Gender and Justice in Multicultural Liberal States*, Oxford, Oxford University Press, 2006.

Di Norcia, Vincent, « Le fédéralisme, l'État et la démocratie », *Philosophiques*, vol. 8, nº 1, 1981, p. 167-184.

Ezeizabarrena, Xabier, *La ciaboga infinita : una vision politica y juridica del conflicto vasco*, Irun, Alga, 2005.

Foley, Michael, *The Silence of Constitution : Gaps, Abeyances and Political Temperament in the Maintenance of Governance*, Londres, New York, Routledge, 1989.

Giner, Salvador, Llufs Raquer, Jordi Busquet et Nûria Bultà, *La cultura catalana : el sagrat i el profà*, Barcelone, Éditions 16, 1996.

González, Antoni Muñoz et Josep Catà i Tur, *Absolutisme contre pactisme. La ciutadella de Barcelona (1640-1704)*, Barcelone, Rafael Dalmau Editor, 2008.

Herrero de Minon, Miguel, *Derechos historicos y constitucion*, Madrid, Tecnos, 1998.

Herrero de Minon, Miguel, « Pactismo y nacionalismo inclusivos », dans Jon Arrieta et Jesus Astigarraga (dir.), *Conciliar la diversidad. Pasado y presente de la vertebracion de Espana*, Bilbao, Editorial de la Universidad del Pais Vasco, 2009, p. 233-238.

Karmis, Dimitrios et Jocelyn Maclure, « Two Escape Routes from the Paradigm of Monistic Authenticity : Post-Imperialist and Federal Perspectives on Plural and Complex Identities », *Ethnic and Racial Studies*, vol. 24, nº 3, 2001, p. 360-385.

Kelly, James B., Christopher Manfredi, *Contested Constitutionalism*, Vancouver, University of British Columbia Press, 2009.

Kunz, Josef L. « The Meaning and the Range of the Norm Pacta Sunt Servanda », *American Journal of International Law*, vol. 39, nº 2, 1945, p. 180-197.

Laponce, Jean, *Language and their Territories*, Toronto, University of Toronto Press, 1987.

Leclair, Jean, « The Supreme Court of Canada's Understanding of Federalism : Efficiency at the Expense of Diversity », *Queen's Law Journal*, 28, 2003, p. 411-453.

Legaz y Lacambra, Luis, *et al.*, *El pactismo en la Historia de España*, Instituto de España, Madrid, 1980.

MacCormick, Neil, *Questioning Sovereignty : Law, State, and Nation in the European Commonwealth*, Oxford, Oxford University Press, 1999.

Millard, David, *Secession and Self : Quebec in Canadian Thought*, Montréal, McGill-Queen's University Press, 2008.

Miller, J.R., *Compact, Contract, Covenant : Aboriginal Treaty-Making in Canada*, Toronto, University of Toronto Press, 2009.

Nordlinger, Eric, *Conflict Regulation in Divided Societies*, Cambridge, MA, Center for International Affairs, Harvard University Press, 1972.

Norman, Wayne, *Negotiating Nationalism : Nation-Building, Federalism and Secession in the Multinational State*, Oxford, Oxford University Press, 2006.

Prieto de Pedro, Jesus, *Cultura, Culturas y Constitucion*, Madrid, Centro de Estudios Politicos y Constitucionales, 2006 [1992].

Quesada, Fernando (dir.), *Estado plurinacional y ciudadania : constitucionalismo y cuestion nacional*, Madrid, Editorial Biblioteca Nueva, 2003.

Sanchez-Prieto, Juan María, « Mémoire de l'histoire et identité politique dans l'Espagne contemporaine », *Politeia. Cahiers de l'Association française des auditeurs de l'Académie internationale de droit constitutionnel*, nº 6, 2004, p. 339-356.

Seidle, Leslie, F. (dir.), *À la recherche d'un nouveau contrat politique : options asymétriques et options confédérales*, Montréal, Institut de recherche en politiques publiques, 1994.

Seymour, Michel, « Une constitution interne comme remède au malaise identitaire québécois », dans Bernard Gagnon (dir.), *Penser la diversité québécoise,* Montréal, Québec Amérique, Coll. « Débats », 2010, p. 227-244.

Thomas, David, *Whistling Past the Graveyard : Constitutional Abeyance, Quebec and the Future of Canada*, Toronto, Oxford University Press, 1997.

Tierney, Stephen, *Constitutional Law and National Pluralism*, Oxford, Oxford University Press, 2005.

Torres, Xavier, « Pactisme i patriotisme a la Catalunya de la Guerra dels Segadors », *Recerques*, nº 32, 1995, p. 45-62.

Tully, James, *Une étrange multiplicité. Le constitutionnalisme à une époque de diversité*, Québec, Les Presses de l'Université Laval, 1999.

Tully, James, « Liberté et dévoilement dans les sociétés multinationales », *Globe, Revue internationale d'études québécoises*, vol. 2, nº 2, 1999, p.13-35.

Turp, Daniel, « Le droit à la sécession : l'expression du principe démocratique », dans Alain-G. Gagnon et François Rocher (dir.), *Répliques aux détracteurs de la souveraineté du Québec*, Montréal, VLB éditeur, p. 49-55.

CITOYENNETÉ ET APPARTENANCE

Bendix, Reinhart, *Nation-Building and Citizenship*, Berkeley, University of California Press, 1964.

Berlin, Isaiah, « Two Concepts of Liberty », dans Henry Hardy (dir.), *Liberty*, Oxford, Oxford University Press, 2002.

Bonet, Lluis et Emmanuel Négrier (dir.), *La fin des cultures nationales ? Les politiques culturelles à l'épreuve de la diversité*, Grenoble, La Découverte/ Pacte, 2008.

Boucher, Jacques L., et Joseph Yvon Thériault (dir.), *Petites sociétés et minorités nationales : enjeux politiques et perspectives comparées*, Québec, Les Presses de l'Université du Québec, 2005.

Brubaker, Rogers, *Citizenship and Nationhood in France and Germany*, Cambridge, Ma, Harvard University Press, 1992.

Calhoun, Craig, *Cosmopolitanism and Belonging*, Abington, Oxford, Routledge, 2007.

Carens, Joseph, *Culture, Citizenship and Community. Contextual Exploration of Justice as Evenhandedness*, Oxford, Oxford University Press, 2000.

Dieckhoff, Alain (dir.), *La constellation des appartenances: nationalisme, libéralisme et pluralisme*, Paris, Les Presses de Sciences Po, 2004.

Gagnon, Alain-G., et Jocelyn Maclure (dir.), *Repères en mutation. Identité et citoyenneté dans le Québec contemporain*, Montréal, Québec Amérique, Coll. « Débats », 2001.

Gagnon, Alain-G, et Alain Noël (dir.), *L'espace québécois*, Montréal, Québec Amérique, 1995.

Innerarity, Daniel, *Le futur et ses ennemis: de la confiscation de l'avenir à l'espérance politique*, Paris, Fayard, 2008.

Laforest, Guy, et Roger Gibbins (dir.), *Sortir de l'impasse: les voies de la réconciliation*, Montréal, Institut de recherche en politiques publiques, 1998.

Jenson, Jane, et Susan Phillips, « Regime Shift: New Citizenship Practices in Canada », *Revue internationale d'études canadiennes*, vol. 14, automne 1996.

Katzenstein, Peter, *Small States in World Markets: Industrial Policy in Europe*, Ithaca, Cornell University Press, 1985.

Kymlicka, Will, *La citoyenneté multiculturelle: une théorie libérale du droit des minorités*, Montréal, Boréal, 1999.

McRae, Kenneth D., « The Principle of Territoriality and the Principle of Personality in Multilingual States », *International Journal of the Sociology of Language*, vol. 4, 1975.

Mason, Andrew, *Community, Solidarity and Belonging. Levels of Community and their Normative Significance*, Cambridge, Cambridge University Press, 2000.

Mouffe, Chantal, *Dimensions of Radical Democracy: Pluralism, Citizenship, Community*, Londres, Verso, 1992.

Paquin, Stéphane, *La revanche des petites nations: le Québec, l'Écosse et la Catalogne face à la mondialisation*, Montréal, VLB éditeur, 2001.

Ridao, Joan, *Les contradiccions del catalanisme i altres qüestions del laberint nacional*, Barcelone, L'esfera dels llibres, 2005.

Safran, William, et Ramon Maiz (dir.), *Identity and Territorial Autonomy in Plural Society*, Londres, Frank Cass, 2000.

Sauca, José Maria, *Identidad y derecho*, Valence, Tirant lo blanch, 2010.

Elazar, Daniel, *Exploring Federalism*, Tuscaloosa, The University of Alabama Press, 1987.

Erk, Jan, *Explaining Federalism: State, Society and Congruence in Austria, Belgium, Canada, Germany and Switzerland*, Londres, Routledge, 2008.

Gagnon, Alain-G., *Au-delà de la nation uniformisatrice: plaidoyer pour le fédéralisme multinational*, Barcelone, Institut d'Estudis Autonomics, 2007.

Gagnon, Alain-G. (dir.), *Le fédéralisme canadien contemporain. Fondements, traditions, institutions*, Montréal, Les Presses de l'Université de Montréal, 2006.

Gagnon, Alain-G., et Raffaele Iacovino, *De la nation à la multination: les rapports Québec-Canada*, Montréal, Boréal, 2007.

Karmis, Dimitrios et Alain-G. Gagnon, « Fédéralisme et identités collectives au Canada et en Belgique: des itinéraires différents, une fragmentation similaire », *Revue canadienne de science politique*, vol. 29, n° 3, 1996, p. 435-468.

Keating, Michael, *Plurinational Democracy: Stateless Nations in a Post-Sovereignty Era*, Oxford, Oxford University Press, 2001.

Laforest, Guy, *Pour la liberté d'une société distincte. Parcours d'un intellectuel engagé*, Québec, Les Presses de l'Université Laval, 2004.

Linz, Juan L., « Democracy, Multinationalism and Federalism », *Working Paper*, n° 103, juin 1997.

Maiz, Ramon, *La frontera interior: el lugar de la nacion en la teoria de la democracia y el federalismo*, Murcia, Tres Fronteras Ediciones, 2008.

Montpetit, Éric, *Le fédéralisme d'ouverture. La recherche d'une légitimité canadienne au Québec*, Québec, Septentrion, 2007.

Morin, Jacques-Yvan, et José Woehrling, *Demain, le Québec: choix politiques et constitutionnels d'un pays en devenir*, Québec, Septentrion, 1994.

Parent, Christophe, *L'État fédéral multinational*, Bruxelles, Les Presses interuniversitaires européennes–Peter Lang, Coll. « Diversitas », 2011.

Pelletier, Réjean, *Le Québec et le fédéralisme canadien. Un regard critique*, Québec, Les Presses de l'Université Laval, 2008.

Requejo, Ferran (dir.), *Democracy and National Pluralism*, Londres, Routledge, 2001.

Requejo, Ferran, *Federalisme plurinacional i estat de les autonomies: aspects teorics I aplicats*, Barcelone, Proa, 2003.

Requejo, Ferran, *Pluralisme i autogovern al mon. Per unes democràcies de qualitat*, Vic, Editorial Eumo/Universitat de Vic, 2005.

Elazar, Daniel, *Exploring Federalism*, Tuscaloosa, The University of Alabama Press, 1987.

Erk, Jan, *Explaining Federalism : State, Society and Congruence in Austria, Belgium, Canada, Germany and Switzerland*, Londres, Routledge, 2008.

Gagnon, Alain-G., *Au-delà de la nation uniformisatrice : plaidoyer pour le fédéralisme multinational*, Barcelone, Institut d'Estudis Autonomics, 2007.

Gagnon, Alain-G. (dir.), *Le fédéralisme canadien contemporain. Fondements, traditions, institutions*, Montréal, Les Presses de l'Université de Montréal, 2006.

Gagnon, Alain-G., et Raffaele Iacovino, *De la nation à la multination : les rapports Québec-Canada*, Montréal, Boréal, 2007.

Karmis, Dimitrios et Alain-G. Gagnon, « Fédéralisme et identités collectives au Canada et en Belgique : des itinéraires différents, une fragmentation similaire », *Revue canadienne de science politique*, vol. 29, nº 3, 1996, p. 435-468.

Keating, Michael, *Plurinational Democracy : Stateless Nations in a Post-Sovereignty Era*, Oxford, Oxford University Press, 2001.

Laforest, Guy, *Pour la liberté d'une société distincte. Parcours d'un intellectuel engagé*, Québec, Les Presses de l'Université Laval, 2004.

Linz, Juan L., « Democracy, Multinationalism and Federalism », *Working Paper*, nº 103, juin 1997.

Maiz, Ramon, *La frontera interior : el lugar de la nacion en la teoria de la democracia y el federalismo*, Murcia, Tres Fronteras Ediciones, 2008.

Montpetit, Éric, *Le fédéralisme d'ouverture. La recherche d'une légitimité canadienne au Québec*, Québec, Septentrion, 2007.

Morin, Jacques-Yvan, et José Woehrling, *Demain, le Québec : choix politiques et constitutionnels d'un pays en devenir*, Québec, Septentrion, 1994.

Parent, Christophe, *L'État fédéral multinational*, Bruxelles, Les Presses inter-universitaires européennes–Peter Lang, Coll. « Diversitas », 2011.

Pelletier, Réjean, *Le Québec et le fédéralisme canadien. Un regard critique*, Québec, Les Presses de l'Université Laval, 2008.

Requejo, Ferran (dir.), *Democracy and National Pluralism*, Londres, Routledge, 2001.

Requejo, Ferran, *Federalisme plurinacional i estat de les autonomies : aspects teorics I aplicats*, Barcelone, Proa, 2003.

Requejo, Ferran, *Pluralisme i autogovern al mon. Per unes democràcies de qualitat*, Vic, Editorial Eumo/Universitat de Vic, 2005.

Requejo, Ferran, *Fédéralisme multinational et pluralisme de valeurs : le cas espagnol*, Bruxelles, Les Presses interuniversitaires européennes/Peter Lang, Coll. « Diversitas », 2007.

Seymour, Michel, *États-nations, multinations et organisations supranationales*, Montréal, Liber, 2002.

Smiley, Donald, et Ronald L. Watts, *Le fédéralisme intra-étatique au Canada*, vol. 39 des études réalisées pour la Commission royale sur l'union économique et les perspectives de développement du Canada (Commission Macdonald), Ottawa, Ministère des approvisionnements et services, 1986.

Stevenson, Garth, *Parallel Paths. The Development of Nationalism in Ireland and Quebec*, Montréal, McGill-Queen's University Press, 2006.

Webber, Jeremy, *Reimagining Canada : Language, Culture, Community*, Montréal, McGill-Queen's University Press, 1992.

NATIONALISME (MINORITAIRE/MAJORITAIRE)

Alesina, Alberto, et Edward Spolaore, *The Size of Nations*, Cambridge, MA, The MIT Press, 2003.

Arbos, Xavier (dir.), *L'abast de l'autonomia politica del Quebec*, Barcelone, Parlament de Catalunya, 2006.

Bennett, Andrew Wallace Peter, *Nations of Distinction : An Analysis of Nationalist Perspectives on Constitutional Change in Québec, Catalunya, and Scotland*, dissertation de doctorat, The University of Edinburgh, 2001.

Calhoun, Craig, *Nations Matter : Culture, History and the Cosmopolitan Dream*, Londres, Routledge, 2007.

Gagnon, Alain-G., André Lecours et Geneviève Nootens (dir.), *Les nationalismes majoritaires contemporains : identité, mémoire, pouvoir*, Montréal, Québec Amérique, Collection « Débats », 2007.

Guibernau, Montserrat, *The Identity of Nations*, Cambridge, Polity, 2007.

Guibernau, Montserrat, *Per un catalanisme cosmopolita*, Barcelone, Angle Editorial, 2009.

Hannum, Hurst, « The Limits of Sovereignty and Majority Rule : Minorities, Indigenous Peoples and the Right to Autonomy », dans Ellen Lutz, Hurst Hannum, et Kathryn J. Burke (dir.), *New Directions in Human Rights*, Philadelphie, University of Pennsylvania Press, 1989, p. 3-24.

Hechter, Michael, *Internal Colonialism : The Celtic Fringe in British National Development*, Londres, Routledge and Kegan Paul, 1975.

Karmis, Dimitrios, et Wayne Norman (dir.), *Theories of Federalism : A Reader*, Londres, Palgrave Macmillan, 2005.

Kaufmann, Eric, P. (dir.), *Rethinking Ethnicity : Majority Groups and Dominant Minorities*, Londres, Routledge, 2004.

Keating, Michael, et John McGarry (dir.), *Minority Nationalism and the Changing International Order*, Oxford, Oxford University Press, 2001.

Laforest, Guy, « Articuler une pensée fédéraliste authentique au Québec », *Recherches sociographiques*, vol. 57, n° 2, 2006, p. 345-353.

Lecours, André, et Geneviève Nootens (dir.), *Dominant Nationalism, Dominant Ethnicity : Identity, Federalism and Democracy*, Bruxelles, Les Presses interuniversitaires européennes–Peter Lang, Bruxelles, 2009.

Maiz, Ramon, et Ferran Requejo (dir.), *Democracy, Nationalism and Multiculturalism*, Londres, Routledge, 2005.

Noiriel, Gérard, *La tyrannie du national*, Paris, Calmann-Lévy, 1991.

O'Leary, Brendan, « An Iron's Law of Nationalism and Federation ? A (Neo-Diceyan) Theory of the Necessity of a Federal Staatsvolk, and a Constitutional Rescue », *Nations and Nationalism*, vol. 7, n° 3, 2001, p. 273-296.

Peleg, Ilan, *Democratizing the Hegemonic State. Political Transformation in the Age of Identity*, Cambridge, Cambridge University Press, 2007.

Rupesinghe, Kumar, et Valery A. Tishkov (dir.), *Ethnicity and Power in the Contemporary World*, Tokyo, Les Presses universitaires des Nations Unies, 1996, disponible à l'adresse suivante : http ://www.unu.edu/unupress/unupbooks/uu12ee/uu12ee00.htm

Snyder, Louis, L., *The Meaning of Nationalism*, New Brunswick, NJ, Rutgers University Press, 1954.

Thériault, Joseph Yvon, *Faire société : société civile et espaces francophones*, Sudbury, Prise de parole, 2007.

Tully, James, « Liberté et dévoilement dans les sociétés multinationales », *Globe. Revue internationale d'études québécoises*, vol. 2, n° 2, 1998.

Turp, Daniel, *La nation bâillonnée : le plan B ou l'offensive d'Ottawa contre le Québec*, Montréal, VLB éditeur, 2000.

DIVERSITÉ ET GOUVERNE

Brooks, Stephen (dir.), *The Challenge of Cultural Pluralism*, Westport, Connecticut, Praeger, 2002.

Burelle, André, *Le droit à la différence à l'heure de la globalisation : le cas du Québec et du Canada*, Montréal, Fides, 1996.

Cameron, David R., et Janice Gross Stein, « L'État, un lieu parmi les espaces en transformation » dans *Contestation et mondialisation : repenser la culture et la communication*, Montréal, Les Presses de l'Université de Montréal, 2003, p. 169-190.

Esman, Milton, « The Management of Communal Conflict », *Public Policy*, vol. 21, n° 1, 1973, p. 49-78.

Fossas, Enric (dir.), *Les transformacions de la sobirania i el futur politic de Catalunya*, Barcelone, Proa, 2000.

Gagnon, Alain-G., et James Tully (dir.), *Multinational Democracies*, Cambridge, Cambridge University Press, 2001.

Gagnon, Alain-G., Montserrat Guibernau et François Rocher (dir.), *The Conditions of Diversity in Multinational Democracies*, Montréal, McGill-Queen's University Press, 2003.

Gagnon, Alain-G., et Richard Simeon, « Unity and Diversity in Canada : A Preliminary Assessment », dans Luis Moreno et César Colino Cámara (dir.), *Unity and Diversity in Federal Systems*, Montréal, McGill-Queen's University Press, 2010, p. 109-138.

Gagnon, Bernard (dir.), *Penser la diversité québécoise. Bouchard, Taylor et les autres*, Montréal, Québec Amérique, Coll. « Débats », 2010.

Garcia Guitián, Elena, « Pluralismo versus Monismo : Isaiah Berlin », dans Ramon Maiz (dir.), *Teorias Politicas Contemporaneas*, 2e éd., Valence, Tirant lo Blanch, 2009, p. 27-43.

Gilley, Bruce, *The Right to Rule : How States Win and Lose Legitimacy*, New York, Cambridge University Press, 2009.

Gutiérrez Chong, Natividad (dir.), *Estados y autonomias en democracias contemporaneas*, Mexico, Plaza y Valdés, 2008.

Henders, Susan J., *Territoriality, Asymmetry, and Autonomy : Catalonia, Corsica, Hong Kong, and Tibet*, Londres, Palgrave Macmillan, 2010.

Henderson, James Youngblood, « Dialogical Governance : A Mechanism of Constitutional Governance », *Saskatchewan Law Review*, vol. 72, n° 1, 2009, p. 153-161.

Innerarity, Daniel, *La démocratie sans l'État. Essai sur le gouvernement des sociétés complexes*, Paris, Flammarion, 2006.

Klebes, Heinrich, « Projet de Protocole additionnel de l'Assemblée parlementaire à la Convention européenne pour la protection des minorités nationales », *Revue universelle des droits de l'homme*, vol. 5, nos 5-6, 1993.

Kymlicka, Will, *La voie canadienne : repenser le multiculturalisme*, Montréal, Boréal, 2003.

Kymlicka, Will, *Multicultural Odysseys : Navigating in the New International Politics of Diversity*, Oxford, Oxford University Press, 2007.

Lijphart, Arend,. *Democracy in Plural Societies : A Comparative Exploration*, New Haven, Yale University Press, 1977.

Lustick, Ian, « Stability in Deeply-Divided Societies : *Consociationalism versus Control* » *World Politics*, vol. 31, nº 3, 1979, p. 325-344.

Magord, André, *The Quest for Autonomy in Acadia*, Bruxelles, Les Presses interuniversitaires européennes/Peter Lang, 2008.

McGarry, John, et Michael Keating (dir.), *Nations, Minorities and European Integration*, Londres, Routledge, 2006.

McRoberts, Kenneth, *Catalonia : Nation-Building without a State*, Toronto, Oxford University Press, 2001.

Moreno, Luis, *The Federalization of Spain*, Londres, Cass, 2001.

Palermo, Francesco, « When the Lund Recommendations are Ignored. Effective Participation of National Minorities through Territorial Autonomy », *International Journal on Minority and Group*, nº 16, 2009, p. 1-11.

Pettit, Philip, *Républicanisme. Une théorie de la liberté et du gouvernement*, Paris, Gallimard, 2004.

Renaut, Alain, *Un humanisme de la diversité. Essai sur la décolonisation des identités*, Paris, Flammarion, 2009.

Riedel, Sabine, « Minorités nationales en Europe et protection des droits de l'homme : un enjeu pour l'élargissement », *Politique étrangère*, nº 3, 2002, p. 647-664.

Seymour, Michel, *La reconnaissance dans tous ses états : repenser les politiques de pluralisme culturel*, Montréal, Québec Amérique, Coll. « Débats », 2009.

Skurbaty, Zelim, *Beyond a One-dimensional State : An Emerging Right to Autonomy ?*, Leiden, Martinus Nijhoff, 2008.

Whitaker, Reginald, *A Sovereign Idea. Essays on Canada as a Democratic Community*, Montréal, McGill-Queen's University Press, 1992.

Zapata-Barrero, Ricard (dir.), *Immigration and Self-Government of Minority Nations*, Bruxelles, Les Presses interuniversitaires européennes/Peter Lang, Coll. « Diversitas », 2009.